D1500264

EL RITMO
DE LA VIDA

VIVIENDO CADA DÍA CON
PASIÓN Y PROPÓSITO

MATTHEW KELLY

Traducción revisada por Vilma G. Estenger, PhD

```
B
E
A
C
O
N
```

ISBN: 978-1-929266-20-3 (cubierta de papel)

Diseño: Jan Pisciotta
Interior: Madeline Harris

Para más información visiten:
www.MatthewKelly.com

EDICIÓN DEL VIGÉSIMO ANIVERSARIO

Impreso en los Estados Unidos de América

Cuando era niño, uno de mis maestros me llamó aparte, se agachó hasta que quedamos cara a cara, me miró fijamente a los ojos y dijo: "Deja que la grandeza guíe tu vida".

Con los años, y específicamente mientras escribía este libro, he apelado, en el profundo abismo del pasado, a mis antepasados y a personas de otras épocas—remontándome hasta el comienzo de los tiempos.

He clamado a todo hombre y mujer valiente en la historia que siempre trató de alcanzar y lograr la excelencia y la grandeza. He profundizado en el pasado, les he hecho señas, les he suplicado y rogado que vengan al presente.

Les he pedido que compartan conmigo sus historias, sus secretos y su fortaleza. Son héroes, líderes, leyendas, campeones y santos. Cada día me extiendo al pasado y trato de aspirar lo mejor de cada uno. Ellos nunca resisten. Dedico este libro a ellos—y a cada una de las generaciones pasadas que trabajaron para enriquecer, ennoblecer y capacitar a sus contemporáneos.

También dedico este libro a las personas del presente que trabajan incansablemente por la misma causa, y a las de futuras generaciones que continuarán esta obra.

Principalmente, te dedico este libro a ti, para que te conviertas en una de esas personas.

NO DEJES QUE TU VIDA SEA COMO UNA ESTRELLA FUGAZ
QUE ILUMINA EL CIELO BREVEMENTE;
DEJA QUE SEA COMO EL SOL,
QUE SIEMPRE ARDE BRILLANTEMENTE EN LOS CIELOS,
LLEVANDO LUZ Y CALOR A TODOS EN LA TIERRA.

¡DEJA QUE BRILLE *TU* LUZ!

Contents

PRIMERA PARTE

¿QUÉ QUIERES DE LA VIDA?

Todo Es una Elección

⚜

Todo es una elección. Esta es la verdad más grande de la vida y también la lección más dura. Es una gran verdad porque nos recuerda de nuestro poder. No el poder sobre los demás; sino el poder, con frecuencia no explotado, de ser nosotros mismos y de vivir la vida que hemos imaginado.

Es una lección dura, porque hace que nos demos cuenta de que hemos elegido la vida que estamos viviendo ahora mismo. Tal vez nos asuste pensar que hemos elegido vivir nuestra vida exactamente como es hoy. Nos asusta, porque puede ser que no nos guste lo que encontremos cuando miremos nuestra vida actual; mas es también una lección liberadora, porque ahora podemos empezar a elegir lo que encontraremos cuando miremos a nuestra vida en los mañanas que se encuentran por vivir ante nosotros.

¿Qué verás cuando mires a tu vida dentro de diez años? ¿Qué elegirás?

La vida se compone de elecciones.

Tú has elegido vivir este día. Has elegido leer este libro.

Has elegido vivir en cierta ciudad. Has elegido creer ciertas ideas. Has elegido a las personas que llamas amigos. Tú eliges la comida que comes, la ropa que usas y lo que piensas. Eliges estar sereno o inquieto, ser agradecido o desagradecido. El amor es una elección. La ira es una elección. El miedo es una elección. El valor es una elección.

Tú eliges.

Algunas veces elegimos la mejor versión de nosotros mismos, y a veces elegimos una versión secundaria de nosotros mismos.

Todo es una elección, y nuestras elecciones tienen repercusiones en nuestra vida . . . y en la historia . . . y así sucesivamente hasta en la eternidad.

Muchos nunca aceptan completamente esta verdad. Pasan la vida justificando sus flaquezas, quejándose de su suerte en la vida, o culpando a otros por sus flaquezas y por su suerte en la vida.

Puedes alegar que te has visto forzado a vivir en cierta ciudad, o a conducir cierto automóvil, pero no es verdad. Y si lo es, es cierto sólo temporalmente y debido a una elección que hiciste en el pasado.

Elegimos, y al hacerlo, diseñamos nuestra vida.

Algunos pueden decir que no elegimos nuestras circunstancias. Te sorprenderías. Tenemos mucho más poder sobre las circunstancias de nuestra vida que lo que muchos hombres y mujeres jamás admitirían. Y aunque se nos impongan circunstancias, elegimos cómo responder a ellas.

Otros pueden argumentar que no eligieron el país donde nacieron o los padres de quienes nacieron. ¿Cómo sabemos que no elegimos estas cosas? A todos se nos ha dado el libre albedrío. ¿Acaso no teníamos este libre albedrío antes de nacer? Tal vez algún día nos demos cuenta de que hemos elegido mucho más de lo que ni siquiera hemos imaginado. Espero que ese día sea hoy.

Porque el día que aceptemos que hemos decidido elegir nuestras elecciones será el día en que destruiremos las trabas del victimismo y seremos libres de perseguir la vida para la cual hemos nacido.

Aprende a dominar los momentos de decisión y vivirás una vida extraordinaria.

¿SABES REALMENTE LO QUE QUIERES?

Hace varios años me encontré frente a una clase de alumnos de último año de escuela secundaria en Cape May, en la costa de New Jersey, en los Estados Unidos. Había sido invitado para hablarles sobre la vida más allá de la graduación de la escuela secundaria, pero me interesó más saber qué tenían que decir ellos que lo que sus profesores pensaban que sus alumnos necesitaban oír.

Empecé preguntándoles cuánto tiempo faltaba para que se graduaran. En un estallido de entusiasmo y energía, respondieron al unísono: "Once días".

Lo que realmente quería era entrar en el infinito territorio de las esperanzas y los sueños que estos jóvenes tenían acerca de su futuro. Aquella mañana había ochenta y cuatro jóvenes que representaban el futuro. Tenía curiosidad. Quería saber cuáles eran sus anhelos. Quería que me invitaran a adentrarme en su corazón y en su mente.

Me invité yo mismo preguntándoles: "¿Qué quieren de la vida?"

Durante unos momentos reinó el silencio. Entonces, al

darse cuenta de que mi pregunta no era retórica, un joven exclamó: "Yo quiero ser rico". Le pregunté por qué quería ser rico. "Para poder hacer lo que yo quiera", respondió. Le pregunté cuánto sería suficiente. "Un millón de dólares", dijo, y recuerdo haberme preguntado cuántas personas pensarían que un millón de dólares cambiaría su vida.

Entonces, repetí la pregunta.

Una joven dijo que quería ser médica. Le pregunté por qué. "Para poder ayudar a las personas, aliviar el dolor, y hacer mucho dinero", respondió. Le expresé mis buenos deseos y le dije que esperaba que pudiera mantener sus razones en ese orden con el transcurrir de los años.

Volví a hacer la pregunta: "¿Qué más quieren de la vida?"

Un joven sentado al fondo del salón exclamó: "Yo quiero una esposa hermosa". Sus amigos se rieron tontamente, y le pregunté si ya había logrado encontrarla. Me respondió que no y le dije que lo comprendía porque yo tampoco lo había logrado.

Después le pregunté si sabía lo que estaba buscando en una mujer. Dijo que sí. Entonces le expliqué que el mejor modo de atraer a esa clase de persona era convertirse en esa clase de persona.

Volví a hacer la preguntar: "¿Qué más quieren de la vida?"

Esta vez un joven con voz firme y segura dijo "El presidente. Quiero ser el presidente de los Estados Unidos de América".

Entonces procedí a preguntarle cómo intentaba alcanzar esta meta y nos reveló a mí y a sus compañeros un plan que incluía estudios universitarios de Comercio Internacional y Ciencias Políticas en la universidad, ir a la Facultad de Derecho, participar en campañas políticas locales, una serie de trabajos de verano en el Capitolio para adquirir experiencia profesional, algún tiempo en el

Ejército de los Estados Unidos y realizar una serie de servicios comunitarios.

Estaba claro que este sueño no había entrado en su cabeza durante esta sesión de ideas a la que había forzado a estos estudiantes. Su sueño no era una quimera o algo vano que soñamos mientras dormimos; más bien, era la clase de sueño que soñamos despiertos, de los cuales nace el vivir lleno de propósito y forma nuestro futuro. ¡Tal vez un día él se convierta en el primer presidente afro-americano de los Estados Unidos de América!

Le deseé que tuviera éxito en sus esfuerzos. El ambiente había cambiado. Las mentes jóvenes que tenía ante mí habían sido arrastradas más profundamente dentro de la sesión creadora de sueños al darse cuenta de que uno de sus compañeros había pasado mucho tiempo pensando sobre esta precisa pregunta. Así que la pregunté otra vez: "¿Qué más quieren de la vida?"

"Felicidad—quiero ser feliz", dijo un joven.

"¿Y cómo piensas encontrar o lograr esta felicidad?" le pregunté. Él no sabía. Le pregunté si podría describirla, pero no pudo. Le aseguré que su deseo de felicidad era natural y normal y que hablaríamos sobre eso más adelante en nuestra discusión—pero eso viene un poco después en este libro.

De nuevo hice la pregunta: "¿Qué quieren de la vida?"

Una joven dijo: "Un hombre con quien compartir mi vida". Le pregunté, cómo le había preguntado al joven antes, si había logrado encontrarlo. No era tímida y la voleó diciendo: "¿Cómo sabré que lo he encontrado? ¿Cómo sabré que es el que quiero?"

"Espera al hombre que te haga querer ser una persona mejor, al hombre que te inspire él mismo porque siempre está esforzándose para ser mejor.

"No se trata de su apariencia, o de cómo te mira. No que estas cosas no deban tenerse en cuenta. No se trata de que te haga regalos. Con demasiada frecuencia los regalos son sólo excusas y disculpas para no dar el único regalo verdadero– nosotros mismos. Cuando te preguntes si realmente es el que es para ti, considera esta idea: tú mereces que te valoren. ¡Que te valoren! No sólo que te amen. ¡Que te valoren!"

Nos miramos a los ojos por unos momentos, sus ojos comenzaron a llenarse de lágrimas y supe que había comprendido.

Se había hecho un profundo silencio en el salón al hacer la pregunta de nuevo: "¿Qué más quieren de la vida?

Después de unos momentos de ese silencio que emana de una multitud cuando está casi exhausta de aporte, una joven dijo "Yo quiero viajar".

La animé a viajar tan temprano en su adultez como fuera posible, explicándole que "viajar abre nuestra mente a diferentes culturas, filosofías y visiones del mundo. Viajar abre nuestro corazón a las personas de otros países y a sus diferentes tradiciones y creencias. Viajar disuelve las manchas del prejuicio que infectan nuestro corazón y nuestra sociedad.

El dinero que gastes en viajes es dinero bien invertido en una educación que nunca obtendrás en un libro o en un aula".

Ahora hice la pregunta una vez más: "¿Qué quieren de la vida?" Pero la multitud estaba callada, agotada e inmóvil.

Yo estaba sorprendido. Estaba decepcionado. Sentí un dolor dentro de mí.

En menos de veinte minutos, ochenta y cuatro estudiantes de último año de escuela secundaria se habían agotado de sus esperanzas, de sus sueños, de sus planes y de sus ambiciones para el futuro. Si eso no era totalmente cierto, lo que no habían compartido no merecía ser compartido o ellos no tenían la confianza para compartirlo. Siete estudiantes habían sido capaces de resumir los sueños de los ochenta y cuatro. ¿Estaba yo aún en el país de sueños y oportunidades infinitos? Me preguntaba.

Si les hubiera pedido que me dijeran qué estaba mal en el sistema educativo, la discusión podría haber durado horas. Si les hubiera preguntado acerca de lo más importante de su deporte favorito o de su serie de televisión preferida, la discusión podría haber durado todo el día. ¿Hemos llegado a interesarnos más por los deportes y las series de televisión que por nuestro propio futuro?

Constantemente me asombra que los hombres y las mujeres deambulan por la Tierra maravillándose de las montañas más altas, de los océanos más profundos, de las arenas más blancas, de las islas más exóticas, de las más enigmáticas aves del aire y los más enigmáticos peces del mar . . . , y todo el tiempo nunca se detengan a maravillarse de sí mismos y darse cuenta de su infinito potencial como seres humanos.

Nunca antes tantas personas han tenido acceso a la educación como ahora, pero no puedo evitar la sensación de que la experiencia educativa moderna no está preparándonos adecuadamente para asistir al rico banquete de la vida. Ciertamente, los jóvenes de hoy han logrado dominar el uso de la tecnología y son capaces de resolver complejos problemas científicos y matemáticos, pero ¿a quién y para qué sirven si no pueden pensar por sí mismos? ¿Si no entienden el significado y el propósito de su propia vida? ¿Si no saben quiénes son como individuos?

Esa pregunta improvisada—¿Qué quieren de la vida?—se ha convertido en una parte regular de mi diálogo con amigos, colegas, seres queridos y extraños en los aviones. Hago esta pregunta para que me ayude a entender a los demás y para poder entenderme más a mí mismo.

La mayoría de las veces las respuestas que las personas tienden a dar son vagas y generales, no meditadas en lo absoluto. La mayoría de las personas parecen sorprenderse con la pregunta. Me han acusado de ser demasiado profundo en numerosas ocasiones, y sólo muy raras veces alguien dice: "Quiero estas cosas . . . , por estas razones . . . , y es así como intento lograrlas . . . " Sin excepción, éstas son las personas que están viviendo la vida apasionada y entusiásticamente. Muy raras veces se quejan, no hablan mal de los demás, y nunca se oyen referirse a la felicidad como algún evento futuro relacionado con la jubilación, el matrimonio, un ascenso o algún dinero inesperado caído del cielo.

Así que, ¿qué tienen estas personas que la mayoría no tiene? Saben lo que quieren. ¿Sabes tú lo que quieres?

La mayoría de las personas puede decirte exactamente lo que no quieren, pero muy pocas tienen la misma claridad sobre lo que sí quieren.

Si no sabes lo que quieres de la vida, todo te parecerá un obstáculo o una carga; pero una de las grandes lecciones de la historia es que el mundo entero les da paso a las personas que saben lo que quieren o hacia dónde están yendo. Ten la seguridad, si no sabes hacia dónde te diriges, estás perdido.

No digas: "Soy demasiado viejo".

No digas: "Soy demasiado joven".

Tiger Woods tenía tres años cuando hizo nueve hoyos en cuarenta y ocho golpes en el campo de golf de su pueblo en Cypress, California.

Julie Andrews tenía ocho años cuando alcanzó el increíble registro vocal de cuatro octavas.

Mozart tenía ocho años cuando escribió su primera sinfonía.

Charles Dickens tenía doce años cuando abandonó la escuela para trabajar en una fábrica, pegando etiquetas en botellas de betún para zapatos, porque su padre había sido encarcelado por deudas.

Anne Frank tenía trece años cuando empezó a escribir su diario.

Ralph Waldo Emerson tenía catorce años cuando se matriculó en Harvard.

Paul McCartney tenía quince años cuando Jon Lennon lo invitó a unirse a su banda.

Bill Gates tenía diecinueve años cuando cofundó Microsoft.

Platón tenía veinte años cuando se convirtió en un estudiante de Sócrates.

Joe DiMaggio tenía veintiséis años cuando bateó quieto en cincuenta y seis juegos consecutivos.

Henry David Thoreau tenía veintisiete años cuando se mudó a la costa de Walden Pond, construyó una casa, plantó un jardín e inició un experimento de dos años en sencillez y autosuficiencia.

Ralph Lauren tenía veintinueve años cuando creó Polo.

William Shakespeare tenía treinta y un años cuando escribió *Romeo y Julieta*.

Bill Gates tenía treinta y un años cuando se convirtió en un multimillonario.

Thomas Jefferson tenía treinta y tres años cuando escribió la Declaración de Independencia de los Estados Unidos.

Coco Chanel tenía treinta y ocho años cuando introdujo en el mercado su perfume Chanel No. 5.

La Madre Teresa tenía cuarenta años cuando fundó la congregación de las Misioneras de la Caridad.

Jack Nicklaus tenía cuarenta y seis años cuando ganó el Master de Augusta, completando la ronda final en sesenta y cinco golpes, y los últimos nueve hoyos en treinta.

Henry Ford tenía cincuenta años cuando empezó su primera línea de ensamblaje.

Ray Kroc era un vendedor de máquinas de batidos de cincuenta y dos años cuando compró Mac y Dick McDonald e inauguró oficialmente McDonald's.

Pablo Picasso tenía cincuenta y cinco años cuando pintó *Guernica*.

Dom Pérignon tenía sesenta años cuando produjo champán por primera vez.

Oscar Hammerstein II tenía sesenta y cuatro años cuando escribió la letra de *El Sonido de la Música*.

Winston Churchill tenía sesenta y cinco años cuando se convirtió en primer ministro de Gran Bretaña.

Nelson Mandela tenía setenta y un años cuando fue liberado de una prisión sudafricana. Cuatro años más tarde fue elegido presidente de Sudáfrica.

Miguel Ángel tenía setenta y dos años cuando diseñó la cúpula de la Basílica de San Pedro en Roma.

Auguste Rodin tenía setenta y seis años cuando por fin se casó con Rose Beuret, a quien había conocido cuando tenía veintitrés.

Benjamin Franklin tenía setenta y nueve años cuando inventó los lentes bifocales.

Frank Lloyd Wright tenía noventa y un años cuando completó su trabajo en el Museo Guggenheim.

Dimitrion Yordanidis tenía noventa y ocho años cuando corrió un maratón en siete horas y treinta y tres minutos en Atenas, Grecia.

Ichijirou Araya tenía cien años cuando escaló el monte Fuji.

Ya sea que tengas dieciséis o sesenta años, tienes el resto de tu vida por delante. No puedes cambiar ni un momento de tu pasado, pero puedes cambiar todo tu futuro. Ahora es tu momento.

∽ ∽ ∽

¿Qué quieres de la vida? ¿Cuáles son tus sueños? Piénsalo. Deja de leer. Medítalo. Escribe tus respuestas. Haz una lista.

Ahora pon este libro a un lado, y antes de seguir leyendo, pasa cinco minutos o cinco horas respondiéndote esta pregunta. ¿Qué esperas de la vida? Tal vez ya has pensado mucho sobre esta pregunta, pero nunca lo has escrito. Por otra parte, si nunca has hecho tiempo para considerar seriamente la pregunta, no pretendas haberlo hecho. Tómate el tiempo. Piensa de nuevo. Escríbelo. No hay respuestas correctas o equivocadas. Escribe rápidamente. No lo pienses demasiado. No te analices o te corrijas a medida que vas haciendo tu lista. Escríbelo todo, incluso aquellas cosas que te parecen tontas. Tus respuestas no tienen que ser definitivas. Cambiarán con el tiempo. Eso está bien. De hecho, probablemente algunas cambiarán antes de que termines este libro. Pero sigue siendo importante que las escribas ahora. Te ayudará durante la lectura del resto de este libro y a medida que te aventures a lo largo del resto de tu vida. Así que escribe tu lista y cuando hayas terminado, ponle la fecha.

Empieza un nuevo cuaderno. Yo tengo lo que me gusta llamar mi libro de sueños. Es un diario normal con páginas en blanco, y lleno esas páginas con mis esperanzas, mis sueños y con palabras e ideas que me inspiran.

Todos los días, en mi momento de silencio, hojeo las páginas de mi libro de sueños y veo cosas que había escrito tres, cuatro, cinco años atrás, cosas que parecían imposibles en aquel momento. Hoy parecen insignificantes, porque he crecido, he alcanzado esos sueños y he seguido adelante. Ahora también me doy cuenta de que otras cosas que creía querer no son tan importantes para mí como me imaginaba.

Aunque escribas la lista ahora, guárdala y no la mires en un año. Cuando saques esa lista dentro de un año, te asombrará lo que te revelará.

Deja de leer. Suelta el libro. Lo que estás a punto de escribir en ese papel es infinitamente más importante que cualquier otra cosa que yo tenga que decir en este libro.

La Paradoja de
la Felicidad

Lo más probable es que lo que hayas escrito en tu lista, sean las cosas, los lugares, las personas y las experiencias que tú crees que te harán feliz. Puedes objetar diciendo que has escrito algunas de las cosas en tu lista porque sabes que haciéndolas harás feliz a alguien más. Pero al hacer feliz a alguien más, tú también compartirás esa felicidad. Aún si escribiste en tu lista que querías la paz mundial y alimentar a las personas hambrientas en Africa, y escribiste esas cosas por razones completamente altruistas . . . lograrlas también te traería una gran felicidad.

Las cosas que escribiste en tu lista representan la felicidad para ti.

Todos queremos ser felices. Tú quieres ser feliz, y yo quiero ser feliz. El ser humano tiene una sed natural por la felicidad, y hacemos lo que hacemos porque creemos que nos hará felices.

De vez en cuando, las personas hacen cosas estúpidas. Puede que las miremos y nos rasquemos la cabeza. Puede que nos preguntemos "¿Por qué alguien haría algo tan estúpido?" o "¿No saben que los va a hacer infelices?" Pero ten la seguridad, la razón por la que las personas hacen cosas estúpidas es porque equivocadamente creen que esas cosas estúpidas las harán felices.

Las personas no se levantan por la mañana y se preguntan "¿Cómo puedo hacerme infeliz hoy?"

El corazón humano está en búsqueda de la felicidad. Nosotros le damos a esta felicidad diferentes nombres y máscaras, y vivimos buscándola.

Esta es la gran paradoja moderna: Sabemos cuáles son las cosas que nos hacen felices; pero, simplemente, no las hacemos.

෴ ෴ ෴

Hay cuatro aspectos en el ser humano: físico, emocional, intelectual y espiritual.

Físicamente, cuando te ejercitas con regularidad, duermes con regularidad, comes los alimentos correctos y balanceas tu dieta, ¿cómo te sientes? Te sientes fantástico. Te sientes más vivo. Eres más saludable, más feliz y tienes una experiencia de la vida más rica y abundante.

Emocionalmente, cuando le das prioridad a tus relaciones, ¿qué pasa? Dejas de enfocarte en ti mismo y te enfocas en los demás. Al hacerlo, aumenta *tu capacidad para amar* . . . y al aumentar tu *capacidad para amar*, aumenta *tu capacidad para ser amado*. Te vuelves más consciente de ti mismo, desarrollas una visión más balanceada de la vida y experimentas una sensación de satisfacción más profunda. Eres más saludable. Eres más feliz

Intelectualmente, cuando empleas diez o quince minutos al día para leer un buen libro, ¿qué pasa? Tu visión de ti mismo se expande; tu visión del mundo se expande. Te vuelves más centrado, más alerta, más vibrante. La claridad reemplaza a la confusión. Te sientes completamente vivo y eres feliz.

Por último, espiritualmente, cuando tomas unos momentos cada día para entrar en el aula del silencio y vuelves a conectarte contigo mismo y con Dios, ¿qué pasa? La suave voz interior se hace más fuerte, y desarrollas una sensación más profunda de paz, propósito y dirección. Eres más saludable, más feliz y tienes una experiencia más rica de la vida.

Física, emocional, intelectual y espiritualmente, conocemos las cosas que le infunden pasión y entusiasmo a nuestra vida. Conocemos las cosas que nos hacen felices. *Simplemente no las hacemos*.

No tiene sentido, ¿cierto?

Por un lado, todos queremos ser felices. Por el otro, todos conocemos las cosas que nos hacen felices. Pero no las hacemos. ¿Por qué? Es muy simple. Estamos demasiado ocupados. ¿Ocupados haciendo qué? Demasiado ocupados tratando de ser felices.

Esta es la paradoja de la felicidad que ha hechizado nuestra era.

¿DEMASIADO OCUPADOS HACIENDO QUÉ?

Físicamente—no hacemos ejercicio con regularidad porque estamos demasiado ocupados. No comemos la clase correcta de alimentos, porque toma demasiado tiempo prepararlos, es demasiado fácil pasar por el autoservicio, y estamos demasiado ocupados. No dormimos regularmente porque aún el día sólo tiene veinticuatro horas. Sentimos como si nuestra vida tuviera su propio ímpetu, como si pudiera seguir con o sin nosotros. Nuestra lista de cosas por hacer se hace cada vez más larga. Nunca tenemos la sensación de que hemos logrado ponernos al día; nos atrasamos cada vez más. En serio, ¿cuándo fue la última vez que te sentaste, respiraste profundamente y te dijiste "¡Ahora estoy al día!" De modo que corremos de aquí para allá por la noche, tarde, haciendo cincuenta y cinco cositas antes de acostarnos y robándonos del sueño precioso que nos repone y nos rejuvenece, ¿por qué? Estamos demasiado ocupados.

Emocionalmente—la mayoría de nosotros sabe que las personas más felices del planeta son las que están enfocadas en sus relaciones personales. Las relaciones prosperan bajo una condición: intemporalidad despreocupada. ¿Les regalamos a nuestras relaciones intemporalidad despreocupada? Por supuesto que no. Las empujamos en diez minutos por aquí y quince minutos por allá. Les damos el peor tiempo, cuando estamos más cansados y cuando estamos menos disponibles emocionalmente. ¿Por qué? Estamos demasiado ocupados.

Intelectualmente—ni siquiera nos tomamos esos diez o quince minutos cada día para leer buenos libros que nos reten a cambiar, a crecer, y a convertirnos en la mejor versión de nosotros mismos. ¿Por qué? No tenemos tiempo. Estamos demasiado ocupados.

Espiritualmente—la mayoría de las personas rara vez entra en el aula del silencio para volver a conectarse consigo mismos y con su Dios. ¿Por qué? Tenemos miedo de lo que podamos descubrir sobre nosotros y sobre nuestra vida. Tenemos miedo de que esto nos rete a cambiar. Y estamos demasiado ocupados.

∽ ∽ ∽

Plantea la pregunta, ¿verdad? ¿En qué estamos demasiado ocupados?

La mayor parte del tiempo estamos demasiado ocupados haciendo casi todo, lo que significa casi nada, a casi nadie, casi en ninguna parte . . . ¡y que, en cualquier caso, significará aún menos para cualquiera, dentro de cien años!

Desesperacion Callada

❦

Hace ciento cincuenta años, Henry David Thoreau partió de Concord, Massachusetts porque creía que se había vuelto muy ruidosa, con demasiadas distracciones y demasiado agitada. Partió entonces hacia el lago Walden Pond para volver a conectarse consigo mismo y con la naturaleza. Le tomó sólo siete páginas en sus escritos y reflexiones para llegar a la conclusión: "La mayoría de los hombres llevan una vida de desesperación callada".

En mi corta vida, he tenido el privilegio de viajar a más de cincuenta países, y no he visto nada que me haga creer que Thoreau cambiaría su manera de pensar hoy en día. La mayoría de las personas no está prosperando; está sobreviviendo, simplemente arreglándoselas, esperando. De hecho, es una rara y agradable sorpresa encontrar a alguien que esté prosperando.

Recientemente, un amigo trajo a mi atención un artículo de la revista *Time*, dedicado a la pregunta "¿Por qué todo está mejorando?" El autor del artículo usó la economía como su única medida y razón para que la vida estuviera mejorando.

Su único examen de nuestra vida era económico. Somos más ricos. Tenemos más entradas disponibles. Tenemos más opciones en el supermercado. Tenemos más dinero en nuestras cuentas de retiro. Tenemos más automóviles, y podemos devolverlos a los agentes de arrendamiento cada tres años y obtener unos nuevos.

¿Está mejorando todo? Es una buena pregunta, pero una pregunta que necesita ser evaluada un poquito más seriamente en vez de hacerlo tan sólo desde la perspectiva del índice económico de la felicidad.

Déjame ofrecer unos cuantos pensamientos breves para que los consideres.

Hoy en día, en los Estados Unidos se recetan más medicamentos para la depresión que para cualquier otra enfermedad.

La tasa de suicidios entre adolescentes y adultos jóvenes ha aumentado en un 5,000 por ciento en los últimos cincuenta años. Si el aumento masivo de suicidios entre las generaciones jóvenes de cualquier civilización no es una señal de que todo no está bien, nada lo es.

Finalmente, se está volviendo cada vez más aparente que el suicidio está en proporción directa con la riqueza. ¿Qué significa eso? Estudios revelan que mientras más dinero tienes, mayor es el riesgo de que te quites la vida. Peter Kreeft recogió esa alarmante realidad en un artículo suyo recientemente publicado: "Mientras más rico eres, más rica es tu familia, y mientras más rico es tu país, más probabilidades hay de que encuentres que la vida es tan buena que elijas volarte los sesos". Evidentemente, la economía no es una buena medida de la felicidad.

Sí, tenemos más posesiones materiales que nunca antes, pero concluir directamente que "la vida está mejorando" simplemente por la prosperidad económica, requiere una ingenuidad y una estrechez mental de proporciones monumentales.

Si buscas justo debajo de la superficie del éxito económico de nuestro tiempo, encontrarás algunos signos muy perturbadores. En una época de prosperidad sin precedentes, hay millones que sienten que falta algo en su vida. ¿Cuál es el problema? ¿Qué falta? ¿Qué es lo que necesitamos que no tenemos? ¿Cómo lo conseguimos?

En nuestra cultura moderna está surgiendo un número de tendencias que son signos reveladores de que algo no anda bien en el corazón y en la mente de las personas. Las tasas de la depresión y el suicidio llegando a niveles epidémicos ciertamente están entre ellos. Pero otra tendencia que está surgiendo, digna de nuestra consideración es nuestra incapacidad moderna para sostener relaciones.

De cada dos matrimonios más de uno termina en divorcio o en separación. Todos estamos familiarizados con las estadísticas; pero, ¿nos hemos detenido para considerar seriamente por qué? ¿Has notado que cada vez menos personas se casan? Es un hecho oculto tras el número enorme de personas que se casan por segunda vez. ¿Te fijas que cada vez más jóvenes se desesperan por la incapacidad, la inseguridad o la falta de disposición de su pareja para comprometerse a casarse?

Encima de todo esto, considera que hoy en día, lo más probable es que el hombre y la mujer promedio cambie de trabajo con más frecuencia que sus abuelos cuando ellos trabajaban. ¿Es que el mundo corporativo simplemente ha cambiado? ¿O también dice algo acerca de nosotros?

Finalmente, al nivel más simple y más práctico, considera cuántas personas toman la decisión de hacer una dieta, de hacer ejercicio o de pasar más tiempo con su familia y fallan por completo. Nuestra incapacidad para vivir las decisiones que tomamos es otra señal. ¿Señal de qué?

Hay una crisis de compromiso en nuestra sociedad. Las personas parecen no estar dispuestas a hacer compromisos o, una vez que los hacen, son incapaces de cumplirlos. Pero ¿dónde está la conexión entre la "crisis de compromiso" y el suicidio, la depresión y la desesperación callada de nuestros tiempos?

Tan grande como esta crisis de compromiso pueda parecer, es secundaria a un problema más fundamental. La mayoría sinceramente quiere cumplir sus compromisos. La gente no se casa para divorciarse. La gente no deja de mantener sus resoluciones porque quiere fracasar. La crisis de compromiso es el resultado de una crisis mucho más grave de propósito.

Una gran falta de propósito ha caído sobre las civilizaciones modernas. En general, las personas han perdido todo el sentido y propósito de la vida; y sin un entendimiento de nuestro propio propósito, con el matrimonio, con la familia, con el estudio, con el trabajo, con Dios, con relaciones o con las simples resoluciones cotidianas, será casi imposible cumplirlo sin comprender nuestro propósito de una manera clara y práctica. El compromiso y el propósito van de la mano.

El compromiso es la respuesta lógica y natural que sigue a la comprensión de nuestro propósito.

Todo en nuestra vida es perseguido o rechazado según vaya a ayudarnos a nosotros y a los demás o no a cumplir lo que percibimos como nuestro propósito.

Quien hace del dinero su meta en la vida, lo acepta o lo rechaza todo según vaya o no a ayudarlo a alcanzar esa meta.

Quien hace del placer la meta de su vida, lo acepta o lo rechaza todo según vaya o no a ayudarlo o no a alcanzar esa meta.

Cuando no comprendemos de una manera genuina el sentido y el propósito de nuestra vida, lo reemplazamos con uno superficial. El ser humano no puede vivir sin sentido y propósito.

అ అ అ

¿Por qué va en aumento la depresión tan dramáticamente? No puedo imaginar algo más deprimente que no tener sensación alguna del sentido y del propósito de tu propia vida.

¿Por qué tantos jóvenes se sumergen en los videos de juegos, en el alcohol, en la promiscuidad sexual, en la música ensordecedora y en las drogas? ¿Es posible que utilicen estas cosas para distraerse de la realidad alarmante de enfrentarse a la vida sin sentido ni propósito? ¿O es que utilizan estas cosas en un intento vano y fútil de llenar el vacío que deja en su interior la falta de sentido?

¿Por qué tantas personas están tan atrapadas en su trabajo que no tienen tiempo para nada más, ni siquiera para las personas que aman? ¿Es acaso que los logros en su trabajo es lo único que les da una vaga sensación de propósito en su vida? ¿O que consciente o inconscientemente creen que su trabajo es su propósito en la vida, y se comprometen completamente a ese propósito y no permiten que algo se interponga entre ellos y la realización de lo que erróneamente han percibido como su propósito?

Me asombra cuántas mujeres me piden consejo acerca de un esposo que no tiene y al que no le interesa nada más que su trabajo. El problema es que él no ve a su esposa y a sus hijos en relación con su propósito. Él percibe su propósito como tener éxitos y logros en su trabajo. El único lugar que su esposa e hijos tienen en este esquema es que los frutos económicos de su trabajo le permiten proveer para su familia.

¿Por qué están teniendo las personas cada vez menos hijos? En nuestra cultura moderna, con demasiada frecuencia se percibe a los niños como "algo lindo de tener" si tienes el tiempo y el dinero y estás preparado para suspender, o quizás hasta sacrificar tu carrera. Hoy día, las parejas jóvenes perciben la bendición de los hijos no en relación con su verdadero propósito, sino más bien en relación con su "cuasipropósito" de independencia económica.

Por lo general, hoy en día las personas perciben su propósito en relación con el éxito en el trabajo y la independencia económica. El resultado es lo que vemos ante nosotros en el mundo de hoy, y de lo que con demasiada frecuencia nos permitimos ser parte: un frenesí alarmante de personas corriendo, trabajando en exceso, demasiado duro, trabajando con demasiada frecuencia para despilfarrar el dinero en la economía mundial, pagando la hipoteca en una casa que en realidad es un lujo que no pueden permitirse; vistiendo ropa excesivamente cara porque tiene una etiqueta de algún diseñador; conduciendo el auto que en treinta y seis meses entregarán al agente de arrendamiento a cambio de uno nuevo; dedicando cada vez menos tiempo a sus seres queridos; descuidando sus necesidades reales y legítimas; tratando de ignorar la insatisfacción que sienten en su interior; y distrayéndose con todo tipo de ruido, placer y entretenimiento del hecho que una gran falta de sentido ha invadido su vida.

Tiene que haber más en la vida.

LAS CINCO PREGUNTAS

Durante miles de años, hombres y mujeres de toda edad, raza y cultura han buscado entender el significado de la vida. Las personas de nuestro tiempo no son diferentes. A lo largo de la historia, científicos y filósofos, teólogos y artistas, políticos y activistas sociales, monjes y sabios y, en general, hombres y mujeres de toda condición social han discutido y debatido muchas preguntas buscando descubrir el significado de la vida. Y aunque sus discusiones han sido muchas y variadas, para mí, toda la humanidad está buscando sabiduría y las respuestas se pueden ordenar bajo cinco encabezamientos, cada uno en forma de pregunta.

Estas son las cinco preguntas que la humanidad ha estado haciendo consciente y subconscientemente desde el inicio mismo de la vida del hombre.

Aunque seamos incapaces de formularlas articuladamente, tú y yo estamos haciendo estas preguntas constantemente. Ya sea que estemos conscientes de ello o no, toda nuestra existencia es una búsqueda diaria para contestar estas cinco preguntas. Buscamos las respuestas a estas preguntas todos

los días directa o indirectamente. Y cómo las respondamos
determina la forma y la dirección que tome nuestra vida.
Estas son las cinco preguntas que la humanidad anhela
responder:

1. ¿Quién soy?
2. ¿De dónde vine?
3. ¿Para qué estoy aquí?
4. ¿Cómo lo hago?
5. ¿Hacia dónde estoy yendo?

Todos los textos religiosos están centrados en las cinco
preguntas y buscan iluminarlas—incluyendo las sagradas
escrituras de Israel, las escrituras cristianas y el Bhágavad
Guita.   Las cinco preguntas también forman los temas
principales de los escritos de Confucio y Lao-tzu, de Homero
y Eurípides, Sófocles y Shakespeare, Platón y Aristóteles,
Dostoyevsky y Aldous Huxley, Ernest Hemingway, C. S.
Lewis y Henry David Thoreau. Son las preguntas que dan
testimonio de la antigua búsqueda de la humanidad para
encontrar el sentido y propósito de la vida. Son las preguntas
que corazones hambrientos colocan en el centro de su vida.

La segunda pregunta, "¿De dónde vine?", nos introduce a las
ideas de la creación y de la vida. En la quinta pregunta "¿Hacia
dónde estoy yendo?", nos familiarizamos íntimamente con
las realidades de tiempo, muerte, y eternidad.   La mayoría
de las tradiciones religiosas responde la segunda y la última
pregunta con "Dios", pero las ideas que estas preguntas
revelan son complejas. Y aunque ahora no es el momento
y este libro en particular no es el lugar, la segunda y la
quinta pregunta merecen serios estudios y pensamientos por
derecho propio.

Las preguntas tres y cuatro: "¿Para qué estoy aquí?" y "¿Cómo lo hago?" dan a luz a los misterios del amor, la alegría, la miseria, la felicidad, el sufrimiento, la satisfacción, el descontento y, especialmente, de la lucha constante que vemos y experimentamos entre el bien y el mal. Nuestra vida diaria se desarrolla en el campo de las preguntas tres y cuatro. Y debido a sus implicaciones prácticas, usualmente nos fascinan y nos preocupan. Mas para responder estas preguntas, "¿Para qué estoy aquí?" y "¿Cómo lo hago?", tenemos que pensar y reflexionar seriamente sobre la pregunta uno: "¿Quién soy?"

Filosóficamente, esto puede parecer muy sensato. Sin embargo, prácticamente, encontramos que el proceso de responder estas cinco preguntas y ajustar nuestra vida a las respuestas resulta ser bastante difícil.

Cada uno de nosotros busca responder estas preguntas a su manera. La experiencia es una maestra excelente, aunque a veces cruel. Sin embargo, al mismo tiempo, sólo la ignorancia de la juventud cree que la experiencia es la única maestra. A medida que nos vamos haciendo más sabios, nos damos cuenta de que la vida es demasiado corta para aprender todas sus lecciones a través de la experiencia personal, y descubrimos que otras personas, otros lugares y otros tiempos están muy dispuestos a transmitir la sabiduría arduamente ganada a través de sus experiencias.

Pero, ¿Dónde debemos empezar?

Ha sido mi experiencia, nada cambia más la vida de una persona que el descubrimiento de una sola verdad: Hay sentido y propósito en la vida. Más específicamente: Hay un sentido y un propósito en tu vida.

EL SIGNIFICADO DE LA VIDA

Nuestra cultura moderna proclama con toda su fuerza: Lo que *haces* y lo que *tienes* son las cosas más importantes. Esto es mentira. Es un engaño que ha llevado a generaciones enteras por el viejo camino hacia una vida de desesperación callada. Mas es una mentira reforzada con tal regularidad que hemos llegado a creerla, por lo menos subconscientemente, que es verdad, al menos inconscientemente, y ha formado nuestra vida a su alrededor.

Dos de los medios más comunes de juicio social son la evaluación de la marca y del modelo de automóvil que conduces, y la pregunta "¿Qué *haces*?"

Todo el enfoque de nuestra cultura se centra en *hacer* y *tener*. Me subo al avión, y nueve de cada diez veces la persona sentada junto a mí me pregunta "¿Qué *hace*?" Les preguntamos a los niños "¿Qué vas a *hacer* cuando seas grande?"; a los estudiantes de último grado de la escuela secundaria, "¿Qué vas a *hacer* en la universidad?"; y a los graduados universitarios, "¿Qué vas a *hacer* ahora que terminaste tus estudios?" Vivimos en una cultura orientada hacia las tareas. Mas este enfoque orientado a las tareas ignora completamente nuestra necesidad de conectar nuestras actividades diarias con nuestro propósito esencial.

Hacer y tener son aspectos naturales, normales y necesarios de nuestra vida diaria; el reto es hacer y tener de acuerdo con nuestro propósito esencial.

En esta cultura orientada hacia las tareas, uno de los verdaderos peligros es deslizarse en un modo de vida episódico. Lo que quiero decir es que los sucesos de nuestra vida diaria pueden volverse episódicos, uno tras otro, como los episodios de una novela. En una novela siempre está sucediendo algo, pero en realidad nunca sucede nada. En cada episodio hay drama—hay actividad, se dicen palabras entre dientes, pero en realidad no sucede nada. Personas abusando unas de otras, personas usándose unas a otras, personas hablando unas de otras, personas maquinando y conspirando, pero jamás sucede algo significativo. Su vida está llena de superficialidades y están constantemente inquietas y miserables. No hay tema, no hay hilo—sólo otro episodio entretenido.

Cuando los días y las semanas de nuestra vida se vuelven como esto, nos deprimimos, nos desilusionamos y nos volvemos miserablemente infelices. La razón es que sin una sensación clara del propósito y del sentido de nuestra vida el vacío es insoportable. Tratamos de llenarlo con placeres y posesiones, pero el vacío permanece intacto ante estas trivialidades. Hay momentos de placer, pero son breves en una larga sucesión de días de veinticuatro horas.

√ √ √

Un día, Pablo Picasso iba caminando por la calle en París cuando una mujer lo reconoció y se le acercó. Después de presentarse y de alabar su obra, le preguntó si consideraría dibujar su retrato y ofreció pagarle por el dibujo.

Picasso accedió y sentó a la mujer allí mismo en seguida a un lado de la calle, sacó un cuaderno de dibujo y un lápiz y empezó a dibujar a la mujer. Rápidamente se reunió una pequeña multitud de espectadores, y en sólo unos minutos, Picasso había terminado el dibujo. Al entregárselo a la mujer, le dijo: "Son cinco mil francos". Sorprendida por el precio, la mujer objetó diciendo "Pero señor Picasso, le tomó solamente unos minutos". Picasso sonrió y contestó "No, querida señora, usted está equivocada, me tomó toda una vida".

◦◦ ◦◦ ◦◦

Las experiencias individuales de nuestra vida no pueden separarse del todo. La vida no es una serie de episodios aislados. Todas las experiencias de la vida hasta ahora han jugado un papel en la persona que eres en este momento. La reacción común a esta afirmación es recordar algún evento negativo o abusivo de nuestro pasado y utilizarlo como excusa para la persona que somos hoy. Esta adopción del victimismo es uno de los espíritus más destructivos que obran en la psique humana en estos tiempos modernos.

El victimismo niega la gran verdad que la vida consiste en decisiones.

El punto que estoy tratando de establecer aquí es que no estamos compuestos de todo lo que nos ha pasado, sino más bien que lo que sucede en nuestra vida casi siempre es el resultado de aquellas cosas que habitualmente pensamos y hacemos. La vida es el fruto de la disciplina, o de la falta de ella. Somos nuestros hábitos. Por ejemplo, no se puede separar la fenomenal actuación de Tiger Woods y su consecuente victoria que rompió todos los récords en el torneo 'Masters' de 1997, de los veinte años de su vida anteriores a ese evento. Sus sesiones de práctica hace quince años, cuando tenía seis años, fueron parte de esa victoria tanto como su golpe final en el hoyo dieciocho.

Todo esfuerzo disciplinado tiene su propia recompensa múltiple.

৵৹ ৵৹ ৵৹

Artística y profesionalmente, Pablo Picasso tenía un profundo conocimiento del valor de combinar esfuerzo y experiencia. Su vida profesional tuvo un tema y un hilo, una dirección y un propósito—y se mantuvo unida como un todo entero. A su vida personal le faltó esa sabiduría. Pasó de amante en amante, de esposa en esposa, de amigo en amigo—siempre siguiendo adelante, abandonando en última instancia hasta a quienes lo amaban. Al final, abandonó a todos los que estaban cerca de él. La vida personal de Picasso estuvo plagada de esta cualidad episódica que acabamos de discutir. Fue incapaz de aplicar, o no quiso aplicar, la verdad que había descubierto profesionalmente a las otras áreas de su vida.

La vida es la reunión de la verdad. No podemos permitir que cualquier verdad que descubramos permanezca aislada en un área de nuestra vida y, ciertamente, no podemos permitir que se quede simplemente en nuestra mente. Más bien, cualquier verdad que la vida nos revele tiene que filtrarse en todos los aspectos de nuestra vida, como la sangre en las células del cuerpo. La vida es una. La verdad debe ser vivida.

Lo que *hacemos* en el transcurso de nuestra vida puede traernos recompensas económicas, estatus, fama, poder y posesiones inimaginables, pero la felicidad y la satisfacción duraderas no son la consecuencia de *hacer* y de *tener*.

La *verdad* está en contraste extraordinario con el credo de la cultura actual.

En quien *te conviertes* es infinitamente más importante que lo que *haces* o *tienes*.

El sentido y el propósito de la vida es que te conviertas en la mejor versión de ti mismo.

Con frecuencia me divierte cuánto le asusta a la gente preguntarse, o preguntar, qué quiere Dios para ellos o de ellos. Imaginan que puede que Dios quiera que se conviertan en misioneros en algún país oscuro y pobre; o en monjes . . . o monjas . . . o que Dios siempre quiere que hagan algo que ellos no quieren hacer.

¿Cuál es el sueño de Dios para ti? ¿Te lo preguntas alguna vez? Déjame decirte.

Dios quiere que te conviertas en la mejor versión de ti mismo.

Dios no quiere controlarte, callarte, manipularte u obligarte a hacer lo que no quieres. De hecho, todo lo contrario. Dios te dejará hacer todo lo que quieras hacer, cuando quieras, con quien quieras y tanto como quieras. ¿Cuándo fue la última vez que Dios te impidió hacer algo?

Pero si podemos encontrar el valor dentro nuestro a veces tímido corazón para volvernos a Dios y preguntarle ¿Dios, cuál es tu sueño para mí y para mi vida? Dios te responderá susurrando: "Sé todo lo que puedas ser. Conviértete en la mejor versión de ti mismo".

Nuestro propósito esencial es convertirnos en la mejor versión de nosotros mismos.

Una vez que lo descubrimos y colocamos este propósito en el centro de nuestra vida, todo empieza a tener sentido. Hasta que descubrimos nuestro propósito esencial, nada tiene sentido, y vagamos por el mundo sin rumbo, lentamente, atontados en una vida de desesperación callada.

Lo que le da sentido a nuestra vida es la búsqueda para mejorar, para ser todo lo que somos capaces de ser, para probar nuestros límites y crecer constantemente hacia la mejor versión de nosotros mismos.

Si volvemos por un momento a nuestra discusión anterior

sobre la felicidad, descubrimos también que nuestro anhelo de felicidad está íntimamente ligado a nuestro propósito esencial. En cada una de las cuatro áreas—física, emocional, intelectual y espiritual—discutimos ciertas actividades que nos hacen felices. ¿Por qué nos sentimos profundamente satisfechos y felices cuando realizamos esas actividades? Porque nos ayudan a satisfacer nuestro propósito esencial. Las actividades que nos ayudan a convertirnos en la mejor versión de nosotros mismos también llenan nuestra vida de felicidad constante. En la vida hay propósito y sentido. Naciste para convertirte en la mejor versión de ti mismo. En las palabras de Robert Louis Stevenson: "Ser lo que somos, y convertirnos en lo que somos capaces de ser es el único fin de la vida". En la tercera parte de este libro, discutiremos cómo colocar esta verdad en el centro de tu vida usándola como una brújula en tu proceso de tomar decisiones.

Acepta esta verdad única—naciste para convertirte en la mejor versión de ti mismo—y cambiará tu vida más que ninguna otra cosa que jamás hayas aprendido.

SIETE SUEÑOS

Durante muchos años, he estado practicando el ejercicio que hicimos juntos un poco antes—contestar la pregunta "¿Qué quieres de la vida?" Las primeras veces que hice mi propia lista, todo lo que quería era más de las cosas del mundo. Después descubrí mi propósito esencial y todo cambió. Empecé a preguntarme "¿Cuáles de las cosas en mi lista van a ayudarme a convertirme en la mejor versión de mí mismo?" La buena noticia fue que tenía algunas de las cosas en mi lista que me iban a ayudar a convertirme en la mejor versión de mí mismo. También tenía muchas cosas que eran indiferentes a mi propósito esencial. La mala noticia fue que tenía algunas cosas en mi lista que iban directa o indirectamente a causarme o a alentarme a que me convirtiera en una versión inferior de mí mismo. Empecé a evaluar las cosas en mi lista en relación con mi propósito esencial.

Al igual que muchas personas, con frecuencia he creído que si podía cambiar mi entorno—cosas, lugares y personas— sería más feliz. Descubrir mi propósito esencial ha causado que me dé cuenta de que la felicidad es un trabajo que hay que realizar de adentro hacia afuera. Con demasiada frecuencia, lo que sucede a nuestro alrededor es sólo un reflejo de lo que está pasando en nuestro interior.

En mi propia vida, me he vuelto íntimamente consciente de esta verdad de unas cuantas maneras. Un ejemplo es mi hogar. Soy una persona bastante ordenada, pero me he dado cuenta que cuando estoy confundido interiormente, dejo de ordenar las cosas en la casa. Dejo cosas regadas por ahí y, en poco tiempo, el lugar es un desorden. También he notado que una vez que la confusión interior está resuelta, la pregunta que necesitaba es respondida, o el asunto resuelto, casi inmediatamente empiezo a ordenar mi casa, mi oficina y mi automóvil.

Cuando estoy concentrado en convertirme en la mejor versión de mí mismo soy profundamente feliz. Es tan sólo la búsqueda de nuestro propósito esencial lo que satisface.

Cuando sabes que estás luchando por convertirte en la mejor versión de ti mismo, sólo eso es suficiente para mantenerte feliz. Cuando no tienes eso, todos los placeres y posesiones del mundo que logres, no podrán mantener la felicidad en la profundidad de tu corazón.

Pasamos nuestra vida al servicio de nuestros deseos. A veces, esos deseos son buenos y su búsqueda es para nuestro beneficio. Otras veces, nuestros deseos son egoístas y auto destructivos. Si en nuestra vida hay propósito y sentido, los niveles más elevados de la vida tienen que estar vinculados a descubrir ese sentido y a satisfacer ese propósito. Resulta lógico, pues, pensar que debe haber una relación entre el propósito y el sentido de la vida y nuestros sueños.

Antes, te pedí que dejaras de leer, consideraras qué querías de la vida y lo escribieras. A medida que avanzas en este libro, quisiera que te mantuvieras abierto a revisar y cambiar, añadir y eliminar algo de lo que habías escrito antes.

Yo reviso constantemente mi lista de sueños. Mi libro de sueños está lleno de páginas y páginas de sueños . . . todo, desde países que me gustaría visitar, libros que me gustaría escribir, cualidades que me gustaría que tuviera mi alma gemela, hasta vivir cerca de la playa, conducir un pequeño convertible, montar en bicicleta por Haleakala al amanecer, y virtudes que me gustaría desarrollar en mi carácter. Y aunque me entusiasma buscar muchas de estas cosas, he hecho el ejercicio suficientes veces como para saber que los sueños más importantes en mi libro de sueños son los que me ayudan a convertirme en la mejor versión de mí mismo.

Así que, aunque constantemente estoy teniendo nuevos sueños, he aprendido a soñar con mi propósito esencial en el centro de mi vida. Con eso en mente, he desarrollado siete sueños principales que me ayudan a mantenerme concentrado en mi propósito esencial.

Estos son mis sueños. Creo que la búsqueda de estos sueños nos llevará a la paz, a la felicidad, al éxito, a la satisfacción, al servicio, a la integridad, y a la santidad.

Son mis sueños, pero también son mis sueños para ti.

El Primer Sueño

Tengo un sueño para ti . . .
que tienes control completo sobre tus facultades mentales y físicas y que no eres esclavo ni de la comida, ni de la bebida, ni de ninguna otra sustancia. Sueño que serás libre, que tendrás libertad en el más verdadero sentido de la palabra—la fuerza de carácter para hacer aquello que es correcto en cada situación.

EL SEGUNDO SUEÑO

Tengo un sueño para tí...
que eres capaz de discernir las personas, actividades y
posesiones que son más importantes para ti. Y que eres
capaz de darle a cada una de ellas su tiempo y su lugar de
acuerdo con su prioridad apropiada.

EL TERCER SUEÑO

Tengo un sueño para tí...
que tienes el valor, la determinación, la firmeza y la
persistencia para realizar las tareas que elijas, decidas y
resuelvas realizar. Que las realizas con un compromiso a la
excelencia y con atención al detalle.

EL CUARTO SUEÑO

Tengo un sueño para tí...
que descubres un talento único que te lleva a dedicar el
aspecto profesional de tu vida a algún trabajo por el que
puedes apasionarte. Sueño que puedes disfrutar el raro
privilegio de pasar tus días en un trabajo significativo. Que
sirves a tu prójimo, a tu familia, y a tu comunidades en esta
ocupación, y que por medio de ello puedes proveer para tus
necesidades temporales.

EL QUINTO SUEÑO

Tengo un sueño para tí...
que te enriqueces en todo el sentido de la palabra, que
nunca estás necesitado y que cualquiera que sea esta riqueza,
la compartes con todos los que puedas.

EL SEXTO SUEÑO

Tengo un sueño para tí...
que encuentras el amor verdadero. Alguien a quien
aprecies y valores. Alguien que te haga querer ser una mejor
persona. Un alma gemela que pueda desafiarte y amarte.
Alguien que te acompañe, que camine contigo, que te
conozca, que comparta tu alegría, que perciba tu dolor y tu
sufrimiento y te consuele en tus decepciones.

EL SEPTIMO SUEÑO

Tengo un sueño para tí...
que descubres una profunda y duradera paz interior. La
paz que proviene de saber quién eres, dónde estás y que
lo que haces es esencialmente bueno y tiene sentido; que
estás contribuyendo a la felicidad de los demás; y que estás
progresando en convertirte en la mejor versión de ti mismo.

UNA NUEVA PERSPECTIVA

Todos necesitamos una nueva perspectiva en distintos momentos de nuestra vida. A fines de la década de los 60, vivió un joven que tuvo el sueño de convertirse en un músico famoso. Él sabía exactamente lo que quería, así que dejó la escuela y empezó a tocar su música dondequiera que la gente lo escuchara. Pero no habiendo terminado sus estudios y con poca experiencia, se le hizo difícil encontrar trabajo como músico. Al poco tiempo se encontró tocando en clubes y bares pequeños y sucios. Compartir su talento a un puñado de borrachos noche tras noche se convirtió en un hábito desalentador. Este no era su sueño. El había soñado con tocar en espectáculos cuyas localidades se agotaran en todos los Estados Unidos y alrededor del mundo. Había soñado con ver su nombre iluminado, con caminar por la calle y que lo detuvieran para pedirle autógrafos, con que sus álbumes se vendieran en todas las tiendas de música. Hasta soñó que un día tocaría en un estadio de béisbol lleno de gente, una idea absurda a fines de los 60.

Atravesó por momentos difíciles. Económicamente, estaba quebrado; profesionalmente, estaba fracasado; y su única alegría en la vida era el apoyo de su novia. Tenían tan poco dinero que dormían en lavanderías automáticas para ahorrarse el gasto de un hotel. Pero un día, ella se cansó de andar por las calles constantemente. Este estilo de vida gitano tampoco era su sueño. Ella había soñado con casarse con un músico famoso, pero no se había dado cuenta de cuán difícil es llegar a la cima. Esa no era la vida que ella había imaginado, de modo que lo abandonó. Una vez que su única alegría en la vida se había ido, decidió suicidarse. Esa noche el joven músico hizo un intento desganado de acabar con su vida bebiendo una botella de lustra-muebles y una botella de vodka. Al día siguiente, muy enfermo, ingresó en una institución para enfermos mentales.

En menos de tres semanas se dio de alta él mismo. Era un hombre nuevo. Estaba renovado, y entusiasmado con la vida. Estaba curado. No le habían dado ningún medicamento, ni fue algo que los doctores le hubieran dicho. Los otros pacientes lo habían curado.

Ellos le recordaron lo afortunado y talentoso que era, y le mostraron cuánto más podía ser la vida. Le fue dada una nueva perspectiva sobre la vida.

Ese día, el mismo joven salió del hospital psiquiátrico totalmente decidido a perseguir su sueño de convertirse en un músico famoso. Estaba decidido a viajar, a trabajar, y a hacer lo que fuera necesario para alcanzar su sueño.

Tres años más tarde, escribió una canción titulada "Piano Man"; y hoy en día, casi todas las personas del planeta han oído hablar de Billy Joel. Y efectivamente, el 22 y el 23 de junio de 1990, Billy Joel tocó en el estadio de los Yankees de Nueva York para una multitud de noventa mil personas que habían agotado las localidades.

Todos necesitamos una perspectiva nueva, sorprendente, por lo menos una vez en nuestra vida. La experiencia en un hospital psiquiátrico le brindó esa nueva perspectiva a Billy Joel. Mi esperanza es que este libro te brinde esa nueva perspectiva también.

೨ ೨ ೨

Siempre he sido un apasionado de la música y siempre he disfrutado la música de Billy Joel. En varias ocasiones he tenido la oportunidad de verlo tocar en vivo y esa experiencia nunca ha dejado de inspirarme. Es raro encontrar el genio musical mezclado con esa reflexión poética.

De sus letras, mi favorita es la de una canción titulada "Scenes from an Italian Restaurant" / "Escenas de un restaurante italiano". La canción cuenta la historia de Brenda y Eddie, dos estudiantes de segunda enseñanza que eran envidiados por sus compañeros por ser la pareja popular, los reyes del baile de la escuela, la pareja que lucía y parecía ser perfecta. Los versos describen a Brenda y a Eddie paseando en el automóvil con la capota baja y el radio encendido, cenando juntos, en la cima de su mundo. Entonces Billy Joel introduce mi línea favorita, que dice tanto sobre la adolescencia. Con ella él también define la barrera más grande que impide a la mayoría de nosotros alcanzar cosas más grandes en y con nuestra vida. El escribe: "Nunca supimos que podríamos querer más que eso de la vida . . ."

Hay más.

En toda nuestra vida hay un gran peligro pensando que todo lo que hay es quienes somos, donde estamos, y lo que tenemos.

Hay más. ¿Sabes cómo se siente caminar por las calles de París bajo la lluvia sin una preocupación en este mundo, disfrutando cada gota de lluvia que cae en tu cara? ¿Sabes cómo se siente ver *El Cascanueces* en el Teatro de la Ópera de Sidney y sentarte tan cerca del escenario que puedes ver las gotas de sudor en la frente de los bailarines? ¿Sabes cómo se siente bailar sin música en una playa de la isla de Creta con alguien que amas más de lo que jamás imaginaste poder amar? ¿Sabes cómo es sentirse tan guiado que parece que Dios tiene Su mano en tu hombro y está susurrándote en el oído? ¿Sabes cómo se siente estar parado en la Capilla Sixtina mirando con asombro la obra maestra de Miguel Ángel, escuchando a las personas que te rodean hablar en quince idiomas distintos, respirando más profundamente que nunca antes y percibiendo el olor del aire húmedo de uno de los lugares de culto y tesoros artísticos más reconocidos del mundo? ¿Sabes que . . . hay más?

No puedes vivir sin sueños. Los sueños promueven la esperanza, y la esperanza es una de las fuerzas por las que vive el hombre.

Soñar es la cosa más fácil del mundo. No tiene límites. Pero a medida que vamos creciendo, experimentamos dolor, fracaso, críticas y decepción y gradualmente limitamos nuestros sueños.

Buscamos vivir en la zona de comodidad. No hay tal cosa. Es mucho más difícil tratar de vivir en un estado de comodidad que seguir nuestros sueños, porque la zona de comodidad es solamente una ilusión, pero nuestros sueños son reales. ¿Quieres pasar el resto de tu vida persiguiendo una ilusión o siguiendo tus sueños?

Nunca olvidaré una pregunta que oí que hizo Robert Schuller en una entrevista con Larry King. Estaban discutiendo sobre los efectos del miedo al fracaso en nuestro proceso de tomar decisiones, y Schuller ofreció esta pregunta como guía: "¿Qué intentarías si supieras que no podías fracasar?"

No tengas miedo a soñar. Tal vez tu miedo sea al fracaso. No es una vergüenza intentar tratar grandes cosas y fracasar. La vergüenza es no intentar esas cosas. Miguel Ángel, el gran artista y poeta del Renacimiento, sabía el valor, el poder y la necesidad de los sueños cuando escribió: "Para la mayoría de nosotros, el peligro más grande no es que nuestro objetivo esté demasiado alto y fallemos, sino que esté demasiado bajo y lo alcancemos".

Nuestros sueños son una auto revelación. Dime cuáles son tus sueños y te diré qué tipo de persona eres. Define tus sueños con claridad y precisión y sabrás por ti mismo qué tipo de persona eres. Si no te gusta lo que descubres, recuerda, tú creaste tus sueños y, al hacerlo, forjaste la persona que eres hoy. Si no te gusta quién eres y la vida que llevas, puede parecer una mala noticia oír que has creado a la persona que eres hoy y la vida que llevas. La buena noticia es que puedes volver a crear tus sueños y convertirte en una nueva creación.

No te dejes arrastrar por el ajetreo y el bullicio de la vida. No permitas que la pesadez cotidiana de la vida te distraiga de tu propósito esencial—¡convertirte en la mejor versión de ti mismo! Haz tiempo para soñar. Imagina de qué eres capaz y vive esa vida.

Vivamos todos los días según el consejo de Thoreau: "¡Anda confiado en la dirección de tus sueños! Vive la vida que has imaginado".

Vive Apasionadamente

Cuando tenía doce años, solía cantar en el coro de la escuela y con frecuencia cantábamos en funerales. Ya sea que conociera o no a la persona que había muerto, los funerales siempre han tenido un profundo impacto en mi vida. Cada vez que voy a un funeral o que oigo que alguien conocido ha muerto, me propongo con más firmeza no malgastar mi vida, no creer que la tengo asegurada.

De vez en cuando me gusta caminar en un cementerio. Cada lápida cuenta una historia. Algunas personas fueron sepultadas el año pasado; otras, hace cien años. Algunas vivieron noventa y cinco años; otras, veinticinco. Pero puedo escucharlas a todas, llamándome al unísono compartiendo un mensaje conmigo: "La vida es corta. No la desperdicies. Vive apasionadamente".

En algún lugar en lo profundo de tu ser se encuentra el deseo de dedicarte a convertirte en la mejor versión de ti mismo. Espero que sientas ese deseo agitándose en tu interior. Promuévelo. Aliméntalo. Adquiere hábitos que te ayuden a volver a encenderlo. De otro modo tu vida corre el peligro de convertirse en un desperdicio total.

Al igual que una vela en el viento, te convertirás en una víctima de las circunstancias y cada vez que el viento deje de soplar desearás haber colocado tu propósito esencial en el centro de tu vida. Pero los vientos de la vida soplarán una vez más, cambiando la dirección y distrayéndote de lo que es verdaderamente importante. Te encontrarás atrapado en el ciclo episódico del mundo moderno, y tu vida no dará señales de continuidad o consistencia. Sin duda, lograrás objetivos, tendrás cosas, pero estarás inquieto y ansioso. La sensación de que tiene que haber más te perseguirá continuamente, la sensación de que te falta algo te perdurará en el borde de todo lo que hagas. Y dentro de muchos años, a la luz tenue de tus memorias lejanas, recordarás los sueños que ignoraste y abandonaste. Sentirás un dolor que no se puede aliviar o consolar. El pesar por las cosas que se han hecho se puede aliviar con el tiempo. El pesar por las cosas que no se dijeron ni se hicieron es inconsolable.

Ahora es el momento. Tienes una vida y es corta. Úsala poderosamente. Celébrala como un regalo precioso. No permitas que el miedo te paralice. Como escribió Goethe: "Sé audaz y fuerzas poderosas vendrán en tu ayuda".

෴ ෴ ෴

Itzhak Perlman es uno de los violinistas más virtuosos que viven hoy. Hace varios años, Perlman aceptó asistir a una recepción con fines benéficos después de uno de sus conciertos en Viena. Las boletas para la recepción de champán se vendieron por el equivalente de quinientos dólares de los Estados Unidos por invitado.

En la recepción, mientras los invitados circulaban, Itzhak Perlman permaneció en una zona acordonada flanqueada por guardias de seguridad. Uno a uno los invitados fueron llevados a la zona acordonada y presentados a Perlman. Un hombre estrechó la mano del violinista y dijo "Sr. Perlman, usted ha

estado fenomenal esta noche. Absolutamente asombroso".
Perlman sonrió y le dio las gracias al hombre amablemente
por el halago. El hombre prosiguió: "Toda mi vida he sido un
gran amante del violín y he escuchado a todo gran violinista
viviente, pero nunca había escuchado a alguien tocar el
violín tan brillantemente como lo hizo usted esta noche".
Perlman volvió a sonreír, pero sin decir nada, y el hombre
continuó:"Sabe Sr. Perlman, daría mi vida entera por poder
tocar el violín como usted lo hizo esta noche".

Perlman sonrió una vez más y dijo "Yo la he dado".

Esa es la diferencia. Mientras algunos de nosotros están
sentados dejando que se vacíe el reloj de arena de la vida,
pensando, daría mi vida entera por poder hacer eso, o, espero
que eso me pase algún día, personas como Itzhak Perman
están haciéndolo. Ellos están dándole su vida entera a la
magnífica y significativa búsqueda de sus sueños.

He notado que todo hombre y toda mujer tiene sueños. He
notado que algunas personas alcanzan sus sueños y para otros,
siempre parecen ser inalcanzables. ¿Por qué? ¿Tiene Dios
favoritos? No lo creo. La razón es que algunas personas sueñan
y esperan a que sus sueños se vuelvan realidad. Su forma de
soñar es vana. Miran a otras personas que ellos consideran
afortunadas y piensan, ¡Espero que eso me pase algún día!

Otras personas escuchan el latido de su corazón y sueñan sus
sueños escuchando la suave voz interior. Se comprometen con
la excelencia y, armados de sus sueños como un plano para su
vida, salen al escenario de su vida persiguiendo su arco iris,
viviendo la vida apasionadamente. Ayudados por un poder
misterioso y milagroso que sólo puedo describir como la gracia
de Dios, logran hacer que sus sueños se conviertan en realidad.

La vida es demasiado corta para vivirla con poco entusiasmo,
y demasiado corta en extremo para perderte en la pesadez

del ajetreo y el bullicio día a día. Dedícate a las cosas que merecen tu dedicación.

La vida es corta, y tú estarás muerto un tiempo larguísimo.

Vive la vida apasionadamente.

∽ ∽ ∽

SEGUNDA PARTE

ENCONTRANDO TU GENIALIDAD

LA SUAVE VOZ
INTERIOR

Hay una voz suave dentro de cada uno de nosotros. Cuando somos niños, escuchamos esta voz con gran claridad y vivimos de acuerdo con lo que oímos. Así que somos inmensamente felices.

A medida que crecemos, nos damos cuenta de las otras voces que nos rodean—las voces de los padres, de los hermanos, de los amigos, de los críticos, de la televisión, de los extraños y de los expertos.

Todas estas otras voces tienen la fuerza y la confianza de la experiencia, de modo que nos fascinan. Y al fascinarnos con todas estas otras voces, empiezan a distraernos de la suave voz interior.

Al empezar a escuchar todas estas otras voces, empezamos a dudar, a cuestionar y a ignorar la suave voz interior y, gradualmente, la única verdadera voz que hay en nosotros se hace cada vez más y más débil.

Finalmente, cuando la suave voz interior se ha hecho tan tenue que ya casi no podemos oírla en medio de nuestras actividades diarias, se nos dice que hemos crecido, que somos adultos y que ahora estamos listos para la vida.

Nada podría estar más lejos de la verdad. La suave voz interior es tu guía más sincera. No tiene interés personal en lo absoluto. Eso es lo que la distingue de toda otra voz en tu vida. La suave voz en tu interior solamente está interesada en una cosa, ayudarte a convertirte en la mejor versión de ti mismo.

Ya sea que la llames "conciencia" o que le des otro nombre, todos tenemos esta voz suave en nuestro interior. Es nuestro verdadero ser dirigiéndonos hacia nuestro propósito esencial. Es la mejor versión de nosotros mismos hablándonos.

Toma un momento para pensar en eso. ¿Cuándo fue la última vez que obedeciste a esa suave voz interior y te hizo infeliz? ¿Cuándo fue la última vez que la suave voz interior te llevó a ser una versión menor de ti mismo? Puede llevarte al dolor de la disciplina y del sacrificio, pero siempre buscando ayudarte a abrazar más plenamente a la mejor versión de ti mismo.

Es tan sólo cuando ignoramos a la suave voz interior que nos encontramos en lugares de miseria y desesperación callada.

Lo que tenemos que hacer por encima de todo es aprender una vez más, a escuchar la suave voz que tenemos dentro de nosotros. Sólo entonces tendremos la paz que todos buscamos y que sólo unos pocos encuentran alguna vez.

ENTENDIENDO NUESTRAS
NECESIDADES LEGITIMAS

$\mathcal{C}\text{---}\!\!\!\!\blacklozenge\text{---}\!\!\mathcal{O}$

Mi primera experiencia universitaria fue como estudiante de mercadotecnia en Australia. Nunca olvidaré mi primera clase, se mantiene indeleblemente grabada en mi memoria. El profesor entró en el auditorio, colocó sus notas sobre el podio, y empezó: "La mercadotecnia se trata de crear necesidades en los consumidores. Se trata de crear en la gente el deseo que los hace sentir que necesitan tu producto o tu servicio. Se trata de hacer sentir a la gente que necesitan cosas aunque no las necesiten" Lo dijo en términos tan crudos y con una cara tan seria. Pero peor que eso, las personas que estaban a mi alrededor ni siquiera se inmutaron. Yo me quedé atónito. Estaba asombrado. Miré alrededor del salón de conferencias en el que cabían seiscientas personas y el número de asistentes sobrepasaba su capacidad. Todos estaban escribiendo lo que el profesor acababa de decir—bebiendo de la fuente de sabiduría frente a ellos.

Mi padre me había dado la primera lección en negocios muchos años antes. Papá siempre me había enseñado que el secreto de un negocio bueno y próspero era proveer una mercancía o un servicio que satisfaciera una verdadera necesidad humana. Si se trataba de una necesidad recurrente, tanto mejor.

Con toda su seducción, su engaño, y su jerga de la psicología popular, la industria de mercadotecnia moderna ha hecho un trabajo maravilloso volviendo a definir el concepto de la necesidad. Puedes necesitar zapatos, pero ciertamente no necesitas un par de zapatos para correr con la etiqueta de cierta marca que cuesten $350. Puedes necesitar un auto, pero probablemente no necesitas un convertible turbo europeo, de $120,000. No estoy diciendo que no debamos tener estas cosas. Me gustan las cosas finas tanto como a las demás personas. Todo lo que estoy diciendo es que no las confundamos con necesidades.

Ahora, estos pueden ser ejemplos extremos dependiendo de la persona, pero en toda nuestra vida se ha hecho menos clara la línea que separa las necesidades y los deseos. Tenemos necesidades reales y legítimas, pero casi nunca tienen algo que ver con los artículos de consumo.

≈ ≈ ≈

Nuestras necesidades legítimas se comprenden mejor en relación a cada uno de los cuatro aspectos del ser humano— físico, emocional, intelectual y espiritual. Estas necesidades existen, no solamente en distintas áreas, sino también en distintos niveles.

Hay algunas cosas que necesitamos simplemente para sobrevivir. Llamamos a estas cosas necesidades primarias, y esta categoría incluye lo básico que es necesario para sostener la vida humana. Ejemplos de necesidades primarias serían alimentos para comer, agua para beber y aire para respirar. Sin estas necesidades primarias legítimas nuestra vida se paralizaría rápidamente. Nuestras necesidades primarias son fundamentales para nuestra existencia. Las necesitamos justo para sobrevivir. Pero este libro no se trata de sobrevivir, ni tampoco la vida. Este libro se trata de prosperar, de convertirnos en la mejor versión de nosotros mismos. Nuestras necesidades secundarias no son críticas para nuestra supervivencia. Podemos sobrevivir sin ellas por años en muchos casos. Pero son esenciales si vamos a prosperar en alguno (o en todos) los cuatro aspectos de nuestra vida. Cuando satisfacemos nuestras necesidades secundarias, empezamos a desarrollarnos y a florecer como seres humanos. La satisfacción de nuestras necesidades secundarias nos permite alcanzar y mantener una salud y un bienestar óptimos. Entre ellas estarían tales necesidades como hacer ejercicio regularmente, una dieta balanceada y tener relaciones saludables.

Diariamente nos ocupamos de nuestras necesidades primarias—aquellas cosas necesarias tan sólo para mantener nuestra existencia. En muchos casos lo hacemos sin siquiera pensar en ello. No tienes que acordarte de respirar, simplemente respiras. Has desarrollado el hábito de respirar, y ahora lo haces por instinto. De la misma manera, comes y bebes varias veces al día. Probablemente no tienes que pensar demasiado sobre eso. Comer y beber también se han convertido en un hábito para ti. Tienes el hábito de sobrevivir. Te ocupas de tus necesidades primarias porque tienes que hacerlo.

Por otra parte, con frecuencia descuidamos nuestras necesidades secundarias, ya sea porque estamos demasiado ocupados, o porque somos demasiado perezosos o simplemente porque no las consideramos urgentes.

La pregunta es ¿estás satisfecho con tener el hábito de sobrevivir, o estás listo para adquirir el hábito de prosperar? Piensa por un momento en cada una de las cuatro áreas:

física, emocional, intelectual y espiritual. ¿En cuáles estás prosperando y en cuáles estás sobreviviendo simplemente? Nuestras necesidades secundarias son la clave para prosperar. Puede que no parezcan urgentes entre las ciento cinco cosas que tienes en tu lista de cosas que has de hacer hoy, pero son probablemente más importantes que cualquier cosa en esa lista.

El primer paso en nuestra búsqueda para convertirnos en la mejor versión de nosotros mismos es definir nuestras necesidades legítimas. El segundo paso es crear un estilo de vida que satisfaga esas necesidades legítimas.

Todos tenemos necesidades legítimas. Satisfacerlas es una de las formas más prácticas en que podemos aprender a abrazar nuestro propósito esencial. Si somos suficientemente sabios como para buscar su consejo, nuestras necesidades legítimas nos aconsejarán qué es necesario para mantener la salud del cuerpo, del corazón, de la mente y del espíritu.

NECESIDADES FÍSICAS

Nuestro cuerpo físico es el vehículo a través del cual experimentamos la vida. Nuestro cuerpo es tanto frágil como extremadamente fuerte. Nuestras necesidades legítimas son comprendidas más básicamente en relación a nuestro bienestar físico porque nuestras necesidades primarias existen en el terreno físico.

Si no tienes alimentos para comer, morirás. Si no tienes agua para beber, morirás. Puede que no mueras hoy o mañana, pero morirás antes que pase demasiado tiempo y a causa de no comer ni beber. Comer y beber son necesidades primarias y urgentes. Tenemos una necesidad aún más urgente de oxígeno. Si no tienes aire para respirar, morirás casi instantáneamente.

Otras necesidades primarias incluyen dormir y alojamiento (en mayor o menor extensión, dependiendo de tu ambiente y de su clima).

Más allá de nuestras necesidades primarias, también tenemos unas cuantas necesidades físicas secundarias. Nuestras necesidades primarias son aquéllas que necesitamos simplemente para sobrevivir. Nuestras necesidades secundarias son aquéllas que nos sirven para prosperar. Si hemos de prosperar físicamente, debemos enfocar estas necesidades físicas secundarias en nuestra vida diaria. Nada entona mejor el cuerpo que el ejercicio frecuente y una dieta balanceada. Cuando nos ejercitamos y alimentamos nuestro cuerpo con el tipo adecuado de alimentos, tenemos más energía, y somos más fuertes, más sanos, y más felices.

Con demasiada frecuencia, en nuestra cultura se ve la comida como una fuente de entretenimiento o comodidad, en vez de como una fuente de energía. Déjame preguntarte algo: si tuvieras un caballo de carreras cuyo valor es un millón de dólares, ¿lo dejarías comer en McDonalds? Por supuesto que no. Si tuvieras un caballo de carreras valorado en un millón de dólares, monitorizarías la dieta de ese caballo para que se mantuviera en óptimas condiciones. Supongo que la pregunta se vuelve ¿en cuánto valoras tu cuerpo? La mayoría de las personas espera a tener cáncer o a sufrir un ataque al corazón antes de recordar que tiene un cuerpo.

El año pasado gastamos más de treinta mil millones de dólares en productos dietéticos. ¿Cuántas dietas has hecho? ¿Cuántas dietas has visto hacer a personas que conoces? Me asombra cuánto las personas hablan de dietas—cómo ésta funciona y esa no.

Seamos un poquito sinceros. La mayoría de nosotros no necesita ninguna otra dieta más que un poquito de disciplina.

La persona promedio sabe lo que es bueno para sí y lo que no. Todo lo que necesitamos es disciplina para escoger los alimentos que nutren nuestro cuerpo y nos dan energía, fuerza, salud y felicidad. Pero no queremos disciplina. No, queremos que alguien se enfrente a nosotros en el televisor y nos diga que podemos comer todo lo que queramos, cuando queramos y cuanto queramos. Siempre y cuando nos tomemos esta pastillita . . . o hagamos este ejercicio especial durante veinte minutos, dos veces a la semana . . . Nuestro cuerpo es una creación gloriosa y debe ser honrado y respetado.

Hacer ejercicio con regularidad, una dieta balanceada y dormir regularmente son tres de las maneras más fáciles de aumentar nuestra pasión, nuestra energía y nuestro entusiasmo por la vida. Se encuentran entre nuestras necesidades legítimas más simples y contribuyen masivamente al bienestar de toda la persona. El bienestar físico es la base sobre la cual construimos nuestra vida. A menos que nos ocupemos de nuestras necesidades legítimas en relación al aspecto físico de nuestro ser, nuestra capacidad en las demás áreas de nuestra vida se reducirá.

Necesidades Emocionales

En el campo emocional, puede ser mucho más difícil precisar nuestras necesidades legítimas porque no son necesarias para nuestra supervivencia inmediata. No es muy común leer en el periódico que alguien ha muerto de inanición emocional. Nuestras necesidades emocionales son, de muchas maneras, más sutiles; pero, ciertamente, no menos importantes si hemos de desarrollarnos.

La inanición emocional, aunque no es mortal, tiene algunos síntomas. Para algunos, la inanición emocional puede llevar a cambios radicales de su estado de ánimo; para otros, a un letargo general; y para otros, a la ira, la amargura y el resentimiento. El corazón sufre y el cuerpo clama. Más que todo, la inanición emocional lleva a distorsiones en nuestro carácter y nos impide convertirnos en la mejor versión de nosotros mismos.

Sin duda, ésta es una de las áreas que yo he descuidado de vez en cuando.

En el otoño de 1997, después de cuatro años de haber estado viajando, en los que recorrí más de un millón de millas, me tomé un descanso de dar conferencias y de viajar. Pasé ese tiempo en Austria, en el norte de Viena, en un viejo monasterio que entonces estaba siendo usado como recinto universitario.

En Austria me di cuenta rápidamente de que había estado descuidando severamente el aspecto emocional de mi vida. Durante los cuatro años previos, me había aislado. Durante este tiempo, ya vivía en los Estados Unidos y mi familia y mis amigos de la infancia estaban todos en Australia, a diez mil millas de distancia de esta nueva vida que mayormente me mantenía en el hemisferio norte. Encima de todo eso, me había vuelto cada vez más escéptico acerca de los motivos de las personas para buscar mi amistad en esta nueva etapa de mi vida. Esta fue una inseguridad que había surgido de algunas experiencias amargas. Además, rara vez me quedaba en una ciudad más de un día, lo cual no es el estilo de vida más propicio para formar o mantener amistades.

Aparte de los estudiantes europeos, había más de cien estudiantes estadounidenses en el recinto, disfrutando de lo que ellos llamaban la "experiencia europea". Todos los fines de semana, tan pronto terminaban las clases, se iban a

Polonia, Italia, Francia, Bélgica, Holanda, Alemania, Grecia, Irlanda y a un sinnúmero de otros lugares en Europa; viajaban toda la noche en trenes para echarles apenas un vistazo a estos grandes países europeos. Cada semana, a medida que se acercaba el fin de semana, se podía sentir surgir su pasión por los viajes.

La mayoría de los estudiantes americanos fueron a Austria tan sólo por la oportunidad de viajar. Los estudios eran un medio hacia un fin. Parecía extraño. Yo había ido allí para escapar de los viajes, no tenía ningún interés en lo absoluto en viajar. Era más feliz que lo que había sido en mucho tiempo tan sólo quedándome en el viejo monasterio los fines de semana. Sin embargo, en alguna ocasión, un sábado por la tarde tomaba el tren hacia Viena, me sentaba en una de las plazas, tomaba chocolate caliente y leía.

Pero unas semanas después de haber empezado el semestre, un amigo que había conocido antes en la universidad en los Estados Unidos me pidió que lo acompañara en un viaje a Suiza. Stuart era de Canadá, y tenía un sentido del humor único y un enorme apetito por y propensión a la diversión. Yo dudé ante su invitación—no por él, sino porque había resuelto, en general, no viajar durante estos tres meses. Me presionó diciendo "Vamos, lo pasaremos muy bien, podemos alojarnos con unos amigos míos, no viajaremos con una multitud, sólo seremos tú y yo, y volveremos el domingo por la noche". Transigí, y fue una de las mejores decisiones que he tomado en mi vida.

Cuando las clases se terminaron el Viernes por la tarde, conseguimos que alguien nos llevara a la estación local de trenes y partimos para Viena. Desde allí, tomamos el tren nocturno hacia Ginebra. Sólo hablamos, contamos historias, comimos pan con queso, tomamos vino e intercambiamos canciones en nuestros 'walkmans'. Al día siguiente almorzamos en el lago, paseamos por horas en la vieja ciudad de Ginebra y después cenamos con su amigo Alex y su familia.

Fue una sensación de lo más extraño, aceptar sin expectativas. Me sentía como cualquier joven de veinticuatro años descubriendo Europa. Había estado en Europa más de treinta y cinco veces, pero nunca así. Durante cuarenta y ocho horas me sentí completamente intoxicado de normalidad. Fue reconfortante, estimulante y renovador. Mi relación con Stuart se elevó hacia un nivel completamente nuevo y me enseñó de nuevo el valor de la amistad. Ese fin de semana me recordó la vieja lección que ningún hombre es una isla para sí. Somos seres sociales—y las relaciones hacen salir lo mejor de nosotros.

෮ ෮ ෮

Para la mayoría de las personas, sus necesidades emocionales legítimas incluyen pasar tiempo con la familia, con amigos, con la esposa o esposo, con la novia o el novio, con colegas en el trabajo y, tal vez, con un director espiritual o mentor.

Pasar tiempo con estas personas nos ayuda a desarrollar un sentido de nosotros mismos, nos enseña a participar en la satisfacción de las necesidades de otras personas y nos recuerda nuestra profunda conexión con la familia humana.

Una de nuestras necesidades emocionales más dominantes es la necesidad de ser aceptados. Todos necesitamos sentir que pertenecemos. Puede ser que ante el rechazo pongamos cara de valientes y pretendamos que podemos *sobrevivir* sin ser aceptados. Y es verdad; podemos sobrevivir sin el alimento que proporciona la aceptación. Pero no podemos *prosperar* sin ella.

Todos tenemos una gran necesidad de sentirnos aceptados. Esta es una de las fuerzas que mueven la conducta humana.

Nuestra necesidad de sentirnos aceptados es poderosa y es sorprendente lo que la mayoría de las personas haría para ganar algún tipo de aceptación o de sensación de pertenencia. La presión social se aprovecha de esta necesidad de ser aceptados. Bajo la influencia de la presión social, las personas hacen cosas que no harían si estuvieran solas (y en muchos casos preferirían no hacerlas), simplemente porque no quieren ser excluidas de cierto círculo social. Tal vez no haya un ejemplo mejor de nuestra necesidad de pertenecer, de nuestra necesidad de sentirnos aceptados.

Buscamos esta sensación de pertenecer de cien maneras diferentes en el trabajo, en la escuela, en nuestra familia, en el contexto de nuestras relaciones íntimas, y uniéndonos a clubes, iglesias y comités. Algunas de las formas en que tratamos de satisfacer esta necesidad son saludables y nos ayudan a buscar nuestro propósito esencial. Otras, no son saludables y pueden impedir que nos convirtamos en la mejor versión de nosotros mismos.

Siempre me ha fascinado la cantidad de iglesias diferentes que hay en los Estados Unidos y los criterios que utilizan las personas para escoger una iglesia. Durante años he estado preguntándole a las personas, y me asombra la similitud de sus respuestas. La mayoría de ellas dice algo así como "Desde el minuto que entré ahí, hace cinco años, me sentí tan acogido" o "Sólo siento que pertenezco a este lugar".

Tenemos una gran necesidad de sentirnos aceptados. Necesitamos pertenecer.

Con esto en mente, es fácil entender por qué muchas personas se unen a pandillas y a cultos. De vez en cuando, se oye una historia sobre una pandilla o un culto, y aquéllos de nosotros que viven en un mundo relativamente aislado pueden preguntarse por qué alguien se involucraría en estas cosas. Es muy sencillo, al igual que nosotros, las personas que se unen a pandillas y a cultos tienen una legítima necesidad de aceptación y de una sensación de pertenecer; sólo que ellas no tienen las opciones que nosotros tenemos.

Los jóvenes que crecen en un ambiente urbano se unen a pandillas porque lo consideran su mejor opción. La pandilla les provee una sensación de pertenecer, de aceptación y les permite sentir que no están solos en lo que tiene que ser un mundo aterrador. La pandilla trata de llenar las necesidades emocionales que una familia debe estar satisfaciendo. Pero en muchos casos, los padres (o uno de ellos) se encuentran atrapados por las drogas, el alcoholismo y el crimen. O quizás, en el mejor de los casos, están haciendo todo lo que pueden para pagar las cuentas y poner comida en la mesa. Las personas no se unen a pandillas porque vean en ellas un gran futuro. Las ven como una manera de sobrevivir. Las personas se unen a pandillas porque les dan un lugar al cual pertenecer.

Las personas se unen a los cultos por la misma razón. Todos tenemos la necesidad de pertenecer, la necesidad de ser aceptados. Un culto es simplemente una forma más sofisticada de pandilla.

Nuestras necesidades son poderosas. En muchos casos, si no son satisfechas de maneras saludables, buscarán su propia satisfacción en formas autodestructivas.

La siguiente de nuestras necesidades emocionales legítimas es nuestra necesidad de amistades dinámicas. Aunque efectivamente necesitamos ser aceptados, también necesitamos ser alentados y desafiados a cambiar y a crecer. Una vez que te dedicas a convertirte en la mejor versión de ti mismo, las personas con las que más disfrutarás pasar el tiempo no son aquéllas que concuerden contigo en todo, y que te digan que debes ser menos duro contigo mismo . . .

¡y que te comas ese segundo pedazo de pastel de queso! Si estás dedicado a tu propósito esencial, las personas que querrás que te rodeen son aquéllas que te inspiren y te reten a convertirte en la mejor versión de ti mismo.

La verdad acerca de la amistad es ésta: aprendemos más de nuestros amigos que de los libros. Tarde o temprano nuestros estándares se alinean con los estándares de nuestros amigos. Nada nos influencia más que nuestros compañeros y amigos. Las personas de las que te rodeas me dicen algo sobre quién eres y sobre en quién te convertirás en poco tiempo.

Si sólo andas con personas a las que les gusta ver televisión, tomar cerveza, comer pizza y jugar videojuegos . . . es probable que adoptes su estilo de vida. Por otra parte, si te rodeas de un grupo de personas que hacen ejercicio en el gimnasio cuatro veces a la semana y ocupan sus fines de semana con actividades al aire libre . . . es probable que adoptes su estilo de vida.

Si te rodeas de personas que siempre están yendo a comprar hamburguesas, papitas y sodas . . . ¿adivina qué? Pero si te rodeas de personas a las que les interesa verse y sentirse saludables . . . lo adivinaste, te interesarás más en tu propia salud y en tu bienestar.

Las personas de las que nos rodeamos, elevan o reducen nuestros estándares. Nos ayudan a convertirnos en la mejor versión de nosotros mismos, o nos alientan a convertirnos en una versión secundaria de nosotros mismos. Nos volvemos iguales a nuestros amigos. Ningún hombre se hace grande por sí solo. Ninguna mujer se hace grande por sí sola. Las personas que los rodean los ayudan a hacerse grandes.

En nuestra vida, todos necesitamos a personas que eleven nuestros estándares, que nos recuerden nuestro propósito esencial y que nos desafíen a convertirnos en la mejor versión de nosotros mismos.

Nuestra mayor necesidad emocional es la necesidad de intimidad. Más allá de las necesidades primarias de alimentos, agua, dormir, aire para respirar, la intimidad es la mayor necesidad del ser humano. La vida es una auto-revelación. La vida se expande en proporción directa a nuestra habilidad para revelarnos a los demás y al mundo que nos rodea. Sin embargo, la mayoría de las personas pasa la mayor parte de su vida escondiendo su verdadero ser y pretendiendo ser alguien que no es. Queremos intimidad. Necesitamos intimidad. Pero tenemos miedo. Tememos miedo desesperadamente que si las personas supieran realmente quiénes somos y de lo que somos capaces nos rechazarían. Como resultado, nuestro temor al rechazo (impulsado por nuestra necesidad de aceptación) y nuestra necesidad de intimidad están constantemente enfrentándose.

Tenemos que preguntarnos: "¿Proveemos un ambiente libre de juicios para que los demás se revelen a nosotros?" "¿Afirmamos a nuestros seres queridos elogiándolos y expresándoles gratitud, no sólo por lo que hacen sino por lo que son?" "Cuando los demás cometen errores, ¿estamos prontos a juzgarlos y ridiculizarlos, o los reconocemos como experiencias que enseñan y que son parte de su camino?" "¿Estamos dispuestos a tomar la iniciativa y a hacernos vulnerables empezando a revelar nuestro verdadero ser a los demás?"

Crea un ambiente en el que los demás se sientan seguros de ser ellos mismos y revelarse, y juntos beberán del manantial de la intimidad.

Todas las relaciones pueden ser medidas por medio de nuestra habilidad para compartirnos con los demás. Tenemos que ir más allá de los clichés de nuestras conversaciones comunes y de los hechos de nuestra vida diaria. Si hemos de revelarnos y disfrutar la intimidad, tenemos que aprender a compartir y discutir nuestras opiniones, nuestras esperanzas, y nuestros sueños, nuestros sentimientos más profundos, nuestras necesidades legítimas, y nuestros temores, nuestras faltas y nuestros fracasos. Mientras más puedan compartir y aceptar dos personas sin enjuiciamientos, más intimidad disfrutarán.

La intimidad se mide por medio de la auto-revelación. Mientras más te compartas con los demás (y viceversa), más intimidad tendrás. Mientras más te escondas de los demás (y viceversa), más superficiales serán tus relaciones. Si no estás dispuesto o no eres capaz de compartirte, debes conformarte con relaciones de bajo nivel.

Nada satisface tanto al ser humano como la intimidad.

ᔕᓂ ᔕᓂ ᔕᓂ

Vivimos en la era de la comunicación. La revolución de las comunicaciones ha sido el motor de la economía durante décadas, y nuestros estilos de vida están siendo ajustados constantemente a los últimos avances. No obstante, claramente, la revolución de las comunicaciones no ha incrementado nuestra habilidad o nuestra disposición para comunicarnos a un nivel significativo.

La razón por la que descuidamos la mayoría de nuestras necesidades legitimas es que éstas requieren nuestros recursos más raros: tiempo y energía. Las relaciones no son diferentes.

Las relaciones prosperan bajo una condición: intemporalidad despreocupada. Dedicarle tiempo a alguien exclusivamente es ahora la fantasía desacreditada de una época que quería más de todo excepto de las cosas que realmente importan. No puedes programar un tiempo exclusivamente para tu cónyuge o para tus hijos. Si quieres dedicarle veinte minutos a un ser querido exclusivamente, programa tres o cuatro horas para esa persona una tarde y probablemente en algún momento en medio de esas tres o cuatro horas tendrás tus veinte minutos exclusivamente para ella.

Cuando tenía dieciséis años tuve un amigo en Sídney. De vez en cuando me llamaba y decía "Vamos a perder el tiempo juntos un rato esta semana". Ese era su dicho, y qué hermosa lección me enseñó ese dicho. Solíamos salir a tomar café o a cenar. Conversábamos, nos reíamos, compartíamos historias. Algunas veces hasta compartíamos un pasaje de un libro que uno de nosotros estaba leyendo. ¿Estábamos perdiendo el tiempo? No, por supuesto que no. Esos momentos que compartimos eran cualquier cosa menos perder el tiempo.

En nuestro ocupado mundo, hay una tendencia a que encajonemos nuestras relaciones en nuestras agendas. Con demasiada frecuencia, el tiempo que reservamos para nuestras relaciones se encuentra en los perímetros de nuestra ya ocupada vida; de modo que tratamos nuestras relaciones sin la energía que ellas requieren para ser productivas y satisfactorias.

Las relaciones no prosperan bajo las presiones de los horarios de nuestra vida moderna. Todas las relaciones importantes de la vida prosperan bajo la condición de la intemporalidad despreocupada. Aprende a perder el tiempo con tus seres queridos.

Necesidades Intelectuales

Las ideas forman nuestra vida. Las ideas forman la historia. Todos tenemos la necesidad de un constante fluir de ideas que nos inspiren, que nos desafíen, que iluminen nuestra mente, que nos enseñen sobre nosotros mismos y sobre el mundo, que nos muestren lo que es posible y que nos estimulen a convertirnos en la mejor versión de nosotros mismos. Necesitamos una dieta mental tanto como necesitamos una dieta corporal. Las ideas con que alimentamos nuestra mente hoy tienden a formar nuestra vida mañana.

Piénsalo de esta forma: Nos convertimos en las historias que escuchamos. No importa si estas historias provienen de películas, música, televisión, periódicos, revistas, políticos, amigos o libros—las historias que escuchamos forman nuestra vida.

Si quieres entender cualquier período de la historia, simplemente haz dos preguntas: "¿Quiénes fueron los narradores" y "¿Qué historia contaban?"

Winston Churchill, Francisco de Asís, Carlomagno, Napoleón, Charlie Chaplin, Adolfo Hitler, Bob Dylan, la Madre Teresa, Mahatma Gandhi, Abraham Lincoln, Marilyn Monroe, Nelson Mandela y Jesús, cada uno contó una historia.

Si quieres saber cuán distinto será tu país mañana de cómo era ayer, averigua cuán diferentes son las historias que tu país está escuchando hoy de las historias de ayer. Si descubres que las historias que estamos escuchando tienen menos sentido, más violencia y en vez de inspirarnos y elevar nuestros estándares apelan cada vez más al mímino común denominador, ten la seguridad de que en el futuro nuestra vida tendrá menos sentido, contendrá más violencia y estará más enfocada en el mímino común denominador.

Nos convertimos en las historias que escuchamos. Pero tal vez la pregunta más importante sea, ¿Qué historias escuchas? ¿Qué historias están formando tu vida?

∽ ∽ ∽

Nuestras necesidades intelectuales nunca son urgentes; así que es fácil pasarlas por alto. ¿Cuándo fue la última vez que te dijiste "Hoy necesito urgentemente leer un buen libro?" No pasa. ¿Por qué? Para empezar, porque nuestras necesidades intelectuales no son necesidades primarias. Si las descuidamos, no moriremos. Mas la vitalidad mental lleva a la vitalidad física, emocional, y espiritual. Todo en nuestra vida empieza como un pensamiento.

La razón por la cual las personas descuidan su desarrollo intelectual es que asocian los libros y el aprendizaje con la escuela y el trabajo. La mayoría de las personas tiene muy poco tiempo libre, y no quieren pasarlo haciendo algo que ellos perciben como "trabajo". Una de las grandes tragedias de los sistemas modernos de educación es que no inculcan el amor al aprendizaje. Con demasiada frecuencia el aprendizaje es visto únicamente como un medio hacia un fin. Es necesario pasar un examen, u obtener un título, o ganar un ascenso. Al igual que muchos otros aspectos de la vida moderna, el aprendizaje ha sido desconectado violentamente de nuestro propósito esencial.

Algunos podrán argumentar que estamos más avanzados intelectualmente que nunca antes. En efecto, esto es cierto; pero la naturaleza de nuestro conocimiento se ha hecho cada vez más especializada. La tendencia es que nuestro conocimiento profesional, y en muchos casos nuestro entrenamiento sea cada vez más específico. Una base de conocimiento más estrecha necesariamente crea una visión más estrecha del mundo.

A todos estos factores agreguen el hecho que la mayoría de las personas se siente agotada por las exigencias intelectuales que se les imponen en su trabajo, y es fácil entender por qué a una gran proporción de personas les gusta echarse frente al televisor durante horas por la noche después de trabajar.

Cuando tomamos en cuenta todo esto, es fácil entender por qué la mayoría de las personas descuidan su legítima necesidad de estímulo intelectual.

Al mismo tiempo, descuidar nuestra habilidad fenomenal para pensar, razonar, decidir, imaginar y soñar ha de limitar enormemente nuestro potencial. Todos tenemos necesidades intelectuales. Nuestras necesidades intelectuales pueden variar significativamente de una a otra persona, y aunque muchas están envueltas en ocupaciones intelectuales, todos necesitamos otros tipos de estímulo intelectual. De hecho, mientras mayor sea nuestro estimulo intelectual profesional, mayor necesidad tenemos de otras formas de nutrición intelectual para crear un balance.

Además, es muy poco probable que nuestros esfuerzos intelectuales profesionales satisfagan nuestras necesidades individuales en cada momento y lugar del camino de la vida. En la categoría de estímulo intelectual personal podríamos leer revistas de moda, jardinería, deportes, finanzas, música o cualquier otra área de interés. Estaremos entretenidos, pero es poco probable que seamos desafiados a elevar nuestros estándares y convertirnos en la mejor versión de nosotros mismos. Para extendernos realmente, tenemos que profundizar en los escritos de la sabiduría. Las selecciones podrían incluir una variedad de textos filosóficos, los escritos de un sinnúmero de líderes espirituales pasados y presentes, y las Escrituras. Es en estos escritos que el intelecto se enfrenta cara a cara con las preguntas y verdades más profundas sobre el mundo, la Creación, Dios, la humanidad y nuestro camino individual. Los escritos de la sabiduría nos presentan constantemente una visión de la mejor versión de nosotros mismos. Estos escritos no buscan entretenernos, sino revelarnos quiénes somos y por qué estamos aquí. Los escritos de la sabiduría nos llaman delicadamente a salir de nuestras zonas de comodidad y nos desafían a mejorarnos, a desarrollarnos, a crecer y a vivir la vida a plenitud.

Nuestras necesidades intelectuales son muchas y variadas. La mayoría de nosotros necesita un enfoque intelectual profesional. Todos necesitamos distintas formas de considerar el estímulo intelectual; pero debemos retarnos a ir más allá de estas zonas intelectuales cómodas y acoger los escritos que nos desafíen a considerar las cuestiones, las verdades y los misterios más profundos de nuestra existencia. Como escribió Mark Twain, "El hombre que no lee buenos libros no tiene ventaja sobre el hombre que no puede leerlos". Los libros cambian nuestra vida. Lo creo con todo mi corazón. Me gusta preguntarles a las personas cuál fue el período de transformación más grande de su vida. Me dicen que fue hace cinco o hasta siete años, me dicen que fue cuando tuvieron cáncer, o cuando perdieron su trabajo, me dicen que fue en el pueblo donde crecieron, o en una ciudad donde no conocían a nadie. Después me gusta preguntarles "¿Qué estaban leyendo en ese momento de gran transformación?" Nueve de cada diez veces, sus ojos se iluminarán, y dirán "Estaba leyendo _____ y ese libro cambió mi vida".

En mi casa, en la habitación donde escribo, tengo más de mil libros. pero en el anaquel más alto de uno de los libreros, a nivel con los ojos, tengo treinta y siete libros. Cada uno de esos libros ha tenido un enorme impacto en mi vida. Puedo decir dónde los compré, en qué ciudad del mundo estaba cuando los leí, y cuáles eran las circunstancias y situaciones de mi vida en aquel momento. Hay libros sobre filosofía, teología, psicología, negocios e historia. Hay algunas novelas y biografías increíbles, y allí, en ese anaquel, encontrarán algunos de los más grandes clásicos espirituales e inspiradores de todos los tiempos. Es, en cierto sentido, mi propia colección de Grandes Libros.

Alguna que otra vez, cuando me siento desalentado, confundido, solo, temeroso o simplemente empiezo a tener dudas sobre mi vida y sobre mí mismo, acudo a ese anaquel. Echo una ojeada a la fila de libros y uno de esos libros me llama. Lo tomo y vuelvo a descubrir la inspiración que en un principio le ganó un lugar en el anaquel más alto.

Nuestro cuerpo necesita ejercitarse regularmente y una dieta balanceada, y nuestra mente también. Tienes una necesidad legítima de alimentar tu mente. Si eliges la dieta correcta de la mente, tu vida será dirigida por ideas de excelencia y grandeza. Si permites que los medios de comunicación y la cultura secular seleccionen tu dieta intelectual, tu vida será formada por distracciones y mediocridad.

Los libros cambian nuestra vida. Empieza a hacer tu propia colección de Grandes Libros. Elige libros que te ayuden a alcanzar tu propósito esencial y a convertirte en la mejor versión de ti mismo. Haz de la lectura diaria uno de los hábitos que definan tu vida.

Necesidades Espirituales

Sólo aquí, en el área de la espiritualidad llegamos a entender completamente nuestras otras necesidades legítimas—físicas, emocionales, e intelectuales—y adquirimos la visión para vivir una vida que enriquece, sostiene y protege nuestro bienestar en cada una de estas áreas.

Nuestras necesidades espirituales tienen una tendencia a cambiar como cambian las estaciones de nuestra vida. Cada uno de nosotros tiene un viaje espiritual única. Tenemos distintas necesidades en distintas etapas de nuestro camino. No obstante, hay algunas necesidades que no cambian y que son necesarias en todas las estaciones de nuestra vida—el silencio, la soledad y la sencillez. La forma en que buscamos experimentar estos hábitos del alma puede cambiar; pero, así y todo, siguen siendo esenciales para nuestra dieta espiritual si hemos de encontrar la alegría duradera en este mundo cambiante.

El ruido del mundo nos impide oír la suave voz interior que siempre nos aconseja que abracemos la mejor versión de nosotros mismos. Sólo cuando formemos el hábito de alejarnos del ruido del mundo y nos sumerjamos en el silencio, empezaremos a oír esta voz otra vez. No necesitamos pasar horas en silencio cada día; pero nada trae la prioridad a nuestros días como un período de silencio cada mañana.

La vida presenta preguntas todos los días. Todos tenemos la necesidad de buscar en nuestro corazón las respuestas a esas preguntas. Todos los días nos enfrentamos a millares de decisiones y oportunidades. Necesitamos tiempo alejados de todas las demás voces para discernir cuáles de estas decisiones y oportunidades nos permitirán convertirnos en la mejor versión de nosotros mismos y cuáles son meras distracciones. Ha sido mi experiencia que estos ejercicios se realizan con mayor eficacia solos, en la preciosa soledad del aula del silencio.

Es también en silencio y soledad que el reto preeminente de la vida nos es propuesto. El Hermano Silencio y la Hermana Soledad develan a la persona que somos hoy con todas nuestras fortalezas y debilidades, pero también nos recuerdan a la mejor persona que sabemos que podemos ser.

En el silencio, vemos a la vez a la persona que somos ahora y a la persona en la que somos capaces de convertirnos. Viendo estas dos visiones a la vez, automáticamente somos desafiados a cambiar y crecer y a convertirnos en la mejor versión de nosotros mismos. Es precisamente por esta razón que llenamos nuestra vida de ruido, para distraernos del desafío a cambiar.

El compromiso con el propósito de convertirnos en la mejor versión de nosotros mismos es la única clave para vivir la vida significativa y apasionadamente.

El silencio ha sido un gran amigo de hombres y mujeres extraordinarios de toda época. Muchas de las grandes lecciones de la vida pueden ser aprendidas solamente en el aula del silencio, especialmente aquéllas que nos enseñan sobre nuestros talentos individuales y cómo podemos usarlos para cumplir nuestro destino.

Durante siglos y milenios, las personas sabias de toda cultura bajo el sol han buscado el consejo del silencio. Pitágoras, el filósofo y matemático griego (aprox. 580 a 500 AC), escribió: "Aprende a estar en silencio. Deja que tu mente callada escuche y absorba". Escribiendo sobre la importancia del silencio y de la soledad, Blaise Pascal, el filósofo, científico, matemático y escritor francés del siglo XVII dijo: "Todas las miserias del hombre se derivan de su incapacidad para sentarse calladamente en una habitación solo". Franz Kafka, el novelista, filósofo y poeta checo-judío escribió: "No necesitas dejar la habitación. Permanece sentado a tu mesa y escucha. Ni siquiera necesitas escuchar, simplemente espera. Ni siquiera necesitas esperar, tan sólo aprende a volverte callado, y quieto y solitario. El mundo se te ofrecerá gratuitamente para ser descubierto. No tiene opción; rodará en éxtasis a tus pies".

Aprende a estar callado. Aprende a estar quieto. Estas están entre las lecciones más valiosas en nuestra viaje.

∽∽∽

Llegamos ahora a la necesidad espiritual de la sencillez. La sencillez es uno de los principios que gobiernan el universo; sin embargo, con el transcurrir de los siglos la humanidad mira a una mayor complejidad para resolver sus problemas y mejorar su vida. ¿Quién entre nosotros necesita más complejidad en su vida? ¡Ninguno! Lo que nuestra vida necesita desesperadamente es ser liberada por la sencillez.

Si aprendemos nuevamente a escuchar la suave voz interior la oiremos aconsejándonos muchas veces al día que simplifiquemos nuestra vida.

Cuando las voces del mundo proponen las múltiples complejidades del vivir moderno, la suave voz interior nos susurrará: *¿Por qué complicar tu vida?* Con el tiempo, aprenderemos a volverle la espalda a un sinnúmero de oportunidades para preservar la paz en nuestro corazón, paz que nace de la bendita simplicidad que el mundo desprecia. Simplifica. Simplifica. Simplifica tu vida y encontrarás la paz interior que los poetas y los santos de toda época han deseado más que cualquier posesión.

Silencio. Soledad. Sencillez. ¡Tres gran amigos! Puede que sean las más sutiles de nuestras legítimas necesidades, pero cuando son honradas, nuestro espíritu se eleva hacia alturas inimaginables, y sólo nos queda preguntarnos cómo o por qué alguna vez seguimos las insinuaciones de todas las voces burlonas de este mundo.

Cuando prestamos atención a nuestras necesidades legítimas espirituales, todo lo demás parece caer en perspectiva. Sólo entonces podemos desprendernos del pasado, esperar pacientemente el futuro, y vivir con una pasión intensa por la vida en la alegría del aquí y ahora. Nos sentimos saludables. Nos sentimos vivos más plenamente. Nuestra vida se llena de vitalidad y la vida se vuelve una aventura emocionante en vez de la pesadez diaria de contar los minutos.

La satisfacción de nuestras necesidades espirituales legítimas nos lleva a colocar nuestro propósito esencial en el centro de nuestra vida diaria. Cuando el silencio, la soledad y la simplicidad se convierten en una parte del tejido de nuestra vida, tendemos mucho menos a descuidar nuestras necesidades legítimas. Sólo con el enfoque, la perspectiva y la vitalidad que nacen de las disciplinas espirituales aprenderemos a transformar cada momento y cada experiencia de nuestra vida en oportunidades de convertirnos en la mejor versión de nosotros mismos. La espiritualidad trae claridad, dirección, continuidad e integridad a nuestra vida.

Tú ya tienes en tu interior todo lo necesario para realizar el viaje. Simplemente tienes que empezar a honrar la verdad que ya posees.

Todos tenemos necesidades. Necesitamos aire para respirar, agua para beber y alimentos para comer. Necesitamos amar y ser amados. Necesitamos aceptar y apreciar a los demás y ser aceptados y apreciados por los demás. Necesitamos aprender, cambiar, crecer. Necesitamos recordar quiénes somos en realidad y qué es lo más importante. Necesitamos.

Este es nuestro lazo común como seres humanos. No somos tan fuertes como creemos. Somos frágiles. No somos tan independientes como pretendemos ser. Ha de llegar el día en que nos demos cuenta de que la independencia es un mito. Somos *interdependientes*. Nos necesitamos unos a otros, y sólo unos con otros y unos para otros podemos vivir. Somos uno en nuestra necesidad. Somos seres de necesidad.

Nuestra salud y nuestra felicidad están íntimamente conectadas. Nuestras necesidades legítimas son el lenguaje secreto que une a las dos. Cuando reconocemos nuestras necesidades legítimas y basamos las decisiones de nuestro estilo de vida en ellas, necesariamente vivimos una vida más saludable y más feliz.

La vida debe ser una experiencia rica y gratificante. Nuestra vida debe estar llena de momentos de asombro e inspiración. La vida es una expresión de abundancia y debe vivirse apasionadamente.

Conoce tus necesidades.

Más Allá de
lo que Queremos

❦

La razón por la cual muchos de nosotros descuidamos nuestras necesidades legítimas es que estamos demasiado ocupados persiguiendo nuestras *necesidades ilegítimas.* Ignoramos nuestras necesidades legítimas porque creemos equivocadamente que, si obtenemos suficientes deseos ilegítimos, no importará que no nos ocupemos de nuestras necesidades legítimas. Esto es una falacia de proporciones monumentales porque nunca se puede obtener suficiente de lo que realmente no se necesita. Es cierto, nunca se puede obtener suficiente de lo que realmente no se necesita. La satisfacción no proviene de tener cada vez más de todo para siempre hasta el olvido. La satisfacción proviene de tener lo que se necesita. El mundo entero se encuentra persiguiendo deseos ilegítimos con un desenfreno insensato. Utilizamos todo nuestro tiempo, todo nuestro esfuerzo y toda nuestra energía en la búsqueda de deseos ilegítimos, hipnotizados por la mentira de que nuestros deseos ilegítimos son la clave de nuestra felicidad.

Al mismo tiempo, la suave voz interior nos llama constantemente, tratando de alentarnos a que no ignoremos la sabiduría que ya poseemos.

Tenemos que aprender a movernos más allá de nuestros deseos superficiales y empezar a descubrir nuestros deseos más profundos. La diferencia entre lo que queremos y nuestros deseos más profundos es el significado. Un deseo es algo que queremos que tiene un significado. Nuestros deseos más profundos son cosas que queremos porque sabemos que nos ayudarán a convertirnos en la mejor versión de nosotros mismos. El problema es que todos estamos tan ocupados queriendo eso que hemos olvidado por qué lo queremos sea lo que sea. Hemos desconectado lo que queremos de nuestra razón para quererlo.

⁓ ⁓ ⁓

Por miles de años en mitos, leyendas, historias, cuentos de hadas y parábolas, el corazón ha sido definido como el lugar de donde surgen nuestros deseos y donde residen nuestros sentimientos. Nuestro corazón es tan individual y único como nuestras huellas digitales. No puedo presumir conocer o entender los movimientos de tu corazón, ni tú los del mío, pero cada uno de nosotros tiene que buscar descubrir y conocer los movimientos de su propio corazón.

Lo que estamos a punto de descubrir es que nuestras necesidades y nuestros deseos están ligados divina y providencialmente. Si podemos llegar más allá de nuestros deseos superficiales descubriremos que nuestros deseos más profundos son los de las cosas que necesitamos legítimamente. Bajo la multitud de deseos que plagan la superficie de nuestro corazón, deseamos cosas buenas por buenas razones. Estos son los deseos más profundos de nuestro corazón. Son buenos porque en ellos, esperamos mejorarnos, mejorar el mundo en que vivimos y a los demás. Son los deseos más profundos de nuestro corazón porque realizarlos nos lleva a convertirnos en la mejor versión de nosotros mismos y todo ser ansía convertirse en todo lo que es capaz de ser.

Haríamos bien si aprendiéramos a escuchar los deseos más profundos de nuestro corazón, y debemos seguirlos dondequiera que nos lleven sin importar el costo o el sacrificio que envuelva.

Nuestra realización y nuestra felicidad, nuestra integridad y nuestra santidad dependen de que vivamos los deseos más profundos de nuestro corazón. Nuestros deseos más profundos están directamente enlazados con nuestras necesidades legítimas. Aparejar cuidadosamente nuestros deseos más profundos con las necesidades legítimas lleva a la realización del ser humano—física, emocional, intelectual y espiritualmente. El resultado es una vida de inimaginable balance y armonía, paz y prosperidad.

Deseos Físicos

Muchos de nuestros deseos físicos caen en la categoría de lo que queremos. Cada día queremos docenas de cosas físicas que carecen de un significado más allá de lograr el placer.

Ahora, tengan la seguridad de que yo disfruto el placer tanto como cualquier otra persona. Nuestra cultura ha promovido el placer de muchas maneras como el fin supremo de la vida. El significado y el propósito no se encuentran en el placer. El mundo moderno propone que el placer es el camino hacia la felicidad. Pero dondequiera que se encuentren hombres y mujeres que se adscriban a la visión hedonista que el placer ha de ser buscado por su propio bien en todo momento disponible, se encontrarán personas que han sido vencidas por la pereza, la codicia y la glotonería. No son libres ni felices. Están esclavizadas por miles de adicciones distintas, y el resultado producido por su filosofía no es placer, sino desesperación. Nuestros deseos físicos más profundos son los de las cosas que necesitamos.

Por ejemplo, cada día, cerca de la hora de almorzar, tengo el deseo de comerme seis donas de chocolate. Es un deseo, pero superficial. Es algo que quiero, un deseo sin significado. Si escucho la suave voz en mi interior, me recordará que tengo un deseo más profundo, lucir y sentirme sano.

El primer deseo de las seis donas surge en respuesta a mi necesidad legítima de comida; pero la mejor manera de responder a mi necesidad legítima de sustento físico es disfrutando una comida saludable, balanceada, y satisfactoria.

El deseo superficial tiene una sola cosa en mente, la satisfacción instantánea del placer. Nuestros deseos superficiales ni siquiera pueden tomar en cuenta el futuro malestar que un placer presente puede producir.

El deseo más profundo del corazón—el deseo de ser saludable y estar en buena forma física—toma en cuenta a toda la persona y ve la situación con nuestro propósito esencial en mente.

La única forma de decir no a las seis donas es tener un sí más profundo. La única forma de decir no a cualquier cosa es tener un sí más profundo.

En este caso, el sí más profundo es para la aptitud física, la salud, y el bienestar. Pero si no estás en contacto con tus sís más profundos, pasarás toda tu vida viviendo los deseos superficiales de tu corazón.

Lo que "necesitamos" verdaderamente, lo deseamos profundamente, no a los niveles superficiales de nuestro corazón.

DESEOS EMOCIONALES

Las personas irán a extremos extraordinarios tratando de satisfacer sus deseos emocionales. En el campo emocional, para satisfacer un deseo y una necesidad hoy, teníamos que empezar a prepararnos para eso hace meses o años. Es una idea que muchos luchan por aceptar en una sociedad en la que la satisfacción instantánea no es suficientemente rápida.

Físicamente, si descubres que tu deseo más profundo es la salud y el bienestar, todo lo que tienes que hacer es empezar a hacer ejercicio y adoptar una dieta balanceada. Intelectualmente, si descubres que tu deseo más profundo es saber más sobre ti mismo y sobre tu propósito en la vida, todo lo que tienes que hacer es reservar un tiempo y empezar a leer y a estudiar escritos de sabiduría. Espiritualmente, si descubres que tu necesidad más profunda es la sencillez, todo lo que tienes que hacer es tener una sesión de limpieza de primavera y deshacerte de todo el exceso de posesiones materiales que abarrotan tu clóset, el garaje, el sótano, y aprender a decir no a algunas de las muchas cosas que te distraen de tu propósito esencial.

Cada una de estas cosas satisfará relativamente de inmediato tu deseo y tu necesidad. Pero si descubres hoy que emocionalmente tu deseo más profundo es la intimidad, a menos que hayas invertido en esta área de tu vida con anterioridad, podría tomar semanas, meses, y hasta años antes de que puedas ver satisfechos tu necesidad y tu deseo.

Es en el campo emocional donde se nos recuerda más que nunca que no somos independientes. Somos interdependientes. Dependemos unos de otros para satisfacer nuestras necesidades legítimas y nuestros deseos más profundos. La vida no se trata simplemente de la búsqueda egoísta de la mejor versión de nosotros mismos. Más bien, mientras más contribuimos a ayudar a los demás a convertirse en la mejor versión de sí mismos, más progresamos en lograr nuestro propósito esencial.

∽∂ ∽∂ ∽∂

Aunque espero escribir algún día un libro entero sobre la intimidad y el poder de las relaciones que están enfocadas en la mutua satisfacción de nuestras necesidades legítimas, éste no es ese libro. Lo que descubrimos a medida que nos movemos a través de cada uno de los cuatro aspectos del ser humano es que hay una fuerte conexión entre nuestras necesidades y nuestros deseos más profundos. Cuando estamos verdaderamente en contacto con nosotros mismos en los niveles más profundos, descubrimos que deseamos profundamente lo que necesitamos para tener salud, felicidad, eficiencia y efectividad óptimas

El problema es que nuestra vida diaria nos distrae de nuestros deseos más profundos. Nos ponemos a trabajar y nos cansamos, y el cansancio nos vuelve cobardes a todos. Una vez que el cansancio entra en nosotros, buscamos la satisfacción instantánea y empezamos a obrar otra vez desde nuestros deseos superficiales.

Un ejemplo común en el campo emocional es nuestro deseo de compartir ciertas experiencias de nuestra vida con los demás. Cuando nos suceden cosas buenas, queremos compartirlas con alguien más. El compartir aumenta la alegría que estos buenos eventos han traído a nuestra vida. Por el contrario, cuando algo malo nos sucede, también queremos compartirlo con alguien más. El compartir disminuye la angustia y la pena.

Usemos el ejemplo de un mal día para extendernos un poco. Todos tenemos un mal día de vez en cuando, y cuando lo tenemos, la mayoría de nosotros necesita hablar con alguien.

Mas a quién escojas para desahogarte es de primordial importancia.

Puedes desahogarte con un vendedor poco dispuesto a cooperar diciendo "¿Sabe?, he tenido un día verdaderamente malo y no necesito que usted me trate de esa forma". Satisfarás tu deseo de expresar tus sentimientos, pero tu necesidad de ser escuchado, amado, aceptado y entendido seguirá sin ser satisfecha.

Tu deseo de expresar tus sentimientos es sólo un pequeño aspecto de tu necesidad más profunda de ser escuchado, amado, aceptado y entendido. Esta necesidad más profunda será atendida y satisfecha sólo si puedes expresarle tus sentimientos a la persona correcta en el lugar correcto.

Si eres madre y esposa y has tenido un día terrible puedes tener la tentación de decirles a tus hijos que están comportándose mal: "Escuchen, niños, he tenido un día terrible y no necesito su mal comportamiento". Habrás satisfecho tu deseo de expresar cómo te sientes, pero la necesidad más profunda que este deseo representa se quedará insatisfecha.

Con el tiempo, llegamos a entender que cuando sentimos la necesidad de expresarnos, es crítico que elijamos a la persona correcta. El vendedor no te conoce lo suficiente y probablemente no le importa, y tus hijos son demasiado jóvenes para responder de una manera apropiada.

El hecho que hayas tenido un mal día puede ser un asunto sin importancia para ti, pero el asunto mayor, el más importante, es que te abras con la persona correcta. Si compartimos nuestros sentimientos con la persona equivocada, es poco probable que esa persona honre y respete nuestros sentimientos. Elige a la persona equivocada y el resultado más probable es que te alejes sintiéndote frustrado y perturbado en vez de consolado y comprendido.

∽ ∽ ∽

Todos necesitamos una relación de confianza, una persona en nuestra vida con la que podamos hablar sobre cualquier cosa—una relación con una persona que respetará nuestros sentimientos y reverenciará nuestra lucha con las circunstancias de nuestra vida; alguien que escuche sin tratar de arreglarnos, cambiarnos o movernos; una persona que sea capaz de sentarse con nosotros en nuestro dolor y de bailar con nosotros en nuestra alegría; una persona que esté suficientemente a tono consigo misma para poder hablar con aliento y honestidad.

Todos tenemos la necesidad de una persona así; lamentablemente, son demasiado difíciles de encontrar.

Para algunos, esta persona es un esposo; para otros, un amigo cercano o un guía espiritual. Para otros, esta persona es Dios y sus necesidades y deseos emocionales en esta área son satisfechos por medio de su espiritualidad. Para la mayoría de las personas, es una mezcla de su relación con Dios y una o dos amistades humanas.

En las primeras etapas de nuestra vida, podemos pasar por muchas de estas relaciones—compañeros de clase, miembros de equipos deportivos, familiares, un médico de la familia, un viejo amigo de la familia, novias y novios, profesores, un sacerdote, pastor o rabino y tal vez hasta un mentor o un entrenador.

Uno de nuestros verdaderos retos emocionales es que cuando más necesitamos a estas personas, rara vez se encuentran a la vuelta de la esquina esperando que nuestra necesidad o nuestro deseo emocional coincidan.

La experiencia me ha enseñado que nos expresamos demasiado poco y que podemos expresarnos demasiado. Es fácil compartir demasiado con la persona equivocada y demasiado poco con la persona correcta.

Cuando la vida nos tira una pelota de curva, nuestro instinto es reaccionar tomando el teléfono y llamando a cinco de nuestros amigos para desahogarnos. Cuando pasa la tormenta, casi invariablemente nos arrepentimos de haberlo hecho. Nuestra primera respuesta debe ser llevar la situación y nuestros sentimientos acerca de ella al aula del silencio. Compartir una situación con Dios en oración con frecuencia puede aliviar nuestra tristeza y nuestra ansiedad. Nunca he conocido a alguien que se haya sentido perturbado después de verterle su corazón a Dios.

Tenemos una legítima necesidad y un deseo profundo de compartir los triunfos y las pruebas de nuestra vida. También tenemos la necesidad y el deseo de estar en el otro extremo de una relación de confianza. Como con frecuencia es el caso en el campo emocional, nuestras necesidades y nuestros deseos complementan las necesidades y los deseos de aquéllos que nos acompañan en nuestro viaje.

Mientras más nos adentramos en la profundidad de nuestro corazón, más descubrimos que tenemos una necesidad legítima y un deseo profundo de ser la persona con la que se puede hablar de cualquier cosa sin sentirse juzgado o compadecido. Ansiamos ser una persona que respete los sentimientos de los demás y que venere sus luchas con las circunstancias siempre cambiantes de su vida. Ansiamos ser ese alguien que puede escuchar sin tratar de arreglar, cambiar o mover a la otra persona; alguien capaz de sentarse con otra persona en su dolor y de bailar junto a ella en su alegría; una persona a tono consigo misma lo suficiente para hablar con compasión, aliento y honestidad.

Nuestras necesidades y nuestros deseos emocionales son vastos y variados. Es un área de nuestra vida que tenemos que enfocar con cautela y que requiere paciencia. La satisfacción instantánea no tiene cabida en el campo emocional. Los frutos del mundo emocional están reservados solamente para aquéllos que están dispuestos a participar desinteresadamente.

DESEOS INTELECTUALES

Cuando estamos demasiado ocupados y demasiado cansados, tendemos a perder el contacto con nuestros deseos intelectuales muy rápidamente. Pero basta con que te permitas tardes ociosas varios domingos seguidos, libre del peso de la estímulo tecnológico, y te encontrarás pensando, Siempre he querido aprender a tocar el piano o la guitarra; o, No sería estupendo aprender español y después viajar a España. . . Me encantaría dominar el juego de ajedrez. . . . Siempre he querido entender cómo el cuerpo transforma los alimentos en energía. . . . Tal vez debería leer un poco más sobre historia o investigar mi árbol genealógico. . . . Quizás a este punto de mi vida debería llevar un diario . . .

Tener tiempo libre enciende nuestros deseos intelectuales; el cansancio los desvanece.

Nacemos con deseo intelectual. Tal vez hayas perdido el contacto con él, pero lo tienes. Con los años, quizás lo has enterrado o puede ser que se haya distorsionado por alguna experiencia de la niñez, pero el deseo intelectual es natural y abundante en todos nosotros.

El deseo intelectual se entiende mejor con el ejemplo de un niño. Los niños tienen una curiosidad que trae un sentido de asombro a su vida. ¿Por qué los niños siempre están haciendo preguntas? ¿Por qué? Son curiosos naturalmente. Desde el momento en que pueden pensar y hablar lógicamente, una pregunta domina su diálogo interno (pensamientos) y su diálogo externo (conversaciones). Interna y externamente, están preguntando constantemente. ¿Por qué? Son curiosos por naturaleza, están impacientes por entender y ansían saber. El deseo intelectual es uno de los grandes signos de la vitalidad humana. ¿Estás prosperando o estás sobreviviendo simplemente? Si no estás a tono con tu deseo intelectual, ¿qué pasa? Tal vez, de niño, tus padres te gritaban cuando hacías preguntas. Tal vez siempre quisiste aprender a tocar el piano, pero tus amigos te dijeron que eso era sólo para afeminados. Las cosas más simples pueden causar que nos encojamos y nos enterremos. Quizás, de niño, hiciste una pregunta en clase, los otros niños se rieron, y la vergüenza enterró ese deseo natural. La vida no nos libra de estas experiencias amargas y, muchas veces, brutales. Aun así, debemos levantarnos y seguir adelante. En este caso, eso significa volver a descubrir nuestros deseos intelectuales. El tiempo libre trae claridad a la mente. Date tiempo para descansar, relajarte, y rejuvenecer y, al hacerlo, tus deseos intelectuales empezarán a surgir otra vez.

Una de las pruebas más grandes de nuestro deseo intelectual es el número de libros que compramos. Visita una librería por una hora y dime cuántos libros compraste o te habría gustado comprar. Tal vez ya no compres libros porque has comprado tantos que nunca has leído. La mayoría de nosotros sigue comprándolos y acumulándolos. ¿Por qué? Nuestras necesidades intelectuales son tan grandes y nuestra correspondiente ansia intelectual es tan fuerte que esperamos que un día empezaremos a vivir alineados con nuestras necesidades legítimas y con nuestros deseos más profundos.

Alimenta tu mente.

DESEOS ESPIRITUALES

Nuestra exploración de los diversos tipos de deseos nos trae finalmente hacia nuestros deseos espirituales. Ellos descansan en lo más recóndito del corazón humano, escondidos de la superficialidad y de la frivolidad. Nuestros deseos espirituales son, de cierta manera, los más sutiles de todos; no obstante revelan las más grandes de nuestras necesidades legítimas.

Percibir y responder a nuestros deseos espirituales es el aspecto más esencial del desarrollo personal. Los anhelos de los sentidos nos llaman con una consistencia infalible y atraen nuestra atención a las necesidades y deseos de nuestro cuerpo, pero nuestros deseos espirituales se encuentran en el fondo de las profundas y tranquilas aguas de nuestro ser.

El deseo más profundo de nuestro corazón no es hacer o tener algo sino paz. Anhelamos la paz interminablemente. Todos ansiamos la paz de saber quiénes somos, dónde estamos y qué lo que estamos haciendo es esencialmente bueno. Necesitamos saber que estamos contribuyendo a la felicidad de los demás y que, aunque lentamente, estamos avanzando hacia convertirnos en la mejor versión de nosotros mismos. Esta es la receta para la paz.

Las necesidades que corresponden con nuestro deseo de paz son el silencio, la simplicidad y la soledad.

¿Alguna vez sientes que necesitas un poco de tiempo para ti? ¿Te encuentras cuestionando la forma en que estás viviendo? ¿Tienes preguntas sobre lo que es mejor para ti ahora? ¿Te sientes sobrecargado o sobrecogido?

Todas estas preguntas son señales de que necesitas un poco de silencio, de soledad y de simplicidad. Estos sentimientos y estas preguntas son nuestros deseos espirituales tratando desesperadamente de ser escuchados.

Dependiendo de nuestra situación en la vida, algunos serán más fáciles de satisfacer que otros. A una madre con niños pequeños puede serle muy difícil encontrar silencio, soledad y simplicidad. Tenemos que recordar que no estamos hablando del silencio, de la soledad y de la simplicidad constantes de un monje. Lo que nosotros necesitamos y deseamos son breves intervalos de silencio y soledad y una estructura general de simplicidad. También es de una importancia fundamental que atesoremos el tiempo que tenemos para estar solos. Si respondemos a nuestra necesidad de soledad yendo de compras solos, nuestra necesidad de soledad puede ser parcialmente satisfecha; pero las distracciones de la música, la gente, y los deseos que surgirán de la 'experiencia del centro comercial' nos impedirán beber de la fuente de la soledad.

Para lograr la introspección que deseamos y que legítimamente necesitamos, es importante encontrar un lugar tranquilo para estar solos. Solamente en ese silencio y en esa soledad podemos recordar que ya sabemos cuáles son las cosas que nos traerán la felicidad duradera.

Sería hermoso si nuestra alma rugiera cada vez que tiene hambre, tal como lo hace nuestro estómago. Pero no lo hace. La voz del alma hambrienta es confusión, preguntas, y una sensación general de sobrecogimiento.

Aprovechando el Poder de Nuestras Necesidades y de Nuestros Deseos

Una vez que aprendemos a entender el lenguaje de nuestras necesidades legítimas y de nuestros deseos más profundos, podemos empezar a aprovechar su poder en nuestra vida diaria para aumentar nuestra energía, nuestra vitalidad y nuestro amor por la vida.

Si nos proponemos observarnos en distintas situaciones, poco a poco nos volveremos más conscientes acerca de las personas, de los lugares y de las actividades que nos dan vigor, y de aquéllas que agotan nuestra energía y destruyen nuestra pasión por la vida.

Nuestro deseo de alimento, de hacer ejercicio, de dormir de tener relaciones, de estudiar, y de momentos tranquilos de oración y reflexión son respuestas a nuestras necesidades legítimas de personas, lugares y actividades que obran juntos para hacernos íntegros. Nuestros deseos más profundos nos llevan a la satisfacción de nuestras necesidades legítimas, lo que a su vez genera salud y armonía en nosotros. Todo esto es parte de la ingeniería divina puesta en marcha en ti para ayudarte a lograr tu propósito esencial. Nuestros deseos y nuestras necesidades están muy íntimamente ligados. Deseamos profundamente porque necesitamos profundamente. El cuidadoso aparejamiento de nuestros deseos más profundos y nuestras necesidades legítimas requiere y exige un cuidadoso discernimiento. Tu salud y tu felicidad dependen casi completamente del desarrollo de esta habilidad. Hay una conexión profunda y providencial entre nuestras necesidades y nuestros deseos. Ignorar nuestras necesidades y nuestros deseos y su relación mutua, es ignorar nuestro propio ser. Tu cuerpo, tu corazón, tu mente y tu espíritu ansían que estés saludable en todo el sentido de la palabra. Los tres colaboran con un fin en mente, que te conviertas en la mejor versión de ti mismo.

Todos Somos Genios

Albert Einstein escribió: "Todo el mundo es un genio, somos genios. Pero si juzgas a un pez por su capacidad para trepar árboles, vivirá toda su vida creyendo que es estúpido". La pregunta que tengo para ti en esta parte de nuestro viaje es "¿Cuál es tu genialidad?"

Ves, yo creo que todos somos capaces de hacer una cosa mejor que cualquier otra persona viva en este momento de la historia. ¿Cuál es tu cosa?

Sé que estás pensando. Estás pensando en silencio que no eres un genio. Tal vez te sientas tentado a dudar de esa idea y pensar que estoy hablando solamente de personas extraordinarias. No. Todo el mundo es un genio; ¿Cuál es tu genialidad?

De todos modos, ¿quiénes son las personas extraordinarias? ¿Son sólo aquéllos que son geniales? De seguro que no podemos contar solamente a los que alcanzan el éxito y la aclamación mundial.

Si el genio sólo pertenece a quienes inventan cosas que cambian todo el curso de la historia de la humanidad, a los que crean obras maestras que atraen multitudes a galerías de arte por siglos, imaginan sinfonías que viven en nuestro corazón para siempre, o se convierten en grandes presidentes de grandes naciones o en directores ejecutivos de grandes corporaciones—si contamos solamente a las personas que establecen récords mundiales y ganan medallas de oro, a las personas que captan nuestra imaginación y elevan nuestro espíritu jugando béisbol o baloncesto, a aquéllas que ganan premios Oscar o Grammy y a las personas que reciben una atención pública enorme por ir a extremos heroicos para servir a la humanidad, entonces ¿qué se volverá el resto de nosotros? ¿Hemos de ser llevados a unirnos a las masas de Thoreau y simplemente vivir calladamente desesperados?

Yo creo que no.

Permíteme explicarlo desde otro punto de vista.

Mi madre vive en Australia y probablemente nadie escribirá jamás un libro sobre mi madre. Ella no vive en el suburbio correcto, en la calle correcta, ella no conduce un automóvil caro y no asistió a la universidad correcta. Mi madre no hace mucho dinero, no tiene mucho dinero, no viste ropas caras con etiquetas elegantes, no va de vacaciones a todos los lugares correctos cada año, y no ha tenido un trabajo fuera del hogar desde que dio a luz a mi hermano mayor.

Mi madre no ha inventado algo que cambie todo el curso de la historia de la humanidad, no es la creadora de obras maestras artísticas o musicales y no se ha convertido ni es probable que se convierta en presidenta de una gran nación o corporación. Mamá no tiene ningún récord mundial, ni medallas de oro, ni premios Oscar o Grammy, y puede ir al supermercado sin ser molestada por los fotógrafos.

Según todos los estándares del mundo, mi madre es un fracaso completo. Pero déjame asegurarte que mi madre es absolutamente genial.

Recuerdo de niño llegar a mi casa de la escuela. Todas las tardes, a las tres y media, mis siete hermanos y yo caíamos en nuestra casa como una clase de invasión. Algunos de nosotros habíamos tenido triunfos, y otros, tragedia. Mi madre era capaz instantáneamente de consolar las tragedias y celebrar los triunfos. Como uno de ocho hijos, nunca me sentí tratado como si fuera simplemente parte de un grupo. Tanto mi madre como mi padre tenían una habilidad fenomenal para hacer salir lo mejor de cada uno de nosotros.

No. No habrá libros sobre mi madre. Y como dije, si es juzgada según todos los estándares del mundo, ella es un fracaso completo. Pero ¿saben qué? A mi madre no le podría importar menos lo que el mundo piense. La mayoría de las personas no la conocen lo suficiente como para elogiarla o criticarla y ella lo sabe.

A mi madre no le podría importar menos lo que cualquiera piense. ¿Sabes por qué? Porque mi madre sabe lo que es, y sabe por qué está aquí. Ella no tiene la ilusión de convertirse en alguien que no es. Mi madre ha descubierto su genialidad, ha buscado su genialidad, ha ejercitado su genialidad y ha celebrado su genialidad. Y si tú y yo podemos saborear al menos un poquito de esa paz — la paz que proviene de saber quiénes somos, dónde estamos y qué estamos haciendo y que tiene sentido sin importar el resultado o las opiniones de los demás — entonces hemos descubierto nuestra genialidad.

¿Hemos estado simplemente juzgándonos según criterios equivocados?

"Todo el mundo es un genio. Pero si juzgas a un pez por su capacidad para trepar árboles, vivirá toda su vida pensando que es estúpido".

¿Cuál es tu genialidad? Todos somos capaces de hacer

una cosa mejor que cualquier otra persona viva en este momento de la historia. ¿Cuál es tu cosa? Tu cosa puede ser amar a tu cónyuge, criar a tus hijos, o ser maestra de kindergarten. Tu cosa puede ser inventar algo que cambie todo el curso de la historia de la humanidad o convertirte en presidente de una gran nación. No importa tanto qué forma toma tu genialidad como que la abraces y la celebres.

¿Cómo sabrás cuándo descubres tu genialidad? Hay dos señales: alegría y sensación de intemporalidad. Cuando hablo y cuando escribo, las horas pasan sin que me dé cuenta. Eso no es trabajo, es pasión. ¿Es así siempre? No, por supuesto que no. Hay momentos en los que sacar un solo párrafo coherente de mi mente toma horas y horas. Pero cuando experimento la alegría y la ausencia de tiempo de compartir estas ideas, sé que nací para compartir estas ideas como un pez fue creado para nadar o un pájaro para volar. Simplemente es parte de quién soy.

Es posible que le hayas dado la espalda a tu genialidad hace años. Muchas personas hacen a un lado su genialidad porque no es suficientemente espectacular o porque su familia y sus amigos quisieron algo diferente para ellas. Con demasiada frecuencia abandonamos nuestra genialidad porque no nos produce suficiente dinero.

Hemos visto la conexión entre nuestras necesidades legítimas y nuestros más profundos deseos; nuestros talentos únicos tienen la clave que falta. Quizás no sea posible satisfacer todas nuestras necesidades y todos nuestros deseos y no sea posible desarrollar y ejercer completamente todos nuestros talentos. El reto para cada uno de nosotros es crear un estilo de vida que permita que nuestras necesidades, nuestros deseos y nuestros talentos vivan en armonía. Esta

colaboración dinámica es la clave para vivir la vida a plenitud
y convertirnos en la mejor versión de nosotros mismos.

LOS TRES CÍRCULOS

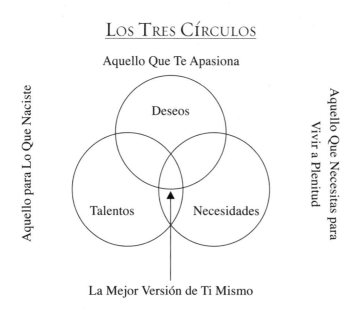

Aquello Que Te Apasiona

Aquello para Lo Que Naciste

Deseos

Aquello Que Necesitas para Vivir a Plenitud

Talentos   Necesidades

La Mejor Versión de Ti Mismo

Para entender los tres círculos rápida y fácilmente, imagina
que puedes crear una manera de vivir (un estilo de vida
en el más verdadero sentido de la palabra) que alinearía
perfectamente con los siguientes criterios.

Primero, pasas tus días y tus semanas haciendo las cosas para
las cuales tienes una habilidad genética particular o un talento
otorgado por Dios. Cuando te dedicas a estas actividades,
experimentas una gran sensación de júbilo y la rara sensación
de intemporalidad. Estás tan conectado contigo mismo y
con tus días que sientes que naciste para hacer las cosas que
estás haciendo y vivir la vida que estás viviendo. Tienes la
sensación de estar convirtiéndote en la mejor versión de ti
mismo de todas maneras.

Segundo, tus necesidades físicas, emocionales, intelectuales y espirituales están siendo atendidas. Estás inmerso en un modo de vida que balancea perfectamente los cuatro aspectos del ser humano. En vez de descuidar una o más de estas áreas durante días o semanas, cada día le asignas tiempo y energía a cada una de las cuatro áreas de satisfacción.

Tercero, estás lleno de pasión por la vida. Te apasiona lo que estás haciendo porque te encanta absolutamente en quién te está convirtiendo. Te encanta levantarte por la mañana para mirar la salida del sol y saludar un nuevo día. No deseas nada más que ser todo lo que eres capaz de ser, y consideras cualquier cosa que te distraiga de ese propósito, como una pérdida de tiempo, de energía y de vida.

La pregunta es, ¿quién o qué ocupa el lugar creado por la intersección de los tres círculos? Adivinaste. La mejor versión de ti mismo. Mientras más permitas que este simple y cristalino concepto guíe las decisiones de tu vida, más avanzarás hacia *la zona* creada por la intersección de los tres círculos.

Aprende a vivir en ese lugar y vivirás una vida poco corriente.

En distintos momentos de nuestra vida puede ser que experimentemos intensamente uno, algunas veces dos de los círculos en la forma que los he descrito. Pocas personas en nuestro ruidoso, ocupado y distraído mundo experimentan alguna vez los tres. Y aun cuando experimentamos uno de los círculos de una manera extraordinaria, con frecuencia no podemos sostener la experiencia debido al desbalance de nuestra vida.

Los tres círculos son el plano de la genialidad que hay en tu interior.

Llega a conocer tus necesidades legítimas, tus deseos más profundos y tus talentos únicos. Ellos son las claves que Dios ha colocado en tu interior para ayudarte a descubrir tu destino y a convertirte en la mejor versión de ti mismo.

Un poco más tarde, discutiremos qué falta en nuestra vida y cómo empezamos a construir una vida que permita que los tres círculos se intersecten poderosamente en nuestra vida diaria. Pero ahora es el momento de volver nuestra atención a comprender las decisiones que tomamos y por qué las tomamos.

TERCERA PARTE

ᦉ ᦉ ᦉ

LA MEJOR VERSIÓN
DE TI MISMO

ABRUMADOS POR LOS EXPERTOS

Una de las características de nuestra era es el exceso de expertos. Todo el mundo es un experto. Todos los días somos bombardeados con opiniones de estos expertos y estas opiniones tienen la manera de meterse en nuestra vida y en nuestra filosofía.

Tomemos como ejemplo las noticias y los sucesos de actualidad. Tienen la costumbre de presentar expertos que hablan de la manera en que tus alimentos favoritos son fabricados, la manera de invertir, cómo criar a los hijos, las estadísticas más recientes de un estudio médico y una pléyade de otros temas que tienen un impacto en nuestra vida diaria.

Empiezan pasando anuncios de estas noticias cada quince minutos durante todo el día no sólo en su estación de televisión, sino también en estaciones locales de radio. Invariablemente, la redacción de los anuncios capta tu atención despertando un temor que causa que cuestiones lo que estás comiendo, cómo estás ejercitándote, la distribución de los fondos de tu plan 401(k), cómo estás criando a tus hijos, si tienes derecho al plan de seguro médico o no . . . y así sucesivamente.

El problema con el fluir de este tipo de información proveniente de los expertos es que es presentada de una manera rápida, entrecortada, con muy pocos detalles y usualmente es el resultado de algún estudio muy limitado y al que nunca se le da seguimiento. Si dos semanas después, se prueba que el experto está totalmente equivocado, no te presentan otra historia disculpándose por haberte dado una información equivocada. Ni siquiera se retractan. Simplemente pasan a otra historia que pueda atemorizarte lo suficiente para hacerte volver a sintonizar a las seis de la tarde.

Esta es sólo una de las formas en que la información de los expertos está siendo manipulada para crear un índice de audiencia y, en última instancia, hacer dinero. Todo el tiempo, las opiniones de los expertos están afectando masivamente la vida diaria de millones de personas. Las opiniones de los expertos son una de las voces poderosas que nos hacen dudar de la suave voz en nuestro interior.

¿Cuándo fue la última vez que viste a alguien en CNN que no era un experto?

Estamos dejando a demasiados expertos entrar en nuestra vida. Están bateándonos como pelotas de ping-pong y, en la mayoría de los casos, no buscan educarnos y liberarnos. Más bien quieren hacer que dependamos de ellos. Cada vez sabemos menos en más áreas de nuestra vida y dependemos más de ellos.

En una época en que todo el mundo es un experto, nuestra base de conocimiento se está volviendo cada vez más limitada (para que podamos ser expertos en algún campo), mas así también es nuestra base del sentido común.

No le rindas tu vida a los expertos. Ellos nunca se preocuparán tanto como tú por tu salud, por tus relaciones, por tus hijos, por tu educación, por tu dinero y por tu vida. Y muy rara vez consideran el cuadro completo de los muchos aspectos de tu vida.

Cada uno de nosotros tiene que aprender a tomar decisiones consistentes con los principios directrices que surgen de un entendimiento claro y cohesivo de nuestro propósito esencial: convertirnos en la mejor versión de nosotros mismos.

～∽～∽

Cuando era niño, nunca me pregunté si estaba bien o mal hacer algo. Simplemente lo sabía. Algo en mi interior me lo decía. Parece que la mayoría de las personas puede identificarse con esta experiencia en algún momento de su vida. De niños, sabemos en lo más profundo de nuestro ser cómo debemos actuar en ciertas situaciones. No siempre actuamos así, pero lo sabemos. El nombre más común que le damos a la suave voz interior es conciencia.

Hay mucho que decir sobre una conciencia clara. La idea no recibe mucha publicidad en estos días, pero tranquiliza saber que uno está haciendo lo correcto por las razones correctas.

Parece que según envejecemos, perdemos este don de saber cuál es la mejor manera de actuar. En algún momento, la mayoría de nosotros parece estar condicionada para no confiar en nosotros mismos. Dejamos de escuchar la voz de la conciencia y empezamos a buscar las opiniones de muchas otras voces que nos distraen de la voz interior. Como resultado, uno de los grandes dilemas que las personas enfrentan diariamente es la incapacidad para mirar a una situación dada y decidir cuál es la mejor manera de actuar.

Cuando la mayoría de las personas se encuentra ante una decisión económica, consulta a uno de sus padres, a un amigo, a un colega, libros, a un consejero financiero o a una combinación de éstos. Ante una decisión personal o moral, la mayoría de las personas consulta a su cónyuge, a su pastor, sacerdote o ministro, a sus amigos o las Escrituras. Sin embargo, en todos éstos no hay una constante. Distintas opiniones e interpretaciones dejan a muchas personas más desconcertadas de lo que estaban al principio; pero, finalmente, después de reunir tanta información como esté disponible, o como escojamos aceptar, cada uno de nosotros está forzado a tomar una decisión y actuar—entendiendo que aún cuando no tomamos ninguna decisión, estamos actuando.

Entre el momento de reunir información, buscar opiniones y las acciones de nuestra vida, tiene lugar otro proceso: tomar decisiones. Las decisiones no se toman en el vacío, sino en el espacio y en el tiempo. Para tomar una decisión efectiva, tenemos que tener una meta hacia la cual estamos moviéndonos. Si no, nos encontramos decidiendo porque "el Tío Francisco dijo que era lo correcto" o "el Reverendo Jorge me dijo que era la mejor manera".

En algunos casos estos consejeros pueden tener razón, pero en otros no. Más bien, el asunto es que, en nuestra vida, no debemos estar en deuda con los expertos. Tenemos que buscar entender no sólo lo que está bien o mal, lo que es bueno o mejor—sino también por qué ciertas cosas están bien o mal. Esto no quiere decir que evaluemos lo que dicen contra el telón de fondo de nuestro propósito esencial y a la luz de la meta hacia la cual estamos moviéndonos. También es fundamental que entendamos los efectos y las consecuencias de nuestros actos.

No es fácil adquirir estas habilidades. ¿Cómo ha de saber una persona corriente? ¿En qué criterios hemos de basar las decisiones y los actos de nuestra vida?

Antes de tomar una decisión, particularmente una gran decisión (o antes de dar consejos o ayudar a otra persona a tomar una decisión), es sabio que nos tomemos un tiempo en el aula del silencio para escuchar la suave voz interior. El silencio y la soledad dan una perspectiva para las situaciones de nuestra vida que no se puede adquirir ni con mil horas de conversación o mil páginas de libros.

Sin embargo, esta seria reflexión tampoco puede tener lugar en el vacío. Tiene que realizarse en relación al espacio y al tiempo de nuestra vida diaria considerando el asunto en cuestión a la luz de nuestras esperanzas y de nuestros sueños, y con nuestro propósito esencial siempre presente. Si no sabes hacia dónde vas, nunca llegarás allí.

Nuestra habilidad para discernir cualquier cuestión u oportunidad en nuestra vida depende principalmente de que entendamos dónde estamos y a dónde deseamos ir y, más importante aún, que entendamos quiénes somos y en quién deseamos convertirnos.

La mayoría de las personas no saben lo que quieren. La mayoría de las personas no saben quiénes son. La mayoría de las personas no saben en quiénes son capaces de convertirse.

Estas son tres grandes afirmaciones. ¿Son ciertas? Decide tú. En cualquier profundidad, más allá de un poco más de dinero, de un automóvil nuevo y de las mejores vacaciones de la vida, ¿Conoces a muchas personas que realmente saben lo que quieren de la vida? ¿Conoces a muchas personas que saben lo que quieren para ellas mismas? ¿Cuántas personas conoces que están íntimamente conscientes de sus necesidades legítimas y a tono con ellas? ¿Conoces a muchas personas que están conectadas con los deseos más profundos de su corazón? ¿Dirías que la mayoría de las personas sabe cuál es su genialidad y están usándola como el principio que las guíe en su vida? Finalmente, ¿Crees que muchas personas tienen una visión clara de cómo luce la mejor versión de sí mismas?

Estas son discapacidades tremendas. Cuando no sabemos quiénes somos, qué queremos o hacia dónde estamos yendo y por qué, somos muy susceptibles a convertirnos en peones de los planes de otras personas.

Saber quiénes somos (fortalezas, debilidades, necesidades, talentos y deseos) y para qué estamos aquí (para convertirnos en la mejor versión de nosotros mismos) es el conocimiento que nos libera de la esclavitud moderna de una existencia sin significado, y nos devuelve nuestra vida una vez más. Millones de personas han perdido su vida, y ni siquiera lo saben.

༺ೱ༻

Casi en cada momento del día, nos encontramos frente a preguntas y oportunidades. Nuestra vida es un constante fluir de decisiones. ¿Qué comeré? ¿Qué me pondré ¿A dónde iré? ¿Con quién? ¿Qué haré? ¿Qué compraré? ¿Dónde viviré? La vida siempre está haciéndonos preguntas. Con frecuencia parecen ser pequeñas e insignificantes, pero en verdad pueden impactar nuestra vida de una manera significativa.

Tenemos opciones. Podría ver televisión o hacer ejercicio una hora diaria. Podría almorzar en McDonald's todos los días, o comer sopa y ensalada. Elegimos entre varias opciones cien veces al día, y nuestras selecciones impactan nuestra salud, nuestra felicidad, nuestro bienestar y nuestro destino.

En su poema clásico "The Road not Taken" / "El camino no elegido", Robert Frost describe llegar a una bifurcación en el camino y tener que elegir el camino que se encuentra delante de él.

El poema concluye con una de las líneas más famosas de la literatura moderna: "Yo tomé el camino menos transitado, y eso hizo toda la diferencia".

Con demasiada frecuencia el poema es interpretado como que se trata de un momento monumental, de una decisión enorme que determina las consecuencias de toda la vida de una persona. Es como si, una vez que se ha tomado la decisión, todo está bien, el resto del camino es liso y cuesta abajo.

El poema no se trata de un momento en la vida de una persona. Se trata de todos los momentos de nuestra vida. Constantemente nos encontramos en encrucijadas. Tan pronto como tomamos una decisión y damos tres o cuatro pasos en cualquiera de los caminos, llegamos a dos caminos divergentes en el bosque . . . ¡otra vez!

La bifurcación en el camino aparece constantemente en nuestra vida.

La habilidad para elegir viene de un sentido de propósito. A los líderes se les encarga la responsabilidad de tomar decisiones porque más que todos los demás, se supone que entienden el *propósito* del pueblo u organización que dirigen. La dirección viene del entendimiento de hacia dónde estás yendo. Si no sabes hacia dónde vas estás perdido.

Cuando tenemos un sentido de nuestro propósito, las decisiones de nuestra vida diaria pueden ser fácilmente evaluadas con ese propósito en mente. La dirección surge en nuestra vida llevando nuestras decisiones ante el altar de nuestro propósito esencial.

Si tomas grandes decisiones, vivirás una gran vida. En mi propia vida, he descubierto que el siguiente modelo ha sido muy útil para aclarar las decisiones que necesito tomar diariamente y con frecuecia bajo una presión enorme. Este modelo, cuando se entiende adecuadamente, sirve como una brújula para ayudarnos a discernir las oportunidades que cruzan nuestro camino. Es un medio sencillo pero fiel que me ha servido bien y que espero que también se convierta en tu amigo de confianza.

La vida no puede ser confinada a un modelo. La vida nunca debe ser reducida a un modelo. Pero con mucha frecuencia los modelos nos dan puntos de partida visuales que traen gran claridad a nuestras situaciones únicas.

Este modelo hace concesiones y puede ser adaptado para una persona individual y para cualquier situación en particular.

Pongo este modelo ante ti como un punto de partida para discernir ante preguntas, decisiones y oportunidades en tu vida. Más que esto, salva la distancia entre el conocimiento de los actos que son buenos y malos y el conocimiento muy superior de por qué cierta acción es correcta, equivocada, buena o la mejor. Esta es una de las grandes diferencias que la religión organizada ha fallado en comunicar, más o menos, desde el comienzo de los tiempos.

La mayoría de las personas necesita saber no sólo si cierta acción es correcta, equivocada, buena o la mejor, sino también por qué es correcta, equivocada, buena o la mejor. Si puedes llevar a las personas un paso más allá y mostrarles cómo ciertas acciones las ayudarán o les impedirán convertirse en la mejor versión de sí mismas, la mayoría de las personas por lo menos sentirá el deseo de hacer lo que es bueno, verdadero, noble y correcto. Aún si no pueden convertir ese deseo en acción, por lo menos les habrás dado una visión que vivirá con ellas para siempre. Este modelo ayuda a cerrar esa brecha.

Abraza este modelo. Recuérdalo durante el día cuando te enfrentes a una decisión, y verás que proporciona una claridad asombrosa con inequívoca consistencia.

Este modelo se ha convertido en un medio práctico poderoso en mi camino, y rezo por que te sirva tan bien como me ha servido a mí.

El diagrama siguiente representa lo que en la tradición cristiana se entiende como el "camino de la salvación", o "el camino del alma".

EL CAMINO DEL ALMA

La persona que	La mejor versión
eres hoy	de ti mismo

En este momento nos encontramos en el punto A. Aquí y hoy—con todas tus fortalezas y debilidades, culpas, fallos, defectos, talentos, habilidades y potencial.

El punto B te representa a ti (o a mí o a cualquiera) como la persona que fuiste creada para ser. Si cierras los ojos por unos momentos e imaginas la mejor persona que tú sabes que puedes ser en cualquier área de tu fe y entonces multiplicas esa visión para incluir a la mejor persona que tú sabes que puedes ser en todas las áreas de tu vida, esa es la persona en la que te habrás convertido cuando llegues al punto B—la mejor versión de ti mismo.

A lo largo del camino, en cada punto más cercano al punto B, reconocemos, apreciamos y utilizamos nuestros talentos y habilidades más plenamente y estamos más dedicados a nuestro desarrollo—física, emocional, intelectual, y espiritualmente. En cada punto a lo largo del camino hacia el punto B, hay una relación más armoniosa entre nuestras necesidades, nuestros deseos y nuestros talentos. A través de este proceso de transformación, empezamos a alcanzar nuestro potencial, que antes estaba escondido. En el punto B, por medio de este doble proceso de auto descubrimiento y descubrimiento de Dios, hemos vencido nuestros temores y transformado nuestras faltas y fallos en virtudes.

¿Estás dedicado a tu desarrollo físico, emocional, intelectual y espiritual? Sobre todo dedícate a convertirte en la mejor versión de ti mismo. Es lo mejor que puedes hacer por tu cónyuge, tus hijos, tus amigos, tus colegas, tus empleados, tu empleador, tu iglesia, tu nación, por la familia humana y por ti mismo. Lo mejor que puedes hacer es convertirte en la mejor versión de ti mismo porque es *vivir* con un *propósito*.

Abraza tu propósito esencial. Celebra tu mejor yo.

~o ~o ~o

A medida que viajas desde el punto A hasta el punto B empiezas a dejar que el Espíritu Divino te guíe en todas tus decisiones y en todas tus acciones.

Cuando alcanzas el punto B has alcanzado la perfección, no en un sentido robótico, sino en el sentido que te has convertido perfectamente en la persona que fuiste creado para ser. El viaje te ha enseñado a alinear tu espíritu con el Espíritu Divino en todo, lo cual te trae una gran paz, felicidad, satisfacción y un enfoque que inspirará asombro a todos los que se crucen por tu camino.

El viaje te hace "íntegro" una vez más. Aquí está la esencia del antiguo término *santidad*—todos los elementos de tu ser ahora están trabajando juntos con balance y armonía. Aquí, el poder de los cuatro aspectos fundamentales del ser humano—físico, emocional, intelectual y espiritual—han sido aprovechados y están siendo utilizados para guiarte hacia la perfección.

En cada punto a lo largo del camino hay una relación más íntima entre nuestras necesidades, nuestros deseos y nuestros talentos. Todas las grandes religiones del mundo sostienen que el significado y el propósito de nuestra vida como seres humanos es dar gloria a Dios. El monje egipcio Atanasio escribió: "La gloria de Dios es la perfección de la criatura". No hay mejor manera de honrar la vida y a Dios que esforzarte para convertirte en la mejor versión de ti mismo. Dedícate a este viaje—física, emocional, intelectual y espiritualmente. Utiliza este sencillo modelo para que te guíe. Te revelará tu propósito esencial. Te ayudará a volverte completamente consciente de tus necesidades legítimas. Te enseñará a perfeccionar el arte de satisfacer tus necesidades a través de los eventos diarios de tu vida. Mientras te dedicas y avanzas a lo largo del camino, empezarás a tener menos interés en cualquier cosa que no te ayude a convertirte en la mejor versión de ti mismo.

Sólo entonces tendrás la libertad de los siete sueños— cuando estés finalmente libre en toda situación para abandonar la versión inferior de ti mismo y escoger tu mejor ser. Es una libertad que muy pocos hombres o mujeres poseen.

Eligiendo
la Felicidad

La felicidad no es el éxito. La felicidad no es el placer. La felicidad no es la diversión. Demasiadas personas identifican la felicidad con el éxito, el placer físico y la diversión. Estos son los mitos que nos distraen de la búsqueda de la verdadera felicidad. La felicidad no es el éxito. ¿Qué nivel de éxito imaginas que te hará feliz? Te prometo que la felicidad que naciera de alcanzar ese éxito duraría muy poco. Una vez que has escalado esa montaña, pondrás tu mirada en la cima de otra montaña más alta. He conocido suficientes personas exitosas para saber que el éxito no puede ser identificado con la felicidad. Algunas de ellas son extremadamente felices; otras, desesperadamente infelices. Parece que los que eran felices antes de volverse exitosos aún son felices, y su éxito quizás ha aumentado su felicidad. Pero aquéllos que no eran felices antes de su éxito siguen siendo infelices y, en algunos casos, son más infelices que antes.

El éxito contribuye a nuestra felicidad solamente en la medida en que nos ayuda a convertirnos en la mejor versión de nosotros mismos.

La felicidad no es el placer físico. ¿Qué placer físico puede sostenerse? ¿Por cuánto tiempo puedes disfrutar del placer de comer antes de que se vuelva dolor? ¿Cuánto puede durar el placer de la intimidad sexual? ¿Por cuánto tiempo puedes permitirte el placer del alcohol antes de que no veas claro? El placer físico es efímero y cuando se separa de nuestro propósito esencial nos deja un vacío como consecuencia.

El placer físico sólo crea felicidad duradera en nuestra vida cuando nos ayuda a convertirnos en la mejor versión de nosotros mismos.

La felicidad no es diversión. La mayoría de las personas cree que mientras más experiencias divertidas tienes, más feliz serás. Los niños son el ejemplo perfecto: para ellos es inconcebible que la felicidad sea algo distinto a la diversión. Al creer que mientras más nos divirtamos, más felices seremos tendemos a elegir amigos que creemos contribuirán con el factor de la diversión. ¿Cuál es la importancia de la diversión para tu concepto de la felicidad?

Cierra los ojos por un momento e imagina una escena llena de personas felices.

La mayoría de las personas evoca una imagen de personas riendo, comiendo, bebiendo o divirtiéndose. Muy pocas evocan una escena de una mujer sentada tranquilamente en un columpio en el portal de su casa, disfrutando un gran libro; un hombre igualmente tranquilo disfrutando su huerta de vegetales; una pareja de esposos casados por treinta y cinco años, caminando de la mano; o una pareja joven criando a sus hijos.

Nuestro concepto de la felicidad con frecuencia está fatalmente viciado por la creencia de que la diversión equivale a la felicidad. No me malinterpretes; no estoy sugiriendo que debas pasar tu vida evitando la diversión. La diversión es una parte importante de una vida saludable y feliz. Pero la diversión sólo por diversión raras veces conduce a algún tipo de felicidad duradera. El reto es aprender a divertirse haciendo las cosas que más importan. La diversión aumenta nuestra felicidad cuando está infundida en esas actividades que nos ayudan a convertirnos en la mejor versión de nosotros mismos.

Tu habilidad para experimentar felicidad sólo estará limitada por tu habilidad para captar el significado y el propósito de tu vida. En toda decisión, elegimos la felicidad o la desdicha. Cuando elegimos convertirnos en la mejor versión de nosotros mismos, elegimos la felicidad; y cuando elegimos por defecto convertirnos en una versión de segunda clase de nosotros mismos, elegimos la desdicha.

Solamente hay una pregunta: Lo que estás a punto de hacer, ¿Te ayudará a convertirte en la mejor versión de ti mismo? Si la respuesta es "Sí", hazlo sin dudar.

∽ ∽ ∽

El camino del alma es difícil. La vida es difícil. Son aquéllos que se imaginan que la vida es o debe ser fácil los que acaban siendo los más infelices. Son la fricción y los retos de la vida, el ir y venir de lo inesperado los que obran juntos para ayudarnos a satisfacer nuestro propósito esencial y nuestro destino.

Hay muchas barreras y obstáculos a lo largo del camino. En el diagrama de la página 113, el símbolo ℮ representa los obstáculos que nos confrontan durante el camino— decepción, fracaso, pérdida, temor, adicción, desilusión, desaliento, fatiga, ira, odio, ocio y la lucha entre el bien y el mal.

Todo en nuestra vida debería ser visto en relación a este

camino y abrazado o rechazado en consecuencia. Puede parecer sencillo, tal vez demasiado sencillo. La genialidad es la habilidad para captar la complejidad con una visión simple. La simplicidad es la clave para la perfección. Abraza esta visión simple y te ayudará a develar y celebrar tu genialidad.

El estado, la forma y el contenido de nuestra vida están determinados por nuestras decisiones. Algunas de nuestras decisiones son pequeñas, mientras que otras son grandes. Aún así, hasta cierto punto, cada decisión impacta no sólo lo que hacemos, sino también en lo que nos convertimos. La vida se reduce a una serie de selecciones y decisiones. Constantemente nos encontramos en una encrucijada.

Hay miles de caminos posibles. Tú tienes que decidir cuál es el mejor para ti. No es una decisión que tengas que tomar hoy. Tómate el tiempo necesario para familiarizarte con tus necesidades legítimas, con tus deseos más profundos y con tus talentos. Empieza a tomar las pequeñas decisiones de tu vida día a día alineándolas con tu propósito esencial. Honrando el significado y el propósito de tu vida en las cosas pequeñas, descubrirás que las más grandes cuestiones que se avecinan en tu vida se vuelven cada vez más claras.

⸎ ⸎ ⸎

La felicidad elude a todos aquéllos que la buscan sólo por ella. La verdadera felicidad es una consequencia del viaje.

En nuestro examen anterior de la paradoja de la felicidad, exploramos cada uno de los cuatro aspectos del ser humano—físico, emocional, intelectual y espiritual—y las actividades en cada una de esas áreas que nos hacen felices.

¿Qué tienen en común todas las cosas que causan que experimentemos una felicidad verdadera y duradera? Todas ellas nos ayudan en nuestra búsqueda para satisfacer el propósito de nuestra vida. Son actividades que nos ayudan a lo largo del camino hacia convertirnos en la mejor versión de nosotros mismos.

¿Cómo te sientes cuando comes bien y haces ejercicio con regularidad? Te sientes vivo más plenamente. Te sientes más sano. Tienes más energía. Te sientes extraordinariamente bien. ¿Qué está pasando para hacerte sentir así? No sólo la actividad de comer bien y hacer ejercicio, sino actividad con significado. Actividades capacitadas por el propósito. Cuando comes bien y haces ejercicio con regularidad estás convirtiéndote en la mejor versión de ti mismo. Estás avanzando por el camino desde el punto A hacia el punto B.

¿Cómo te sientes cuando te enamoras o cuando les das prioridad a tus relaciones actuales invirtiendo una intemporalidad despreocupada, dedicándote a ellas de una manera exclusiva? Te sientes de una manera increíble, lleno de energía, inspirado, emocionado, capaz de cualquier cosa. ¿Qué está pasando para hacerte sentir así? Has envuelto tu propósito esencial y estás moviéndote desde el punto A hacia el punto B. Estás haciendo el viaje. Tu habilidad para amar está aumentando. Tu corazón está expandiendo sus capacidades. Empiezas a pensar en otra persona antes que en ti. Emocionalmente, estás creciendo, cambiando, desarrollándote—convirtiéndote en la mejor versión de ti mismo.

¿Cómo te sientes cuando lees un gran libro y descubres ideas dinámicas y verdades ancestrales? Más vital mentalmente, más vibrante, más alerta. ¿Por qué? Tu mente está expandiéndose. Intelectualmente, estás creciendo, cambiando, desarrollándote—convirtiéndote en la mejor versión de ti mismo.

¿Cómo te sientes cuando tienes un encuentro o una experiencia espiritual? Como si todo el mundo pudiera venirse abajo y no importara. ¿Por qué? Tu espíritu está expandiéndose y estás empezando a ver cosas con la perspectiva y la prioridad adecuadas. Espiritualmente, estás creciendo, cambiando, desarrollándote—convirtiéndote en la mejor versión de ti mismo. Este viaje es la vida. La felicidad es simplemente una consequencia del viaje. Dedícate al viaje. Desarrolla una obligación fuerte, intransigente a convertirte en la mejor versión de ti mismo. Toma las decisiones de tu vida teniendo ese propósito y esa meta en mente. Cada día toma tiempo para visualizar a esa persona en la que eres capaz de convertirte. Si no eres capaz de visualizar a la mejor persona en la que deseas convertirte, no puedes convertirte en ella. Mientras más específica sea tu visualización, más rápida y efectivamente serás transformado en esa mejor versión de ti mismo. Visualiza maneras particulares de actuar en ciertas situaciones. Imagina una situación con una persona en particular en la que normalmente eres impaciente. Visualiza la manera perfecta de responder a esa persona, una y otra vez en los momentos vacíos del día y, más pronto de lo que te imaginas, empezarás a responderle a esa persona de la manera que habías imaginado.

Todo gran cambio es primero una idea en nuestra mente. La primera expresión de todo gran logro en la historia ha estado en lo milagroso de la imaginación. Visualiza los cambios que deseas lograr.

Si no lo haces, no cambiarás.

Los filósofos sostienen que la existencia de algo cambiable consiste no sólo en lo que es, sino también en lo que aún puede ser—es decir, su potencial. De modo que, en el sentido filosófico del ser, como persona, tú consistes no sólo en lo que eres ahora, sino también en lo que eres capaz de convertirte en cualquier momento en el futuro. Es la visión del potencial dentro de nosotros lo que nos lleva a convertirnos en la mejor versión de nosotros mismos.

Reconoce tu potencial. Ya tienes dentro de ti todo lo necesario para hacer este viaje.

La vida consiste en selecciones. Elige la mejor versión de ti mismo en cada momento.

Elige la felicidad.

EL ENEMIGO DE LA EXCELENCIA: EL MINIMALISMO

Con mucha frecuencia, nuestros viejos hábitos se interponen y, en cierta medida, nos impiden elegir la felicidad. Estos hábitos pueden manifestarse en forma de comer demasiado, beber demasiado, ver televisión en vez de hacer ejercicio, salir con las personas equivocadas, o cualquier número de conductas que nos causan convertirnos en versiones inferiores de nosotros mismos. Pero todos empiezan como hábitos de la mente. Si queremos que nuestra vida cambie, primero tenemos que examinar y alterar nuestros hábitos mentales.

En la psique moderna, uno de los mayores obstáculos para alcanzar nuestros sueños, convertirnos en la mejor versión de nosotros mismos y abrazar nuestro destino es el minimalismo. Consciente o subconscientemente, el minimalismo siempre está preguntando "¿Qué es lo mínimo que puedo hacer?" El minimalismo es un estado mental, un hábito de la mente que puede afectar cualquier área de nuestra vida.

La letanía del minimalismo no tiene fin.

¿Qué es lo mínimo que puedo hacer y aún mantener mi trabajo? ¿Qué es lo mínimo que puedo hacer y aún obtener calificaciones razonables en la escuela? ¿Qué es lo mínimo que puedo hacer para mantenerme en forma físicamente? ¿Qué es lo mínimo que puedo hacer para criar a mis hijos? ¿Qué es lo mínimo que puedo hacer para que mi cónyuge no me moleste? ¿Qué es lo mínimo que puedo hacer para ir al cielo? El minimalista quiere los frutos de cierto trabajo, pero no quiere el trabajo.

El minimalismo engendra la mediocridad. Es el destructor de la pasión. El minimalismo es una de las más grandes enfermedades del carácter en nuestros tiempos. Es el enemigo de la excelencia y un cáncer en la sociedad. El problema es que, culturalmente, alentamos el minimalismo.

Nuestros sistemas educativos promueven, alientan y premian esta actitud. El examen final es la prueba principal de lo que un estudiante ha o no ha aprendido. Esto permite, o incluso alienta, que los estudiantes se metan en la mente el conocimiento para un examen, conocimiento que olvidarán casi inmediatamente una vez que el examen haya terminado. Si apruebas, sigues adelante; si fallas, tienes que repetir el proceso. Al final del curso, recibes un pedazo de papel: el premio.

La palabra *educación* viene del vocablo latino educare, que significa "sacar". No les enseñamos el amor al aprendizaje a nuestros niños. No sostenemos ante ellos el conocimiento como un medio poderoso para el desarrollo personal.

No producimos líderes ampliamente educados, polifacéticos para el mañana. Enseñamos cada vez más sobre cada vez menos. No le permitimos expresarse al individuo; le imponemos sistemas y estructuras. No reverenciamos la individualidad, no la atesoramos; al contrario, la reprimimos y tratamos de aplastarla. No educamos, sino que formulamos. Abandonamos al individuo a su propia necesidad y singularidad y le imponemos lo mismo a todos. Ofrecemos una educación en especialización. Producimos clones para el mundo moderno. Echamos a las personas en un molde que llamamos sistema educativo para formar piñones para la rueda económica global, balanceando ante ellos la zanahoria dorada como incentivo y razón. A decir verdad, nuestros sistemas educativos modernos aplastan el mismo espíritu que reclaman infundir.

Necesitamos volver al antiguo ideal griego de educar a toda la persona y coronar ese ideal con nuestro entendimiento moderno de la espiritualidad, mientras nos esforzamos para nutrir todos los aspectos del ser humano—físico, emocional, intelectual y espiritual.

El minimalismo nace de la falta de pasión por las cosas que hacemos. Dondequiera que halles personas haciendo cosas por las que no están apasionadas, encontrarás el minimalismo.

Nuestros sistemas legales y nuestra interpretación moderna de la ley son otros de los principales ejemplos. Hoy en día, las personas tienden a interpretar la ley considerando que con lo que puedan salirse es correcto y con lo que no puedan salirse es incorrecto (en muchos casos quizás ni siquiera incorrecto —solamente"en contra de la ley" o inconveniente).

Exceder el límite de velocidad es un gran ejemplo. Límite de velocidad es 55 millas por hora, pero sabes que la policía no va a detenerte a menos que vayas a más de 64 millas por hora.

La ley nos obliga sólo al mínimo. El problema es que obligar a las personas sólo al mínimo engendra el minimalismo. Y una vez que está en nuestro sistema, este modo de pensar enfermizo entra sigilosamente en otras áreas de nuestra vida, se apodera de nuestro carácter y afecta significativamente nuestro trabajo y nuestras relaciones.

Los efectos del minimalismo son muchos. El minimalismo mina el carácter de una persona y por lo tanto la sociedad, igual que una enfermedad mina el cuerpo, célula a célula El minimalista sufre de una autoestima terriblemente baja, la cual no es un resultado del fracaso, sino la consecuencia de ni siquiera tratar. El minimalista no lucha por sobresalir, sino por sobrevivir y olvida que evitar la excelencia toma tanta energía como alcanzarla. Una persona presa de una mentalidad minimalista se vuelve muy egoísta y contribuye poco al bien común de su comunidad o de la sociedad. El minimalista rápidamente se vuelve insatisfecho e infeliz; pero, sin ningún plan para cambiar, sigue, mínimamente, haciendo lo que siempre ha hecho y propagándole a todo el que encuentre la insatisfacción y la infelicidad que ha creado para sí mismo. El minimalista simplemente sigue la rutina. Es un prisionero y una víctima de la carga diaria que reprime la grandeza del espíritu humano.

Lo cierto es que probablemente todos sufrimos de minimalismo de una u otra forma. Todos somos más o menos minimalistas en distintas áreas de nuestra vida. Es bueno que podamos reconocerlo, porque el minimalismo es como un cáncer; se propaga. La buena noticia es que hay una cura para el minimalismo.

En todas las épocas ha habido un grupo de personas que han escapado de esta mentalidad enfermiza y se han elevado por encima del minimalismo. Estas personas son exitosas en muchas esferas distintas. Son personas que desarrollan al máximo su potencial. Hicieron su trabajo. Son líderes, héroes, leyendas, campeones y santos. No se preguntaron "¿Qué es lo mínimo que puedo hacer?", y entonces siguieron llevando una vida desapasionada, aburrida, de miseria e insatisfacción. Más bien, se preguntaron: "¿Qué es lo más que puedo hacer?"

Con la visión inspirada por esta pregunta, se dispusieron a hacer lo más que pudieron. No simplemente actividades, sino actividades movidas por un profundo sentido de propósito. Hicieron lo más que pudieron de acuerdo con sus mejores habilidades en su vida.

Cuando miramos su vida, encontramos a hombres y a mujeres que tenían un compromiso con la excelencia. Sabían cómo soñar y no temían soñar grandes sueños. Estaban llenos de valor, y ese valor nació de saber quiénes eran y por qué estaban aquí. Había audacia y brillantez en la manera en que vivieron su vida. Al mirar como espectadores, nos asombra continuamente la pasión, el entusiasmo, la energía y el entusiasmo con que llenaron su vida. Sus logros son tantos que solamente pueden ser resumidos. Y nunca podremos conocer a plenitud la grandeza de estos logros —ni tampoco ellos— porque los efectos de su visión y de su bondad continúan impactando la vida de personas todos los días.

No preguntes "¿Qué es lo mínimo que puedo hacer?"; más bien, en cada situación pregúntate: "¿Qué es lo máximo que puedo hacer?" Si estás dispuesto, esta sencilla pregunta te presentará a tu mejor yo y cambiará tu vida para siempre.

En algún lugar, en este mismo instante, alguien se está entrenando para los próximos juegos olímpicos. ¿Puedes imaginar a una atleta olímpica preguntándose "¿Qué es lo menos que puedo hacer y aún ganar la medalla de oro?" Los campeones no toman atajos. Los campeones dan todo lo que tienen al entrenamiento, a la preparación y a la competencia. Eso es lo que los hace campeones. El día de la competencia, el que realmente cuenta, cada atajo tomado en el entrenamiento le va a costar caro al atleta.

Tu carácter es tu destino. Edificar el carácter es una tarea sólo para los valientes y dedicados. No hay atajos cuando se trata de edificar el carácter. Si deseas curar el minimalismo en tu vida, desarrollar un compromiso completo con la excelencia y un rechazo absoluto a la mediocridad, la pregunta que tienes que empezar a hacerte es: "¿Qué es lo más que puedo hacer?"

Dale a esta pregunta un lugar permanente en tu diálogo interior y estarás bien encaminado para alcanzar tus sueños y convertirte en la mejor versión de ti mismo.

¿Eres Libre?

La historia nos ha enseñado que una cosa por la cual hombres y mujeres de todo lugar y todo tiempo han estado dispuestos a luchar y, ciertamente, a morir es la libertad. La libertad es la piedra angular de toda gran nación. La libertad es el pináculo de la espiritualidad. La libertad es el derecho humano más básico y esencial.

Aunque en este momento de la historia parece no haber ninguna amenaza militar hacia nuestra libertad, creo que es de una importancia crucial para nosotros volver a evaluar lo que nos hace libres.

¿Qué es la libertad? ¿Qué significa ser libre? Este es uno de mis temas favoritos cuando hablo en escuelas secundarias. Empiezo haciéndoles esta pregunta a los estudiantes y uno, inevitablemente, responde: "Libertad es cuando puedes hacer lo que quieres, cuando quieres y donde quieres sin que tus padres o maestros te digan lo contrario".

Consciente o subconscientemente, es así cómo la mayoría de las personas ve el concepto de libertad en el mundo hoy día. La libertad es vista como el poder, la fuerza o simplemente la conveniencia de elegir. Esta noción es falsa. La libertad no es simplemente el conjunto de circunstancias que te permiten hacer lo que quieras. La libertad no es sólo la oportunidad de elegir. Libertad es la fuerza de carácter para elegir y hacer lo que es correcto. Con eso en mente, nuestra era no es una era de libertad sino de esclavitud. Es sutil, pero real. La base de la libertad no es el poder ni la elección. La libertad es mantenida no por los gobernantes sino por los pueblos que se gobiernan a sí mismos.

La autodisciplina es la base de la libertad. Esta autodisciplina, este dominio de uno mismo solamente se adquiere mediante la práctica de la abnegación y siempre se adquiere desde el interior. La disciplina nunca puede imponérsele a una persona; tiene que surgir del interior de la persona. La autodisciplina es la base de la grandeza, de los logros, del éxito, del heroísmo, del liderazgo, de la santidad y de los pueblos y las comunidades vibrantes y florecientes. Donde no hay autodisciplina no hay libertad.

Hablando en una entrevista acerca de la disciplina, Julie Andrews comentó: "Algunas personas consideran la disciplina como una tarea. Para mí es como una clase de orden que me libera para volar".

Si examinas la vida de hombres y mujeres que han alcanzado poco o nada con su vida, personas que son infelices, malas y desapasionadas, descubrirás que no fueron otros quienes destruyeron su vida. La destrucción siempre viene de adentro. Es cierto para una nación y es cierto para las personas.

En 1838, con voz profética, Abraham Lincoln dijo: "¿En qué momento es de esperarse la proximidad del peligro?" Yo respondo, si alguna vez nos alcanza, debe brotar de entre nosotros. El peligro no puede venir del exterior. Si la destrucción es nuestra suerte, nosotros mismos tenemos que ser su autor y ejecutor. Como una nación de hombres libres, tenemos que vivir a través de todos los tiempos, o morir por suicidio".

En otra ocasión, Lincoln dijo: "Nuestra defensa está en la preservación del espíritu que precia la libertad como la herencia de todos los hombres, en todas las tierras, en todas partes. Destruyan este espíritu y habrán sembrado las semillas del despotismo alrededor de sus propias puertas". A fines del siglo XX, hemos "sembrado las semillas del despotismo" alrededor de nuestras propias puertas con un credo, un mensaje y un lema: "Si se siente bien, hazlo".

En un día y en una era donde hay poca amenaza real de que nuestra libertad sea atacada por fuerzas extranjeras, nos hemos convertido en esclavos. La amenaza no es extranjera, sino local. Interna. Nos hemos convertido en nuestros peores enemigos. Las personas de estos tiempos modernos se han convertido en esclavas del alcohol, de las drogas, de la comida, de la pornografía, del juego, del sexo, de la violencia, de las compras . . . Nuestra esclavitud es el resultado de un complejo de adicciones que con frecuencia rehusamos reconocer o retar. Estas adicciones atacan y se apoderan no sólo de nuestro cuerpo, sino también de nuestra mente, de nuestro corazón, de nuestro espíritu y de nuestra chequera.

La adicción es el enemigo de la autodisciplina. La adicción es el enemigo de la libertad. La adicción nos roba la autodisciplina, la libertad y, en efecto, nuestra misma dignidad.

Durante los últimos cinco años he tenido la oportunidad de viajar por todo el mundo y experimentar docenas de culturas distintas. Pero mi fascinación es los Estados Unidos. Estoy continuamente asombrado viendo la influencia que los Estados

Unidos ejercen cultural, económica, política y socialmente en casi todas las naciones.

Los cimientos de esta nación a la que llamamos América es la sencilla noción—aunque en la práctica es comleja—de "libertad para todos". ¡Libertad! Ninguna otra nación ha sido fundada sobre ideales y principios tan puros como los establecidos para esta gran nación por sus fundadores. Ellos previeron una tierra donde hombres y mujeres pudieran vivir juntos en armonía y paz. Imaginaron una tierra próspera, donde las personas se ayudarían y se alentarían mutuamente para llevar una buena vida al servicio del bien común. Una tierra donde las personas preferirían ayudarte a levantarte en vez de rebajarte, una tierra donde hombres y mujeres pudieran perseguir sus sueños. Tenían en mente una nación gobernada por hombres y mujeres de todas las profesiones y condiciones sociales, con distintos puntos de vista, pero dedicados a su propósito común de afirmar los más altos valores del espíritu humano. ¿Se ha realizado su visión? ¿Se ha olvidado su sueño?

Eslóganes y filosofías como "Si se siente bien, hazlo" y "A cada uno lo suyo" están destruyendo la visión de los padres de la patria y robándonos la libertad. Tales filosofías nos llevan a tomarnos una cerveza más, o un trago más— porque se siente bien. Estas actitudes nos llevan a engañar a nuestra esposa, hasta con su mejor amiga—porque se siente bien. Entonces, antes de darnos cuenta, los niños empiezan a entrar a las aulas y matar a sus maestros y a sus compañeros—porque se siente bien. Poco después nuestros hijos están hambrientos y con hoyos en los zapatos—porque la emoción del juego se siente bien. Y así sigue y sigue y sigue, llegando a todos los rincones de nuestra vida y de nuestra sociedad.

¿Dónde empezó todo? ¿Dónde nos perdimos? ¿Qué salió mal? ¿Cómo lo arreglamos? La base de grandes naciones es la libertad. La base de la libertad no es la fuerza sino el carácter. La base del carácter es la disciplina.

El deterioro moral de nuestra cultura occidental moderna empezó cuando echamos a un lado la autodisciplina, cuando dejamos de esperarla de nosotros mismos y cuando fallamos las pruebas de la amistad, de la paternidad y del liderazgo y dejamos de esperarla de las personas que nos rodean. Nuestra vida y nuestro tiempo están plagados y se caracterizan por innumerables adicciones. Somos adictos, y en la medida que somos adictos, somos esclavos.

El espíritu humano tiene habilidades extraordinarias y fue creado para elevarse. No hay nada más devastador que el ahogo del espíritu humano. Las adicciones se apoderan de nosotros desde adentro. Succionan la fuerza de nuestra voluntad y nos hacen inútiles para cualquier causa que merezca la pena. Las personas que están esclavizadas por adicciones tienen una voluntad débil. Su mente está plagada de dudas, temores y toda forma de pensamientos negativos. No tienen autocontrol y no son capaces de tomar la iniciativa. Aquéllos que están paralizados por adicciones siguen como ovejas a donde los lleve el rebaño, y harán todo cuanto puedan para evitar enfrentarse a sí mismos.

El caso contrario es el de una persona que es libre. El hombre o la mujer libre está tranquilamente confiado y en paz. Consciente de sus fortalezas y de sus debilidades, él busca analizarse y mejorarse. Ella es una mujer íntegra y su palabra es mejor que un contrato firmado. La mente de él está constantemente llena de gratitud, aprecio y toda forma de pensamientos positivos. Ella es una líder que está lista para tomar la iniciativa. Él es un hombre de carácter, autocontrol y voluntad férrea. Ella vive llevando felicidad a la vida de otras personas. Él ha sido un adicto a una u otra cosa—tal vez muchas adicciones han plagado su vida—pero él las ha vencido y ahora se protege cuidadosamente en contra de nuevas adicciones.

¿Eres libre?

Me encanta el chocolate. Es una de esas cosas que tengo que vigilar en mi vida, ya que de otra forma me puedo extralimitar. Durante los meses que pasé en Austria en 1997, compartí una habitación con un buen joven eslovaco llamado Juraj. Una tarde, estaba descansando después de una agotadora mañana de clases, cuando entró inesperadamente por la puerta. Yo estaba acostado en la cama leyendo *To Kill a Mokingbird / Matar a un Ruiseñor* y comiendo una barrita de media libra de chocolate.

Creo que, en las semanas previas a ese día, él había notado los envoltorios de chocolate vacíos alrededor de la habitación y, mirándome dijo: "Creo que comes demasiado chocolate". Le seguí la corriente y admití que probablemente estaba en lo cierto. Entonces me dijo: "¿Te has liberado de él?" Lo miré como diciendo "¿De qué estás hablando? Cálmate, es sólo chocolate". El vio que esa idea estaba cruzando por mi mente y me volvió a preguntar: "¿Estás realmente liberado de él?" Sin esperar una respuesta, tomó un libro de su escritorio y volvió a su clase.

Inmediatamente empecé a pensar en ello. No pude contestar a la pregunta. No sabía si estaba libre del chocolate. Se había convertido en una parte tan regular de mi vida, que no podía recordar la última vez que pasé más de un par de días sin chocolate. Así que decidí contestar a la pregunta de la única manera que yo sabía. Decidí que empezando al día siguiente, no comería chocolate por un mes.

Entonces todo empezó. Las excusas, el lamento del cuerpo, esas urgencias tormentosas de la carne exigiendo ser satisfechas. Duré unas sesenta horas antes de que me encontrara devorando una barrita de media libra de chocolate. Al día siguiente decidí intentarlo de nuevo. Traté y fallé. Traté y fallé. Fallé tres veces. Sólo en mi cuarto intento tuve éxito. En mi cuarto intento pude dejar el chocolate por más de tres meses. Fue entonces y sólo entonces que supe que estaba libre del chocolate. Supe que el chocolate era mi sirviente y no mi dueño.

Descubrí que el chocolate se había convertido en parte de mi vida diaria. En cierta manera hasta había empezado a vivir mi vida en torno a él. Ahora el chocolate es una alegría ocasional en mi vida y lo disfruto más que cuando comía una libra en un momento como parte de mi rutina diaria. Ahora lo saboreo. Suena tonto, pero cuando comía chocolate constantemente, no recuerdo haberlo saboreado más allá del primer bocado.

Aquéllos de ustedes que han tenido y vencido una adicción notarán los síntomas clásicos en mi manera de pensar y en mi conducta.

Si piensas que eres adicto a algo, sólo hay una manera de averiguarlo. Dicen que veintiocho días es el período crítico para romper con las adicciones. La única manera de saber si estás libre es decir no. Abstenerte. Si puedes, no eres adicto. Si no puedes pasar sin eso, cualquier cosa que sea para ti, entonces es muy probable que seas un adicto.

Aldous Huxley observó que "La adicción es un deseo creciente de hacer algo que proporciona cada vez menos satisfacción".

Todos tenemos adicciones. Algunas son mucho más serias que la adicción al chocolate, pero el efecto es similar. Las adicciones debilitan la voluntad, lo que a su vez debilita el carácter, lo cual debilita nuestra habilidad para lograr y tener éxito en cualquier área de nuestra vida y, en última instancia, debilita nuestra habilidad para elegir la mejor versión de nosotros mismos en cada momento de nuestros días. Toda área de la vida es debilitada por una adicción. Mahatma Gandhi escribió una vez: "El hombre no puede hacer el bien en un área de la vida mientras hace el mal en otra área. La vida es un todo indivisible".

¿Cómo adquirimos estas adicciones? Una adicción es el resultado de tomar el camino del menor esfuerzo. Con demasiada frecuencia vivimos según los eslóganes "¡Si se siente bien, hazlo!" y "¿Qué es lo menos que puedo hacer?" Al hacerlo, empezamos a formar ciertos hábitos, y al formar estos hábitos, nos volvemos adictos a ciertos patrones de conducta que son, en última instancia, autodestructivos.

Somos criaturas de hábitos. Sencillamente, es la forma en que estamos hechos.

Lo importante es que una vez que hemos reconocido esta verdad sobre nosotros, debemos empezar a utilizar este conocimiento de nosotros mismos para nuestro beneficio. El poder de los hábitos puede ser aprovechado para que nos ayude a convertirnos en la mejor versión de nosotros mismos, o para convertirnos en una versión de segunda clase de nosotros mismos. El poder es el mismo, pero cómo lo aplicamos a nuestra vida puede ser radicalmente diferente.

Si un niño aprende a dejar de hacer algo cada vez que falla, su carácter nunca tendrá la joya de la perseverancia y se formará el hábito autodestructivo de no insistir. Si el carácter de una persona está marcado por esta característica, ¿Qué logrará en la vida? Nada.

Por otro lado, si una niña aprende a ser paciente con su hermano menor, aunque sea más lento y más torpe, ella desarrollará rápidamente el hábito fortalecedor de la paciencia.

Cuando ella sea una mujer y se enfrente a obstáculos en su vida, su respuesta habitual ya existente será de paciente perseverancia. Si el carácter de una persona está marcado por esta característica, ¿Qué logrará en la vida? Grandes cosas. En efecto, somos criaturas de hábitos. Y sí . . . nosotros elegimos nuestros hábitos.

∽ ∽ ∽

Las adicciones se adquieren practicando cierto tipo de conducta frecuente y excesivamente. El carácter se adquiere practicando cierto tipo de conducta frecuente y excesivamente. Las adicciones se rompen de la misma manera en que las formamos. Una adicción es un patrón de conducta. No es suficiente abandonar simplemente cierto tipo de conducta autodestructiva. Eso, sencillamente, no funciona. Tenemos que desplazarlas. En su lugar, tenemos que plantar un hábito que nos fortalezca.

Las adicciones reprimen nuestro desarrollo personal y nos impiden cambiar, crecer y convertirnos en la mejor versión de nosotros mismos. Muy dentro de ti hay un poderoso deseo de convertirte en la mejor versión de ti mismo y la clave es vivir ese deseo precisamente. El deseo es un gran motivador. Si puedes ver cómo vencer la adicción te dará una vida más rica y plena y recordarlo constantemente, tu deseo de una vida más rica y plena, se volverá más grande que el deseo de una conducta adictiva.

Como siempre, tenemos que vivir con el camino en mente. El viaje desde el punto A hasta el B nos muestra claramente que cualquier adicción que tengamos en nuestra vida se va a convertir en un obstáculo que nos impedirá alcanzar nuestro propósito esencial.

Una vez que estemos convencidos de que nuestras adicciones nos van a impedir que nos convirtamos en la mejor versión de nosotros mismos, necesitamos una estrategia. No hay mejor estrategia para vencer las adicciones que el programa de los doce pasos de los Alcohólicos Anónimos. Aunque no es una guía para vencer y recuperarse de todo tipo de adicciones, nos da una idea del tipo de estrategia que se necesita para vencer cualquier adicción en nuestra vida. El programa fue desarrollado por dos alcohólicos en los Estados Unidos y es incuestionablemente el enfoque más exitoso de la historia para tratar adicciones. El programa empezó simplemente como la historia de estos dos hombres y su lucha para vencer la adicción al alcohol. Más allá de eso, ellos precisaron exactamente cómo se engañaban a sí mismos y a los demás y formularon doce pasos para ayudar a otros alcohólicos a reconocer y vencer su dependencia autodestructiva del alcohol. Es un ejemplo de lo poderosas que pueden ser nuestras historias, para nosotros y para los demás. La historia de AA ha permitido que millones de hombres y mujeres hayan podido recuperar sus vidas del destructivo poder de la adicción.

El programa está centrado en los doce pasos siguientes, pero depende de los alcohólicos en recuperación quienes continúan compartiendo sus propias historias cada día en miles de ciudades alrededor del mundo.

PASO UNO

Admitimos que no teníamos poder sobre el alcohol—que nuestras vidas se habían vuelto inmanejables.

PASO DOS

Llegamos a creer que un Poder superior a nosotros podía devolvernos la cordura.

PASO TRES

Tomamos la decisión de entregar nuestras voluntades y nuestras vidas al cuidado de Dios, como nosotros lo entendíamos.

PASO CUATRO

Sin miedo, hicimos un minucioso inventario moral de nosotros mismos.

PASO CINCO

Reconocimos ante Dios, ante nosotros mismos y ante otro ser humano la naturaleza exacta de nuestros errores.

PASO SEIS

Estamos completamente listos para dejar que Dios remueva todos estos defectos del carácter.

PASO SIETE

Humildemente le pedimos a Él que remueva nuestros defectos.

PASO OCHO

Hicimos una lista de todas las personas que habíamos lastimado, y nos dispusimos a reparar el daño que les causamos.

PASO NUEVE

Reparamos el daño a esas personas directamente dondequiera que fue posible, excepto cuando hacerlo las lastimaría
a ellas o a otros.

PASO DIEZ

Continuamos haciendo un inventario personal y, cuando
estuvimos equivocados, lo reconocimos con prontitud.

PASO ONCE

Buscamos, por medio de la oración y de la meditación,
mejorar nuestro contacto consciente con Dios como nosotros
lo concebimos, orando solamente por conocer Su voluntad
para nosotros y el poder para llevarla a cabo.

PASO DOCE

Habiendo tenido un despertar espiritual como resultado
de estos pasos, tratamos de llevar este mensaje a los
alcohólicos, y de practicar estos principios en todos
nuestros asuntos.

La adicción no está limitada a tales áreas como el alcohol,
las drogas y el juego. La verdad es que todos tenemos
adicciones. Algunas de nuestras adicciones son problemas
grandes y serios; otras, son cuestiones pequeñas y menores;
pero, cualquiera que sea la adicción, el efecto es el mismo. El
gran místico y monje español San Juan de la Cruz escribió:
"Ya sea que el pájaro esté atado con una cadena o con un hilo,
aún no puede volar".

Las adicciones consumen nuestra fuerza de voluntad y tienden a convertirnos en cobardes. Algunas personas son adictas a tener en la mano el control remoto mientras miran la televisión. Quítaselos y su reacción evidenciará que, en efecto, sufren de una adicción. Algunas personas creen que no pueden sobrevivir sin tomar café al empezar la mañana. Otras son adictas a tener todo en su casa, en su oficina y en su automóvil en su lugar y perfectamente ordenado. Otras son adictos al cigarrillo. El punto es que todos tenemos adicciones. Todos tenemos hábitos que *nos esclavizan*. Hay áreas en nuestra vida que se han ido fuera de control. Áreas en nuestra vida donde las realidades o ilusiones externas determinan la forma en que actuamos o lo que hacemos. Todos tenemos áreas de nuestra vida en las que no somos nuestros propios amos.

Al principio formamos nuestros hábitos. Después de un tiempo los hábitos empiezan a formarnos a nosotros. Si no conquistamos nuestros malos hábitos, tarde o temprano ellos nos conquistarán. ¿Qué áreas de tu vida se han ido fuera de control? De vez en cuando, todos tenemos que luchar con distintas cosas. ¿Con qué estás luchando? Más vale que te hayas deshecho de eso, o eso se deshará de ti. Esa es la verdadera naturaleza de la adicción. No estás luchando por una lata de cerveza o un pedazo de chocolate; estás luchando por ti mismo.

Sería conveniente si pudiéramos aislar nuestras adicciones en un área de nuestra vida, pero no se contendrán. Nacidas en nuestra mente, las adicciones se propagan a través de ella a todas las áreas de nuestra vida. Nos privan de nuestro bienestar y nos roban nuestra libertad personal. Son un serio drenaje en nuestra eficiencia y en nuestra efectividad. Nublan nuestro juicio, causándonos perder de vista nuestro propósito esencial, dificultando que nos convirtamos en la mejor versión de nosotros mismos.

Toda espiritualidad verdadera busca liberarnos de cualquier tipo de esclavitud que nos impida movernos por el camino y convertirnos en personas más amorosas y encantadoras. Un valioso ejercicio para incluir en nuestra oración, reflexión y autoanálisis regular es buscar e identificar áreas de adicción y esclavitud en nuestra vida. Estas áreas no se alejarán simplemente ignorándolas. Cada día se harán más poderosas hasta que las confrontemos.

Nada se compara con la libertad de poder elegir la mejor versión de ti mismo en todos los momentos del día. Yo quiero esa libertad en todas las cosas. Es una liberación que nadie puede arrebatarte jamás. Es la libertad de elegir lo que es bueno, verdadero, noble, hermoso y correcto. Estoy de acuerdo con Charles Dickens cuando escribió: "Sólo pido ser libre. Las mariposas son libres".

SIGUE TU ESTRELLA

Siempre me ha fascinado la historia bíblica sobre los Reyes Magos siguiendo la estrella. Durante años he pasado horas leyendo y reflexionando sobre esta historia, porque creo que nos enseña mucho sobre lo que hace que ciertas personas sean exitosas.

Primero es importante reconocer que no fueron los sumos sacerdotes, ni siquiera el sumo sacerdote de ese año, quienes reconocieron las señales que acompañaron la llegada de Jesús. Fueron, más bien, los tres sencillos Magos. La estrella salió en el oriente y ellos fijaron su mirada en la estrella y la siguieron con persistencia inquebrantable.

Hace un par de años, una Navidad, mientras conducía en la costa este de los Estados Unidos pasé una iglesia y afuera estaba una de esas vallas publicitarias que decía: "Los hombres sabios aún buscan a Jesús hoy". Aquel sencillo mensaje hizo un gran impacto en mí y renovó mi interés en la historia. Mi reflexión me lleva a hacer estas preguntas: ¿Cuál era la diferencia entre los Magos y todos los demás en el planeta en el momento en que Jesús hizo su entrada en el mundo? ¿Cuál era la diferencia entre los tres Reyes Magos y los sumos sacerdotes?

Cuando alguien comparte una perspicacia notable o un conocimiento inusual, algunas veces oirás decir a las personas "¡Qué sabia es!" Sin embargo, hay una diferencia enorme entre conocimiento y sabiduría. Los sumos sacerdotes tenían conocimiento. Sabían todo lo que había que saber sobre la llegada del Mesías. Podían haber recitado cada pasaje de sus sagradas escrituras relacionado con la llegada del Mesías, incluyendo el lugar de Su nacimiento. Los Magos no estaban siquiera cerca de tener tanto conocimiento como los sumos sacerdotes respecto a la venida de Cristo, pero vivían según su conocimiento. Ahí reside la clave de la sabiduría, y es por eso que a los Reyes Magos se les llama "los hombres sabios" y a los sumos sacerdotes, "sumos sacerdotes".

La sabiduría no consiste en amasar conocimiento. La sabiduría es verdad vivida.

ᴄᴏ ᴄᴏ ᴄᴏ

La Biblia no nos dice la edad que tenían los Reyes Magos. Ni se nos dice cuánto tiempo habían estado siguiendo la estrella. De hecho, contrario a la opinión popular, las Escrituras ni siquiera afirman que hubiera tres. Todos tenemos una estrella que seguir en nuestra vida. Algunos de nosotros la siguen desde una temprana edad, y otros tardan unos años en reconocer la estrella en el cielo de su vida. Y, sin embargo, una cosa es cierta: toma tiempo desarrollar el entendimiento y la conciencia que se necesitan para reconocer tu estrella cuando salga. Probablemente los Magos habían estado esperando y preparándose durante muchos años.

La primera lección para encontrar y seguir tu propia estrella es tener paciencia. Muchas personas pierden su oportunidad de alcanzar la grandeza persiguiendo la primera estrella que nace.

Debemos esperar y prepararnos pacientemente a que salga nuestra estrella. No saldrá temprano. No saldrá tarde. Saldrá en la plenitud del tiempo—en el momento más apropiado. No tienes que preocuparte por si no estás listo. Tu estrella no saldrá hasta que estés listo. No temas perderla o no reconocerla. Está buscándote más de lo que tú estás buscándola a ella. Tu estrella te ayudará a satisfacer el propósito de tu existencia, y toda tu vida está llevándote hacia él. Mientras esperas a que salga tu estrella hay mucho que preparar. Los sueños se hacen realidad cuando coinciden la oportunidad y la preparación. Ahora es el momento de prepararte. No digas "Soy demasiado viejo". No digas "soy demasiado joven". Ahora es el momento de prepararte. Estás donde estás ahora por una razón, leyendo lo que estás leyendo por una razón.

Durante este tiempo de preparación debes buscar en tu corazón, y volverte íntimamente consciente de cuáles son tus necesidades legítimas, tus deseos más profundos y tus talentos. Cuando tu estrella salga, sabrás que es tu estrella porque tendrás un deseo ardiente de seguir esa estrella—no por un impulso, sino por medio de una meditación cuidadosa. Siguiendo esa estrella usarás tus talentos para servir a los demás y para tu propia realización y satisfacción. Este uso de tus talentos llevará a la satisfacción de todas tus necesidades legítimas— físicas, emocionales, intelectuales y espirituales, y ayudará a otros a satisfacer sus necesidades legítimas. Sigue tu estrella y te llevará a la mejor versión de ti mismo.

ഈ ഈ ഈ

Desde mi adolescencia me han fascinado las personas famosas y extraordinarias, grandes triunfadores en todas las profesiones y condiciones sociales. Me encanta verlos siendo entrevistados. Me encanta ver secuencias de su vida día a día. Una cosa que siempre me ha impresionado y que no considero en lo más mínimo que sea una coincidencia, es que los grandes hombres y mujeres siempre creyeron que estaban destinados a ser grandes. A partir de este mismo día empieza a promover la creencia de que naciste por una razón y que, aunque tal vez aún no hayas descubierto los detalles de esa razón, estás siendo preparado para cumplirla en todo momento.

En términos generales sabes que tu propósito esencial es crecer, cambiar, desarrollarte y convertirte en la mejor versión de ti mismo. Los detalles son simplemente eso: los detalles. Es este proceso de crecimiento lo que hace la vida interesante, emocionante, gratificante y satisfactoria. La dedicación a este proceso de crecimiento es la grandeza. La grandeza nunca debe confundirse con la fama, la fortuna, el estatus o el poder. Estas son sólo ilusiones pasajeras. La grandeza es convertirte cada día más plenamente en ti mismo.

Una oportunidad de alcanzar la grandeza te espera—tu propia oportunidad para alcanzar la grandeza—e involucra la mezcla única y providencial de tus necesidades, tus talentos y tus deseos. La búsqueda de tu oportunidad para alcanzar la grandeza te revelará a tu familia, a tus amigos, a tus colegas, a tu cónyuge, a tus hijos y a todos los que se crucen en tu camino. Es poner a tono tu personalidad. La vida es una revelación del ser, una historia que se desarrolla. Tu vida es tu historia. La vida es un regalo para ti—y sin embargo, paradójicamente pero de una manera complementaria, es también tu oportunidad de servir a tu prójimo, de tocar y enriquecer la vida de los demás, y de hacer una diferencia en este mundo a veces tedioso. Ese es el misterio de Dios—llevarte hacia la perfección y la satisfacción, al mismo tiempo que utiliza tu viaje para guiar a otros hacia la perfección y la satisfacción.

∽ ∽ ∽

Cada uno tiene que aprender a confiar en que estamos aquí por una razón y que ya sea que estemos conscientes de ello o no, las cosas están desarrollándose justo como debe ser. Las circunstancias correctas surgirán. Yo prefiero pensar en ellas como oportunidades. Las circunstancias correctas surgirán. Con frecuencia las circunstancias más inesperadas dan lugar a oportunidades que nos permiten seguir nuestra estrella. Las circunstancias de nuestra vida nos preparan perfecta y providencialmente para convertirnos en la mejor versión de nosotros mismos. Charlie Chaplin es un gran ejemplo.

CHARLIE CHAPLIN

Charlie Chaplin nació en 1889 en Londres, en el seno de una familia muy pobre. Cuando Charlie aún era niño, su padre abandonó a su madre, lo que acentuó su pobreza aún más. La señora Chaplin no podía encontrar trabajo, no podía pagar el alquiler y no podía costear el combustible para calentar su pequeño apartamento, y la mayoría de las noches Charlie y su hermano comían sopa de cabeza de pescado—nada más que las cabezas de pescado en agua tibia con un poco de pan. Circunstancias miserables, estoy seguro que estarás de acuerdo. Mas de esa miseria nació uno de los más grandes talentos que la humanidad haya conocido jamás.

Chaplin desarrolló su humor y sus comedias para elevarse por encima de las deprimentes circunstancias de su infancia; organizaba todo tipo de actos para hacer reír a su madre y a su hermano. Más tarde, recordaba que quería hacerlos reír tanto para que olvidaran lo desesperadamente hambrientos que estaban.

Para 1918, Charlie Chaplin tenía veintinueve años y era, sin discusión, el hombre más famoso del mundo. Siguió escribiendo y dirigiendo hasta que falleció en Vevey, Suiza, el día de Navidad de 1977. A lo largo de su vida, escribió y dirigió ochenta y una películas, fundó sus propios estudios en California e hizo reír a más personas que ninguna otra persona en la historia. Charlie Chaplin es una leyenda. Su camino no fue fácil, pero él siguió su estrella. Las circunstancias de su infancia lo prepararon para reconocer la estrella cuando saliera, y salió.

ເ∕o ∕o ∕o

Seguir tu estrella se trata de descubrir quién eres y de lo que eres capaz. Seguir tu estrella es aprender a ser tú mismo. Tienes que estar preparado para atreverte a ser diferente en un mundo en el que la uniformidad es segura y recompensada. Investígate. Descubre algo profundo dentro de ti que es tuyo y de nadie más.

Descubre tu singularidad. Tu oportunidad de alcanzar la grandeza está intrínsecamente ligada a que seas tú mismo. Conviértete en un campeón de la individualidad y tendrás un éxito inimaginable.

Todo el mundo es bueno para algo. Todos tenemos talentos y habilidades que son únicos y diferentes. Estos dones son la clave para lograr una gran felicidad en nuestra vida y en ocasiones son indicadores que guían en la búsqueda para descubrir nuestra vocación o nuestra misión en la vida. Pero primero tenemos que buscar estos dones y talentos. Tan a menudo las personas me dicen "Pero yo no soy bueno en nada". Yo no puedo creer esto. Puedo creer, sin embargo, que una persona no ha encontrado aún un área en la cual tiene un don especial.

La frustración y la sensación de fracaso tienden a seguirnos dondequiera que vamos hasta que encontramos nuestra área en la cual trabajar, nuestro propio don a desarrollar, nuestro propio nicho, nuestra genialidad. No te desesperes. Ten un poco de fe. Puede tomar algún tiempo, pero entre tanto, la búsqueda activa trae una sensación de satisfacción. Es sólo cuando abandonamos la búsqueda, creyendo que nunca encontraremos ese talento especial, o que simplemente no tenemos uno, que la frustración y la depresión se apoderan de nosotros. Sostente firme. Esta búsqueda es noble. Evitarla es cobardía. A veces pensamos que hemos encontrado ese talento especial y lo que hemos encontrado es solamente un peldaño.

Hace diez años estaba estudiando en la universidad en Australia para obtener un título en negocios y especializarme en mercadotecnia. Pensé que había encontrado mi don. Estaba equivocado. Era solamente un peldaño. Ahora creo que mis verdaderos dones son hablar y escribir. El tiempo que pasé estudiando negocios, ¿fue una pérdida? Por supuesto que no. Puedo ver con claridad la mano de Dios en esa parte de mi vida. De muchas maneras indirectas, Dios me estaba preparando entonces para lo que hago ahora. Tal vez descubra en el futuro que éste es sólo otro peldaño hacia otra cosa, hacia otro lugar.

George Washington fue primero un agrimensor. Norman Vincent Peale fue periodista por muchos años. Garth Brooks no fue siempre músico. Pedro primero fue pescador; Mateo, cobrador de impuestos. Sting primero fue maestro de escuela. Harrison Ford fue carpintero. Antes que Somerset Maugham empezara a escribir, se graduó de médico. John Denver trabajó en una compañía de seguros antes de emprender su viaje para convertirse en un artista y compositor aclamado mundialmente.

¿Brian Quién?

¿Has oído hablar alguna vez de Brian Epstein? ¿Has oído hablar alguna vez de los Beatles?

El 9 de noviembre de 1961, a la hora de almorzar, Brian Epstein entró en un club oscuro, humeante, lleno de gente, en Liverpool, su ciudad natal en Inglaterra. El club se llamaba The Cavern / La Caverna, y Epstein había ido para escuchar a un grupo local, cuatro jóvenes que se hacían llamar los Beatles.

En ese entonces, Brian Epstein administraba y operaba una pequeña tienda de discos, propiedad de su padre. Picó su curiosidad que en un día seis personas entraron a su tienda pidiendo un disco de los Beatles. Cuando trató de ordenarlo, Epstein descubrió que no existía tal disco. Esto fue lo que lo llevó a The Cavern / La Caverna.

Dos semanas después, Epstein se ofreció para servir de agente de los Beatles. Él les confesó que no tenía experiencia, pero que creía sinceramente que poseían lo necesario para convertirse en "la próxima maravilla". Los Beatles aceptaron que Epstein fuera su agente a pesar de su falta de experiencia. Tiempo después, John Lennon recordó: "No teníamos nada que perder. Ya habíamos sido rechazados por todos los grandes estudios de grabación del país. Brian estaba entusiasmado con nuestra música y con nuestro futuro. Todo lo que queríamos era tocar música. Teníamos todo que ganar y nada que perder".

Durante los siete meses siguientes Brian Epstein estuvo llamando a puertas en Londres, tocando la cinta de demostración para toda compañía de grabación que lograba que la escucharan. Todos dijeron lo mismo: "Estos muchachos nunca lo lograrán" o "Simplemente no va a funcionar" o "Suenan demasiado diferente". La respuesta de Epstein a cada uno de ellos era siempre la misma: "Estos muchachos van a ser más grandes

que Elvis". Los ejecutivos de discos simplemente se reían de
él. En aquel momento, decir eso era totalmente absurdo. Elvis
estaba en la cumbre de su popularidad, y un grupo británico no
había tenido éxito en los Estados Unidos en muchos años.
No fue hasta junio del año 1962 que Epstein finalmente logró
abrir el camino. Los Beatles grabaron su primera sesión en los
estudios EMI de Londres—dos canciones: "Love Me Do" /
"Ámame" y "P.S. I Love You" / "PD te amo".

El primer disco británico de los Beatles fue lanzado el 11 de
septiembre de 1962, y entró en la lista de éxitos cuarenta y ocho
horas después en el lugar cuarenta y nueve. Subió al diecisiete
dos semanas más tarde, y los Beatles tuvieron su primer éxito
entre los primeros veinte con "Please Please Me" / "Por favor
compláceme".

La puerta estaba abierta, y en doce meses batieron el récord
con una sucesión de éxitos número uno de Gran Bretaña. De
ahí, tomaron a Europa por asalto y al poco tiempo se corrió la
voz en Asia, América y Australia como la expectativa de una
gira mundial empezó a crecer.

Los Beatles llegaron a los Estados Unidos por primera vez
el 7 de febrero de 1964, y aunque para ese entonces ya habían
alcanzado cierto nivel de fama en Europa, nada podría haberlos
preparado para lo que estaba a punto de ocurrir. Cuando esos
cuatro jóvenes bajaron del avión esa temprana mañana de
febrero, había diez mil fanáticos gritando en el aeropuerto
John F. Kennedy de Nueva York para recibirlos. Ya sea que
estuvieran conscientes de ello o no, ese día su vida cambió para
siempre.

Para mayo de ese mismo año, los Beatles se habían convertido
en un fenómeno mundial, como nada que ninguno de nosotros
volverá a ver otra vez. Y sí, se habían vuelto más grandes
que Elvis.

Lo absurdo se había hecho realidad. Cuando se lanzó en los Estados Unidos su quinto disco, "Can't Buy Me Love" / "No puedes comprarme amor", subió inmediatamente al primer lugar en la lista de éxitos superando a otros cinco discos de los Beatles que estaban ocupando los cinco primeros lugares. ¿Es probable que veamos alguna otra vez a un grupo ocupar los seis primeros lugares en una lista de *Billboard*?

¿Quién fue Brian Epstein? Fue el hombre con perspicacia, pasión, valor, visión, integridad, fortaleza, el genio de la mercadotecnia—el amigo, el agente, la fuerza unificadora y el trabajador incansable que hizo de los Beatles el fenómeno mundial que fueron y la leyenda histórica que siempre serán.

Brian Epstein creyó que esos cuatro jóvenes tenían algo increíblemente único y especial, y debido a su creencia el mundo llegó a conocer a los Beatles.

Tal vez tu talento sea ayudar a otros a encontrar y a compartir sus talentos.

LA HISTORIA DEL IMG

Hoy en día, los agentes deportivos, las promociones y la administración deportiva son una gran cosa, pero no siempre fue así. De hecho, hace cuarenta años ni siquiera existían. ¿Qué cambió para producir toda esta cultura de celebridades deportivas, agentes deportivos y promociones increíbles? Déjame decirte, todo esto es el resultado de que un hombre siguiera su estrella personal.

En 1960, Mark McCormack era un ejecutivo de mercadotecnia razonablemente exitoso en Cleveland. En noviembre de ese mismo año, vio a un hombre jugar golf de una manera que nunca antes había visto jugar a nadie. No era simplemente su forma de balancear el palo (su swing), ni la forma en que golpeaba la pelota, sino que era todo. McCormack miró a los ojos a este joven golfista y vio el potencial para la grandeza.

Ese día, Mark McCormack vio una manera de ayudar a este joven golfista y al mismo tiempo vio salir a su propia estrella. Tuvo una visión. No era más que un sueño. Vio algo que aún no era, pero que podía ser. Algunos dijeron que la visión de McCormack era imposible. McCormack dijo que era inevitable. Se acercó al golfista y le preguntó si tenía o no un agente. El golfista le dijo que tal persona no existía en su vida y McCormack se ofreció a llenar el vacío.

Llenar vacíos ha hecho ricas y exitosas a más personas que ninguna otra cosa. Puedes llamarlo suerte loca o simple oportunidad, pero prefiero pensar en ello como el encuentro de la preparación y la oportunidad.

El nombre del joven golfista era Arnold Palmer. Él se convirtió en el primer cliente de McCormack. Ese día, el concepto y la organización conocida como International Management Group (Grupo de Gestión Internacional), o IMG fueron fundados. Los tres primeros clientes de IMG fueron Arnold Palmer, Gary Player y Jack Nicklaus. Estos tres golfistas empezaron a ganar todo lo que estaba a la vista y con el tiempo se convirtieron en los famosos Tres Grandes.

Hoy, IMG tiene oficinas en sesenta países, más de dos mil empleados y una lista de clientes que incluye a Pete Sampras, Joe Montana, Wayne Gretzky; las supermodelos Nicky Taylor y Tyra Banks; el piloto de Fórmula Uno Michael Schumacher; Itzhak Perlman, Michael Johnson, Andre Agassi, Nick Faldo y más de un tercio de los treinta primeros golfistas del mundo.

Por treinta años consecutivos, el primer cliente de IMG, Arnold Palmer, fue el atleta con mayores ingresos del mundo por concepto de promociones. Solamente en 1991, a los

sesenta y cuatro años de edad, fue sobrepasado por Michael
Jordan. Arnold Palmer todavía fue clasificado segundo hasta
fines del año 1990, en que Tiger Woods lo superó.
Todo empezó con un hombre siguiendo su estrella.
A veces toma un poco tiempo encontrar esa habilidad
y ese talento que te hacen único. No te des por vencido en
tu búsqueda.

∾ ∾ ∾

Cada uno de nosotros tiene que seguir su propia estrella a su
manera y en su momento. A mí me ayuda leer las historias de
grandes hombres y mujeres. Son las historias de los líderes,
de los héroes, de las leyendas, de los campeones y de los
santos las que me han enseñado a esperar pacientemente
por mi estrella y siguen enseñándome a perseguirla con
constante dedicación.

Si me has escuchado hablar, conoces mi gran amor por las
historias. Hay algo muy poderoso acerca de las historias—
cada persona oye algo distinto según su propio lugar en
el viaje.

Las historias nos ayudan a descubrir quiénes somos y
quiénes podemos ser. Las historias son importantes. Para
envenenar a una persona, envenena las historias que le
cuentas. Para desmoralizar a una persona, cuéntale historias
desmoralizantes. Siempre serás tan seguro y saludable como
las historias que leas, escuches y cuentes. Nos convertimos
en las historias que escuchamos, leemos y contamos. Ese es
el poder de una historia.

Conrad Hilton, fundador del imperio hotelero Hilton, solía
contar esta historia.

Un hombre griego muy pobre una vez optó por un trabajo
como conserje en un banco de Atenas. "¿Sabe escribir?"
preguntó el exigente jefe de empleos.

"Sólo mi nombre", dijo el hombre.

No obtuvo el trabajo—así que pidió prestado el dinero que necesitaba para viajar en tercera clase a los Estados Unidos y siguió sus sueños a la "tierra de la oportunidad".

Muchos años después, un importante hombre de negocios griego ofreció una conferencia de prensa en sus hermosas oficinas de Wall Street. Al final, un reportero con iniciativa dijo: "Un día debería escribir sus memorias". El caballero sonrió. "Imposible", le dijo. "No sé escribir". El reportero estaba asombrado. "Sólo imagine", comentó, cuánto más lejos habría llegado si pudiera escribir". El griego sacudió la cabeza y dijo "Si pudiera escribir, sería un conserje".

⁓ ⁓ ⁓

Sigue tu estrella. Espera a que salga, y mientras esperas, prepárate. Familiarízate íntimamente con tus necesidades, con tus talentos y con tus deseos. Recuerda, las circunstancias, ya sea que parezcan buenas o malas, son oportunidades. Cuando veas una estrella salir en el horizonte de tu vida y sientas el ardiente deseo de seguirla, y percibas que siguiéndola usarás tus talentos para satisfacer tus necesidades legítimas—síguela.

Una vez que empieces a seguirla, no permitas que nada te distraiga de ella. Todo líder, héroe, leyenda, campeón y santo en la historia ha seguido su estrella personal; haciéndolo, estas personas aprovecharon su oportunidad de alcanzar la grandeza—y dejaron sobrecogidos, inspirados y asombrados a todos los que los rodeaban.

CELEBRANDO TU
SER ÚNICO

∘━✦━∘

Sólo hay un tú. Puede sonar un poco absurdo pero es cierto. La mayoría de las personas se pasa la vida huyendo de sí mismas o escondiéndose de los demás. Yo creo que la vida debe ser un proceso de autorevelación. A medida que vivimos, nos revelamos a las personas que amamos y a quienes cruzan nuestro camino al hacer nuestro viaje. Podemos crear barreras y ponernos máscaras o podemos dejar que las personas nos vean como realmente somos.

Lo que nos preocupa acerca de lo último es que los demás pueden ver nuestras faltas. En nuestra preocupación, olvidamos que todos tenemos faltas y defectos. Aquéllos que son capaces de amarnos y admirarnos tienen fallas y defectos. Las personas que critican y expresan ira y odio hacia nosotros tienen defectos y fallos. Uno de nuestros lazos comunes como seres humanos es nuestra fragilidad. Es una gran sabiduría poder vernos en los demás. Es esta perspicacia lo que nos da el poder para amar a todos, en todas partes, en todo momento y en toda circunstancia.

Todos queremos ser amados y aceptados. El peligro que surge de este deseo es que podemos caer en la trampa de hacer o decir cosas sólo para agradar a los demás. Cada vez que vamos por este camino, abandonamos una porción de nuestro ser. Hay una parte en cada uno de nosotros que es débil y puede ser comprada. También hay una parte en cada uno de nosotros que es fuerte y no puede ser comprada a ningún precio. Ignora la primera y nutre la última. Pero, sobre todo, hazte amigo de esa parte de ti que no puede ser comprada porque te dirá quién eres. En realidad, nadie es amado por todos. Hasta los hombres y las mujeres más grandes de la historia tienen críticos. Aún las personas que se han dedicado y han dedicado su vida desinteresadamente a ayudar a los demás tienen críticos y detractores. Tú no eres diferente. Les vas a agradar a algunas personas, algunas personas van a amarte, a algunas personas les vas a desagradar completamente, y algunas personas hasta pueden despreciarte. Más vale que seas tú mismo. De ese modo, al menos sabrás que las personas a las que les agradas, les agradas por quien eres en verdad.

∞∞∞

Los grandes hombres y mujeres de toda época, de los que hemos hablado y hablaremos más en este libro—las leyendas y los santos que llenan nuestros libros de historia, los héroes y los campeones que llenan de inspiración nuestro corazón y nuestra mente—todos escucharon las voces interiores de la necesidad, el talento y el deseo.

Su grandeza no fue el resultado de la suerte o de la casualidad. No fueron seleccionados al principio de los tiempos para ser especiales o favorecidos. Ellos sentaron la base del carácter y escucharon esas voces interiores. Entonces, con pasión, convicción, compromiso, valor y perseverancia siguieron su estrella.

Su vida revela los secretos del amor, del éxito, de los logros, del heroísmo, del liderazgo y de la santidad. Sería un error imitar lo que uno de estos hombres y mujeres hizo con su vida. Sería un error no imitar la forma en que ellos vivieron su vida. La diferencia puede parecer sutil, pero es grande. El espíritu según el cual vivieron debe ser imitado, pero tú tienes tu propio camino que recorrer y tu propia estrella que seguir. Imagina si Beethoven hubiera tratado de ser otro Motzart o si Picasso hubiera tratado de ser otro Miguel Ángel. ¿Cuánta belleza y maravilla le negarás al mundo si abandonas tu ser?

Esta sección ha sido un ejercicio en descubrir qué posibilidades existen para ti y para mí como individuos. Toda felicidad en la vida viene de descubrir quién eres como un individuo único y de ser fiel a tu propio ser.

El siguiente es un breve pasaje del diario de Dag Hammarskjöld:

"Todo el tiempo te eliges a ti mismo. Pero ¿eliges *tu* ser? Cuerpo y alma contienen mil posibilidades de las cuales puedes edificar muchos *yo*. Pero sólo en una de ellas hay una congruencia entre el elector y el elegido. Sólo en una—que nunca encontrarás hasta que hayas excluido todas aquellas posibilidades superficiales y fugaces de ser y hacer con las que jugueteas, por curiosidad o asombro o codicia, y que impiden que eches ancla en la experiencia del misterio de la vida, y la conciencia del talento que te fue confiado y que es *tu* ser".

∽∾ ∽∾ ∽∾

¿Quién eres? Las personas tratan de descubrir de muchas maneras distintas quiénes son en verdad como individuos. Algunas van a las montañas, otras viajan a tierras distantes, otras van a monasterios y conventos, algunas caminan para arriba y para abajo en la playa temprano cada mañana, y aún otras buscan descubrirse a sí mismas a través de la escritura o la música. Hasta he oído a personas usar "encontrándose a sí mismas" para abandonar a su esposo o esposa.

Puedes tratar cualquier camino que desees. Puedes tratar de encontrarte a ti mismo de mil maneras distintas, pero de una manera maravillosa, profunda y misteriosa, es sólo a través de la entrega de nuestro ser—dándonos a los demás—que descubrimos nuestro verdadero ser.

No hay regalo más grande que el sincero regalo del ser. Es la esencia de las relaciones y de la vida. No es algo que entiendo por completo, ni que puedo explicar clara y definitivamente. Pero en los momentos de mi vida en que he podido armarme de la fuerza de carácter necesaria para dar de mi tiempo, de mi energía y de mis recursos para hacer una diferencia en la vida de otras personas—he experimentado una insaciable sensación de satisfacción y felicidad.

En la vida hay más que obtener, aprovechar, tener y recibir. La vida se trata tanto de dar como de recibir. Aprende a dar el único regalo que naciste para dar—a ti mismo. El significado de la vida se revela misteriosamente en este acto. No hay una manera más rápida de lograr el propósito de tu vida que aprovechar las oportunidades diarias de la vida para servir a los que te rodean.

La vida es una aventura de autodescubrimiento. Espero que este libro sea el comienzo de un viaje que dure toda tu vida. Eres diferente. Ni mejor ni peor, simplemente diferente. Eres único y especial. Eres un milagro y una maravilla. Sé todo lo que puedes ser. Sé tú mismo.

Elige tu mejor ser en todo momento. Si lo haces, estarás eligiendo la felicidad para ti y para todos los que toques en esta vida. Tú eres el mejor regalo que puedes darte a ti y al mundo.

Celebra la única vida que tienes convirtiéndote en la mejor versión de ti mismo.

❧ ❧ ❧

CUARTA PARTE

DESCUBRIENDO
EL RITMO DE LA VIDA

¿Por Qué Estamos Todos tan Ocupados?

A estas alturas, estarás preguntándote qué hace que una persona tan joven se siente a escribir un libro como éste. Este libro está basado en una crisis personal. La mía. Se dice que una crisis hace salir lo mejor en las personas. Dicen que si no te mata te hace una mejor persona.

La crisis no me mató.

Tengo que confesar que no me siento nada cómodo escribiendo sobre mí mismo. Pienso que temo que se me considere orgulloso o presumido. En mis otros escritos he tratado de evitarlo, en lo posible, pero muchos de mis amigos y colegas con frecuencia han comentado: "Tienes que dar a los lectores un poco más de Matthew Kelly". En este caso, la única manera de evitar escribir sobre mí sería no escribir—y al mismo tiempo, siento que tengo que escribir sobre estas cosas. Siento que estoy escribiendo tanto para mí como para ustedes.

Yo crecí en Sidney, Australia, con mis hermanos: Mark, Simon, Andrew, Brett, Nathan, Bernard y Hamish. Tener siete hermanos significaba literas, ropa heredada de tus hermanos mayores y ni un solo momento de aburrimiento. Aparte del hecho de que tuve siete hermanos hasta los diecinueve años, viví lo que pienso que podría describirse como una vida bastante normal.

Por diecinueve años me mantuve bien. En la enseñanza secundaria me hice de unos cuantos buenos amigos, me destaqué en el campo deportivo, salí con muchachas maravillosas, trabajé por las tardes en una farmacia entregando paquetes a personas de edad y hasta llegué a disfrutar mis estudios. También caí en la mentira moderna—la vida se trata del éxito, y el éxito es el automóvil veloz, la casa grande, el trabajo importante y mucho dinero. Creyendo eso, estaba en la universidad estudiando para obtener un título en mercadotecnia, preparándome para ascender a la cúspide del mundo empresarial. Fue en ese momento cuando empezaron a sucederme cosas extraordinarias.

De pronto empecé a pensar en la vida—y en la muerte, en la ambición, el miedo, el amor, en Dios, la sociedad, el sufrimiento, el perdón, la historia y en particular si había sido puesto aquí para algún propósito real o no. Nuestra vida cambia cuando dejamos de responder preguntas simplemente y empezamos a hacerlas. Yo empecé a hacer preguntas.

Al poco tiempo, la vida empezó a responder mis preguntas. Y a medida que mis reflexiones se hicieron más profundas, noté que estaba empezando a percibir a todo el mundo y todo en mi vida de una forma distinta. Estaba descubriendo una sensación de lo milagroso en cada día. Fue como si hubiera encontrado algún codiciado tesoro o secreto. Sentía un fuego dentro de mí—una pasión intensa por la vida y, al mismo tiempo, una paz inquebrantable.

Poco había cambiado en mi exterior. Pero en mi interior estaba desarrollando una nueva y emocionante conciencia.

Más tarde, ese mismo año surgió una oportunidad para dar una charla a un pequeño grupo de personas en una institución en Castle Hill, un suburbio de Sidney. No era algo con lo que me sintiera cómodo en particular, pero tenía un verdadero deseo de compartir algunas de las ideas que mi introspección había generado durante los meses anteriores.

Aunque no estaba consciente de ello en aquel momento, hablarle a un grupo de personas el 8 de octubre de 1993 habría de convertirse en un evento muy significativo. Fue uno de esos eventos que hacen que nuestra vida cambie completamente de rumbo.

A la semana siguiente me encontré dando cuatro charlas, la semana después de esa, seis—y fue entonces que la vida me invitó a caminos inimaginables.

Descubrí mi don y mi vida cambió.

Entre octubre de 1993 y agosto de 1997 di casi setecientas charlas y seminarios en cuarenta y un países a más de 750,000 personas en total. Tenía veinticuatro años, había publicado cuatro libros en seis idiomas, me bombardeaban constantemente con invitaciones para hablar en todo el mundo, aparecía en programas de televisión y de radio, y recibía más de cien cartas a la semana de lectores y oyentes. Las compañías editoriales clamaban por mis libros; acababa de recibir mi primera oferta seria para hacer mi propio programa de radio; y me estaban tentando dos cadenas de televisión. Constantemente me reunía con las personas más extraordinarias y se me presentaba toda oportunidad.

Todo había pasado tan rápidamente.

❧❧❧

En el exterior, todo parecía estar bien. Interiormente, estaba profundamente confundido. No era un signo de contradicción; yo era una contradicción andante. La vida auténtica a la que aspiraba, y sobre la cual escribía y hablaba tan apasionadamente, se había perdido en algún lugar a lo largo del camino.

Un martes por la mañana, a principios de agosto de 1997, me desperté como a las once. Me había quedado dormido a pesar del despertador y literalmente no podía salir de la cama. No era la primera vez. De hecho, había estado durmiendo por diez, doce y a veces catorce horas diarias durante meses. Estaba completamente exhausto.

Me volteé y seguí durmiendo como hasta las cuatro esa tarde.

Cuando finalmente logré levantarme, llamé al médico, y durante varios días me sometí a la angustia física, emocional y mental de pruebas médicas. Me dijeron entonces que no tenía nada malo, que sólo sufria de niveles crónicos de fatiga y agotamiento.

Ya hacía tiempo que estaba viniendo. Lo había visto venir y lo ignoré. Supongo que no quería admitir que algo andaba mal. Estaba negándolo.

Mi vida era un completo desastre. Nada estaba bien. Aunque saltaba constantemente de continente en continente, había hecho base en los Estados Unidos. Todo parecía molestarme y los únicos sentimientos que podía expresar con regularidad eran la confusión y el caos. Me sentía sobrecogido. Todo lo que era importante para mí se me escapaba de las manos, y las personas que amaba eran precisamente a las que estaba lastimando y decepcionando. Jamás me sentí más solo. Me sentía infeliz. Había perdido mis raíces.

Mi dieta era atroz, podía contar con los dedos de una mano las veces que había hecho ejercicio en los últimos seis meses, y mis hábitos para dormir eran terribles.

Físicamente estaba exhausto. Emocionalmente estaba confundido y adolorido. Intelectualmente estaba desorientado. Y espiritualmente estaba tan seco como el desierto del Sahara.

El pozo estaba vacío.

Mi estilo de vida me había alcanzado. Era demasiado joven para sentirme así de viejo. Había caído víctima de mis propias prioridades equivocadas. Me vi obligado a admitir que la estructura diaria general de mi vida estaba fatalmente viciada. Había perdido el ritmo de la vida.

⌘⌘⌘

Mi médico sugirió un descanso de mis conferencias, de mis escritos y de mis viajes. Me hizo sentar en su oficina y me dio un largo discurso, explicándome que él creía que debería tomarme por lo menos tres meses de descanso. Imposible, pensé.

En ese momento, mi programa era reservado con doce meses de anticipación, mi cuarto libro acababa de ser publicado y una gira muy larga de conferencias en el otoño hacía tiempo que había sido planeada.

Le expliqué esto al médico, quien me dijo, sin dudarlo y con la mayor de las calmas, que yo era un tonto. "Si no tomas tiempo para recuperarte ahora, puedes desarrollar problemas que te afectarán toda la vida", me dijo. Y continuó: "Matthew, tienes sólo veinticuatro años, y puedes seguir hablando y escribiendo por cincuenta años, pero tienes que cuidarte. Y ahora mismo, eso quiere decir tomar tres meses de descanso".

Ese fue un punto decisivo en mi vida. Un momento de salvación. En ese momento, ayudado por alguna gracia misteriosa, salí del carrusel que era mi vida.

⌘⌘⌘

Dos semanas después, en el otoño de 1997, me tomé tres meses lejos de mi calendario de charlas y fui a Europa a estudiar. Pasé ese tiempo en lo que una vez fue un monasterio, en el pueblito de Gaming, Austria. Mi experiencia allí se volvió una experiencia de reflexión, frescor y renovación.

En el aula estudiaba alemán e historia medieval. Fuera del aula, aprendía mucho sobre mí mismo. Pero mi agotamiento y mi dolor seguían persiguiéndome, y empecé a preguntarme si la intensa pasión por la vida que había surgido cuatro años antes volvería alguna vez. Supongo que eso es lo que hace que una crisis sea una crisis, el hecho de no saber cuándo acabará, qué resultado tendrá o hasta si acabará.

A medida que los días y las semanas pasaban, mis reflexiones me llevaron a estudiar detenidamente mi estilo de vida, el mundo en que vivimos y mi persona. Fue entonces cuando hice algunos descubrimientos tan importantes que cambiaron mi enfoque de la vida para siempre—verdades que había pasado por alto toda mi vida.

El primero de estos descubrimientos fue mi necesidad legítima. Me di cuenta de que soy un ser humano—no una máquina que escribe libros y da charlas—y que tengo algunas necesidades básicas pero legítimas. Esto no es egoísta, como había creído antes. Es la vida. Algunas de mis necesidades legítimas son tan simples como el oxígeno para respirar y el agua para beber. Otras son tan complejas como mi necesidad de amar y ser amado.

Examinando las varias dificultades y angustias que estaba experimentando me llevó a ver que estas "necesidades legítimas" caen en cuatro categorías—física, emocional, intelectual y espiritual. También llegué a darme cuenta de que cuando estas necesidades son satisfechas, soy necesariamente una persona más saludable y feliz.

En este despertar, ahora estaba enfrentado a todos los defectos de mi estilo de vida en los cuatro años anteriores. Muchas de mis necesidades legítimas habían sido casi completamente ignoradas. Había caído en una trampa común. Mi vida había adquirido un impulso propio. Yo estaba siendo llevado simplemente. Mis necesidades legítimas nunca habían sido consideradas en la creación de ese estilo de vida. Mi programación nunca se hizo con mis necesidades legítimas en mente. ¿Cómo pudo ser? Ni siquiera estaba consciente de que tenía necesidades legítimas.

Ahondando en mi pasado, descubrí que las veces que había experimentado una sensación de paz, alegría y satisfacción—y aún tuve logros y me destaqué—fueron momentos en los que tuve cierta consistencia y ritmo en mi vida. Fueron los momentos en los que estuve atento a mis necesidades legítimas—física, emocional, intelectual y espiritualmente. En esos momentos, todos los elementos importantes de mi ser estaban trabajando juntos en armonía y moviéndose hacia una meta común.

A medida que miraba retrospectivamente al período de cuatro años, pude ver que gradualmente había dejado que el ajetreo y el bullicio del mundo me distrajera, me afectara, me desorientara. Todo había pasado tan sutilmente que ni siquiera pude identificar el momento en que esta desaparición había comenzado.

Lo que más me sorprendió fue la causa de la crisis personal que estaba experimentando. No fueron cosas malas las que me habían llevado a este solitario lugar de quebrantamiento—sino más bien cosas buenas. Las buenas oportunidades me estaban destruyendo. Siempre consideré una invitación a hablarle a un grupo de personas como algo bueno. Objetivamente, por supuesto, lo era. Pero recordando un día cuando viajé de Nueva Orleans a San Francisco a Cleveland en el mismo día, aprendí que demasiadas buenas oportunidades pueden convertirse en una situación peligrosa . . . incluso cuando son oportunidades para hacer el bien. Especialmente cuando son oportunidades para hacer el bien.

Es muy difícil rechazar buenas oportunidades. También me di cuenta de que sólo porque algo sea bueno no significa que sea bueno o correcto para uno. Por cuatro años me había vuelto cada vez más ocupado haciendo "cosas buenas". Tanto, que se habían convertido en algo malo para mí. Me habían desgastado al punto del agotamiento, y mi programa no proveía oportunidad alguna para recuperarme. Había adoptado un estilo de vida que no hacía concesiones para mis necesidades legítimas. Mi agotamiento llevó a la confusión, mi confusión a la frustración, mi frustración a tomar malas decisiones, mis malas decisiones al caos, y este caos a la decepción.

Descubrí que iba a tener que aprender a decir que no—hasta a las buenas oportunidades, incluso a oportunidades para hacer el bien.

ᴄᴏᴄᴏᴄᴏ

Durante el tiempo que pasé en Austria, salía a caminar todas las tardes después de clases. Con frecuencia visitaba la tienda que quedaba en el centro del pueblo para comprar chocolates. Nada se compara al chocolate europeo. Justo más allá de los linderos del monasterio había un parquecito. En la mitad del parque había un árbol muy alto y fuerte.

Cada día contemplaba este árbol y notaba que, a pesar de sus formas imperfectas y ramas torcidas, poseía su propia perfección.

Una noche hubo una tormenta terrible. Por dos horas permanecí despierto acostado en mi cama contemplando los relámpagos en el cielo y sintiendo el estruendo de los truenos. Al día siguiente cuando salí a caminar, había escombros por todas partes. Los árboles alrededor del monasterio habían perdido muchas hojas, muchas ramas habían sido arrancadas de otros y algunos árboles incluso habían sido arrancados de raíz. Pero en medio del parque, aunque solo, el gran árbol se mantenía erguido, prácticamente sin que la tormenta lo hubiera afectado. Había perdido algunas hojas, pero ninguna rama grande y, ciertamente, la tormenta no lo había derribado. Aprendí muchas lecciones de ese árbol. Un árbol con raíces fuertes crece fuerte. Un árbol con raíces fuertes da mucho fruto. Un árbol con raíces fuertes puede soportar cualquier tormenta. Si un árbol es desplantado y vuelto a plantar con frecuencia, no podrá hundir sus raíces profundamente en la tierra, y por tanto, no crecerá fuerte ni dará frutos.

Todo esto es cierto no sólo para los árboles sino también para una persona.

El árbol me ayudó a ver que mis raíces físicas, emocionales, intelectuales y espirituales no eran ni fuertes ni profundas.

∽∞∽∞∽∞

La crisis fue temporal, y la solución para los problemas que había estado experimentando no fue compleja. Más bien lo contrario, fueron las cosas sencillas las que me devolvieron la salud.

Con el pasar de los días y de las semanas, me dediqué a estar cada vez más atento a mis necesidades legítimas. Al hacerlo, mis raíces secas empezaron a crecer y pude sentirlas estirarse y hundirse en la rica y húmeda tierra de la vida. Empecé a comer, dormir, ejercitarme, rezar y estudiar con regularidad, y empecé a hacer tiempo para descansar y relajarme regularmente.

Entonces, un día, me oí reír de nuevo. Reír de verdad, y no creo que me había reído de esa manera en mucho tiempo. La intranquilidad y el agotamiento se habían disipado. La insatisfacción y la depresión habían desaparecido, y una vez más me sentía en paz, feliz, lleno de energías, emocionado y apasionado por la vida.

Empecé a despertar a un viejo sentimiento familiar y a pensamientos como "Es bueno estar vivo". Cuando me miraba al espejo algo parecía diferente. La gente empezó a comentar "¡Se te ve muy bien!" o "¡Parece que estás muy feliz últimamente!" El color había vuelto a mi rostro, y el brillo me había vuelto a los ojos. Los actos más simples empezaron a traerme la más intensa satisfacción. La vida era buena.

Fue allí, en las montañas a un par de horas de Viena, que volví a descubrir el ritmo de la vida.

꘎꘎꘎

Cuando regresé de Austria, noté que las dificultades que había experimentado a lo largo de los cuatro años anteriores no eran algo único de mi vida o de mi situación. De hecho, descubrí que muy pocas personas no sufren de problemas idénticos o similares con su estilo de vida.

El mundo está lleno de personas que trabajan demasiado, duermen demasiado poco, nunca hacen ejercicio, comen mal, y están siempre luchando por encontrar, o no encuentran, tiempo para pasar con sus familias. Estamos con una prisa perpetua—corriendo continuamente de una actividad a otra, sin entender bien a dónde está llevándonos toda esta actividad.

Los padres modernos siempre están apurados—corriendo del trabajo a la escuela, a la guardería, al juego de béisbol, al hockey, al ballet, al médico, al supermercado, al centro comercial, a la iglesia . . . Hasta los estudiantes universitarios—viviendo una vida de ocio en todo el sentido de la palabra—siempre están quejándose de lo ocupados que están y de la tensión y la presión a las que están sometidos.

El mundo se encuentra en una prisa horrible; no sé a quién beneficia. ¿A quién beneficia esto? No lo sé. Estamos demasiado ocupados para nuestro propio bien. Necesitamos andar más despacio. Nuestro estilo de vida nos está destruyendo.

Y lo peor de todo es que estamos corriendo hacia el este en busca de una puesta de sol. Sabemos que esto es cierto, pero no sabemos qué hacer al respecto. Todos los días se nos exige cada vez más. Sentimos como si nuestra vida tuviera su propio impulso. Este impulso continúa llevándonos hacia adelante a un paso alarmante . . . pero ¿hacia dónde? . . . ¿con qué objeto?

Toda esta actividad que recarga nuestra vida, ¿está ayudándonos o lastimándonos?

Tenemos más dinero y más opciones, pero menos tiempo. Menos tiempo para hacer las cosas que nutren nuestro bienestar y menos tiempo para pasarlo con aquellas personas que nos llenan de vida.

Lo que hemos alcanzado es evidente. Pero ¿qué hemos perdido? ¿Estamos conscientes del verdadero costo?

No se puede medir el costo de todo en dólares y centavos.

⚜

Al reflexionar sobre el mundo en que vivimos, no es de extrañar que cayera en las trampas que caí.

Vivimos en un mundo obsesionado con el ruido, la velocidad y la actividad. Vivimos en una era plagada por la codicia y la violencia, y estamos paralizados por el temor. El clima de nuestro tiempo es seductor. Los efectos son tan graduales que a penas los notamos de un día a otro, pero con el tiempo, son dramáticos, y hasta devastadores.

Vivimos en un momento difícil, en una época de confusión y de crisis de muchas maneras. No sólo en el sentido personal, sino también desde una perspectiva social y cultural. Creo que cualesquiera soluciones adecuadas para los retos que se nos presentan en el mundo de hoy tienen que ser accesibles y aplicables para todos, dondequiera, sin importar la edad, el color, el credo o la cultura. Más aún, lo factible de estas soluciones tiene que impactar y estar profundamente entrelazada con la vida cotidiana de las personas.

Mi experiencia y mi reflexión me llevan a creer que, en el mundo moderno, uno de nuestros cuatro retos más grandes es el estilo de vida. En el agitado mundo de hoy, con frecuencia nos empujamos hasta el límite—olvidando algunas veces que nuestro cuerpo, nuestro corazón, nuestra mente y nuestro espíritu necesitan tiempo para enfocarse nuevamente y recargarse. Luchando por un estilo de vida balanceado—un estilo de vida que nos permita mantener un estado natural— nos asegurará una salud y un bienestar óptimos.

Necesitamos una nueva manera de vivir. Necesitamos una nueva forma de vida. Nuestros estilos de vida son autodestructivos. Necesitamos una forma de vida que haga resaltar lo mejor de nosotros. Necesitamos una forma de vida que satisfaga nuestras necesidades legítimas. Necesitamos un estilo de vida que nos ayude a convertirnos en la mejor versión de nosotros mismos.

～∞～

El ritmo de la vida es un pasaporte para alcanzar este balance.

El ritmo de la vida es una forma de vida. Es un estilo de vida que integra todas nuestras necesidades legítimas—física, emocional, intelectual y espiritualmente.

El ritmo de la vida es la combinación perfecta de descanso, actividad y paz; nos ennoblece para que nos convirtamos en los individuos únicos que fuimos creados para ser, nos capacita para que nos destaquemos en todo lo que hacemos, y nos fortalece con una cierta claridad mental y con paz en el corazón.

El ritmo de la vida es el antídoto para nuestra ocupada era.

Creo que la vida debe vivirse apasionadamente y que la carga de cada día que ahoga la grandeza del espíritu humano debe ser evitada a toda costa. No desprecio las simples tareas diarias, pero creo que su lugar está en desarrollarnos, no en destruirnos.

Al aventurarnos en este nuevo milenio, el reto que la vida nos presenta a todos es desarrollar un balance entre la actividad y el pensamiento. Mas, particularmente, llenar nuestra vida con acciones que broten de la contemplación y el entendimiento de nuestro propósito esencial.

Mira el mundo. Mírate a ti mismo. Mira tu estilo de vida. Considera estas cosas. Nuestro mundo caótico y nuestra vida compleja están clamando por un poco de orden y simplicidad.

La mayoría de las personas va por la vida dando tropezones, creyendo que un día encontrará el paso de vida y la variedad de actividades que crearán el ritmo de vida que lleva a la salud, a la felicidad, a la eficiencia y a la satisfacción óptimas. No lo encontrarán. El ritmo de vida tiene que ser deseado y creado.

Todos los días tomamos miles de decisiones relacionadas con el estilo de vida. Esas decisiones crean o destruyen el ritmo natural de vida.

La vida no es una carrera de cien metros; es un maratón.

La vida es más que aumentar la velocidad. Más rápido no siempre es mejor, más grande no siempre es mejor, más alto no siempre es mejor. Más no siempre es la solución. La vida no es una competencia para ver quién puede acumular los juguetes más caros. En la vida, las mejores cosas no son cosas—y algunas veces menos es más.

Encuentra tu ritmo . . . y tu vida se inundará de pasión, creatividad y energía.

¿QUÉ PUEDE ENSEÑARNOS LA CREACIÓN SOBRE NOSOTROS?

Hay un ritmo de vida natural. Cada elemento de la creación tiene su propio ritmo único. Las estaciones tienen sus ciclos—la oscuridad, la muerte y el frío del invierno dan lugar al calor, la alegría y la vida nueva de la primavera. El universo encuentra su ritmo a través del tiempo. La oscuridad da lugar a la luz del nuevo día al salir el sol en el este, y después, al final de cada día, la puesta del sol nos rinde al descanso. Las olas chocan en las playas y las mareas suben y bajan, a tono con un ritmo. Todo el proceso del crecimiento, desarrollo y reproducción de las plantas—la fotosíntesis— está centrado en un ritmo. Nuestro corazón late a un ritmo, bombeando nuestra sangre vital alrededor de nuestro cuerpo. Y particularmente, el ritmo es la clave del poderoso papel que el cuerpo de una mujer juega en la reproducción. El ritmo da lugar a la vida. La creación está ordenada por el ritmo. El ritmo es importante.

Todos los elementos de la naturaleza fueron creados en armonía. Al reflexionar sobre las misteriosas realidades de la naturaleza, me recuerdan un plan general supremo. Entonces puedo apreciar el funcionamiento armonioso del universo, como un todo, a pesar del aparente caos. Encuentro consuelo en el ritmo y en la armonía de la naturaleza. A pesar de su aparente complejidad e inmensidad, en la naturaleza hay ritmo, y el ritmo crea la armonía.

Si podemos descubrir el ritmo de nuestra vida, a su vez ese ritmo creará una armonía y un balance que generarán una paz profunda y perdurable. Y es esa paz, el fruto de la armonía, la que da los más altos niveles de una vida efectiva y abundante.

Quizás has oído hablar del rey de la antigüedad quien, tan lleno de orgullo, pensó que podía detener la marea simplemente ordenándoselo. Después de todo, las mareas eran parte de "su reino" y por lo tanto estaban sujetas a sus reglas. Una noche tarde, el rey dio órdenes de que su trono fuera colocado a la orilla del agua durante la bajamar. Temprano a la mañana siguiente, el rey fue a la playa y se sentó en su trono. Justo antes del amanecer, todos sus súbditos empezaron a llenar la playa. Tan pronto como salió el sol subió la marea. El rey le ordenó a la marea que retrocediera, pero su orden fue ignorada. No queriendo que su reputación se dañara, el rey se ahogó ordenando a la marea que retrocediera.

No es posible detener la marea. La naturaleza tiene una fuerza y una persistencia incomparables. La sabiduría consiste en aprovechar la fuerza de nuestra mejor naturaleza trabajando con ella. Lo hacemos descubriendo y adoptando el ritmo de la vida. Si sólo pudiéramos desarrollar un entendimiento de nuestra naturaleza como seres humanos y aprovechar el poder de esa naturaleza trabajando con su fuerza. Es entonces que logros inimaginables serían reconocidos en nuestra vida.

¿Qué grandes lecciones puede enseñarnos la naturaleza sobre nosotros? La naturaleza nos susurra mensajes todos los días: "Grandes cosas se logran poco a poco. Descubre el ritmo de la vida y alínea tu vida con este ritmo. Mientras más lo hagas, más disfrutarás paz y prosperidad".

La verdad de este mensaje se muestra alrededor de nosotros todos los días en miles de formas. Las olas ruedan sobre la orilla, lavando las rocas y la erosión ocurre. Tú no lo ves con la primera ola, ni con la segunda o la tercera, pero con los años te das cuenta de que lenta y constantemente las olas están desgastando la roca. ¿Quién pensaría que el agua sería más fuerte que la roca? La persistencia tiene fuerza. El ritmo de la vida es algo poderoso.

಄ ಄ ಄

Las narraciones de las Escrituras judeo-cristianas acerca de la Creación, ofrecen un profundo entendimiento cuando buscamos comprender nuestro lugar en la Creación. Hay orden en toda la Creación. A pesar del cambio constante, hay orden y consistencia. Todo fue creado en armonía. Este orden y esta armonía son en cierto modo un reflejo de las cualidades personales de Dios. La Creación es un mensaje de Dios. La Creación es una revelación natural. En toda ocasión, la obra de Dios revela algo de Él, y en cada revelación hay una lección para la humanidad.

Dos de los valiosos conceptos que entendemos al leer el recuento de la Creación en el Génesis son el ritmo que Dios quiso para nuestra vida y nuestro lugar en la Creación:

El primer día Dios creó la luz. Separó la luz de la oscuridad y llamó a la luz día, y a la oscuridad noche. Entonces reflexionó sobre Su obra y vio que era buena.

El segundo día, Dios hizo una bóveda para dividir las aguas del cielo de las aguas de la tierra.

El tercer día, creó la tierra seca y la llenó de árboles y plantas, y todo tipo de vegetación. Entonces reflexionó sobre Su obra y vio que era buena.

El cuarto día, colocó luces en los cielos para "dividir el día y la noche" y para "indicar las festividades, los días y los años". Entonces, reflexionó sobre Su obra y vio que era buena. El quinto día llenó el mar y el aire con todo tipo de criaturas. Entonces reflexionó sobre Su obra y vio que era buena. El sexto día, Dios creó los animales de la tierra, al hombre y a la mujer. Entonces reflexionó sobre Su obra y vio que era buena. "Así fueron acabados los cielos y la tierra y todo lo que hay en ellos. Y en el séptimo día Dios terminó la obra que había hecho y descansó de toda la obra que había hecho. Así que Dios bendijo el séptimo día y lo santificó, porque en él Dios descansó de toda la obra que había hecho".

Uno por uno, cada día de la Creación revela otro nivel de la dependencia del ser humano de los otros elementos de la naturaleza. Dependemos del sol para luz y energía. Dependemos del agua.

Dependemos de los árboles para aire fresco, de las plantas y de la vegetación para comida y nutrición.

La humanidad depende de otros elementos de la naturaleza. Tiene sentido que Dios nos creara dependientes de ellos, para que no abusáramos y los destruyéramos. Tal vez la idea en la mente de Dios fue que, si dependíamos de los otros elementos de la naturaleza, los respetaríamos y viviríamos en armonía con ellos.

Quiero llamar la atención hacia dos temas de este relato de la Creación: nuestra dependencia de los otros elementos de la naturaleza y la institución del descanso como un pasatiempo divino.

Con mucha frecuencia las acciones de Dios responden a las necesidades de la humanidad. En el séptimo día Dios descansó. Dios no necesitaba descansar. Sin embargo, lo hizo previendo nuestra necesidad de descanso. Y al prever nuestra necesidad de descanso, estableció el sábado, el séptimo día, como un día santo—para ser reservado para el descanso y la renovación.

Creando el sábado, apartando ese tiempo, Dios proveyó otro medio para restaurar y mantener el ritmo en nuestra vida—el ritmo que restaura el balance, la armonía y la paz intencionados para nosotros.

En la quinta parte discutiremos en detalle el séptimo día como instrumento para crear y mantener el ritmo de la vida.

෴ ෴ ෴

El ritmo de la vida nos lleva a entendernos y a entender nuestro lugar y nuestro papel en la naturaleza más profundamente, fortaleciéndonos para aprovechar nuestras energías naturales.

PRIORIDADES

U na de las ideas extrañas y falsas que son propagadas en el mundo moderno es que una persona importante y exitosa siempre está ocupada. Otra de esas ideas extrañas es que el éxito material es la medida de la grandeza. Muchas personas juzgan a otras, y son juzgadas, según lo ocupadas que están y cuánto dinero ganan. El resultado es que muchas corren frenéticamente de un lado para otro, vestidos con ropa de diseñadores, tratando de aparentar que están ocupados y que ganan mucho dinero—después de todo, ¡éstas son las señales del éxito!

El costo de tal estilo de vida es la pérdida de la consistencia y del ritmo necesarios en nuestra vida. Con frecuencia, el costo de este tipo de éxito es la pérdida de nuestro propio ser—nuestros más verdaderos y profundos deseos, talentos, sueños, necesidades y su necesaria búsqueda—o el fracaso al tratar de encontrarlo. Lamentablemente, con nuestra atención puesta tan firmemente en estas otras cosas menos importantes, casi intrascendentes, muchos de nosotros ignoramos completamentemos lo que hemos perdido o nos falta.

Necesitamos dedicarnos a nuestro desarrollo como personas—cuerpo, corazón, mente y alma. Nada es más importante en la vida. Yo lo sé y tú lo sabes, pero dejamos que las cosas que hacemos se interpongan en el camino. Nos dejamos llevar por el "hacer". Nos enfocamos exclusivamente en las cosas que necesitamos hacer. La vida se trata de ser y convertirse. Tenemos que recordar continuamente que no hay nada más importante que nuestro desarrollo como seres humanos.

Yo pensaba que estaba ocupado, pero entonces conocí a una o dos personas que estaban realmente ocupadas. Lo que aprendí de estas personas quienes en realidad tenían una enorme cantidad de trabajo y responsabilidad, es que tienen orden. Tienen un ritmo.

Saben cuáles son sus prioridades y se resisten a sacrificar su salud—física, emocional, intelectual o espiritual— simplemente por un par de horas de trabajo extra o unos pocos dólares más.

El ritmo y el orden crean armonía y eficiencia.

✽ ✽ ✽

Por supuesto, vivimos en una época marcada por un tremendo avance tecnológico. Disponemos de todos los dispositivos posibles para ahorrar tiempo, y así y todo nadie tiene tiempo.

Cada mañana mi asistente me presenta una lista de cosas que él piensa que deben ser atendidas ese día. La lista incluye llamadas telefónicas que hay que hacer, cartas que hay que escribir, reuniones a las que hay que asistir y mi programa de viajes. Además de todas esas cosas, necesito apartar tiempo para orar, escribir, hacer ejercicio y mantenerme en contacto con familiares y amigos. Todos los días examino la lista y digo a alguna de esas cosas: "No voy a tener tiempo para esto hoy". En sí mismo, eso está bien. Nadie puede hacerlo todo. Lo que es crítico es lo que decido excluir y por qué decido excluirlo. ¿Cuándo fue la última vez que dijiste "¡No tengo tiempo!", ya sea a una idea en tu mente o a una persona? ¿Qué era eso que no tenías tiempo para hacer? Para la mayoría de las personas es algo como pasar tiempo con la familia, o hacer tiempo para ver a una vieja amiga y asegurarse de que la vida no la trata con demasiada dureza. Para otras es hacer ejercicio, o tomarse ese tiempo extra para comer adecuadamente. Y en uno u otro momento, para todos nosotros, es la oración. Sin embargo, si Dios se te apareciera ahora mismo en una visión y te dijera que en tres semanas estarías yendo de esta vida a la otra, ¿Correrías de regreso a trabajar para hacer tus millones? ¿Irías corriendo al centro comercial para asegurarte de que tenías la ropa apropiada para morir? No. La mayoría de nosotros pasaría tiempo con familiares y amigos y, de alguna manera, trataría de prepararse para ese viaje a la otra vida.

No sabemos cuánto va a durar nuestra vida en esta tierra. Algunas cosas son más importantes que otras. La oración, la reflexión, la meditación y una vida con ritmo nos recuerdan esta verdad y nos ayudan a mantenernos enfocados en las cosas que son realmente importantes.

꘎ ꘎ ꘎

He encontrado muchas cosas en mi vida. De niño, una vez encontré una hermosa pelota de fútbol en el parque que había cerca de nuestra casa en Sidney. Cuando llegué a casa con la pelota, mi madre me preguntó de dónde la había sacado. Yo le dije, que la había encontrado. Ella me preguntó "¿Dónde la encontraste?" y yo le dije "En el parque". Entonces ella me dijo "¿Pensaste que alguien puede volver por ella o que la persona que la perdió está muy triste ahora?" Hizo una pausa y continuó, "¿Cómo te sentirías si fuera tu pelota de fútbol y la hubieras perdido?"

Me senté en un sillón verde enorme que estaba en la esquina del comedor con la pelota sujeta contra mi pecho mientras pasaban unos minutos de ese silencio mortal—el silencio que, aún siendo niño, sabes que significa que has hecho algo que no está del todo bien. Mi madre siguió con sus quehaceres en la cocina, preparando la cena, y entonces sabiendo que me había dado suficiente tiempo para pensar en la situación, dijo "Creo que debes llevar la pelota de nuevo al parque ahora y dejarla donde la encontraste".

Después de eso encontré otras cosas. Un día encontré un reloj, y una vez encontré $50 en un carnaval. Pero nunca he encontrado tiempo. Simplemente nunca pasa. Algunas veces la gente nos pregunta "¿Cuándo vas a hacer esto?" o "¿Cuándo vas a hacer aquello?" He descubierto que cuando mi respuesta es "¡Cuando encuentre tiempo!" nunca las hago. Nunca encuentro ese tiempo. Aun de niño aprendí rápidamente que desde el momento en que nacemos a esta vida y somos puestos en este planeta, hay más que hacer que lo que jamás se podrá hacer, más que ver que lo que jamás se podrá ver, y si algo es importante, tenemos que hacer tiempo.

Tenemos que decidir qué es realmente importante, realmente necesario, hacerlo una prioridad, y hacer tiempo. De otro modo, el llamado de la sirena del mundo nos mantendrá ocupados y distraídos de lo que es realmente importante. ¿Qué es lo que realmente cuenta?

Hay una corta oración que me gusta decir a menudo durante el día, particularmente en momentos en que estoy ocupado: "Señor, ayúdame a ver que hay unas pocas cosas que son realmente importantes, y a por lo menos ocuparme de ellas primero".

Nuestras prioridades no deben estar basadas en una meta material. Más bien debemos utilizar nuestro tiempo y nuestros talentos para desarrollar toda nuestra persona. Nuestro desarrollo propio debe ser la prioridad máxima. Cuando estamos plenamente vivos, en todos los aspectos, luchando por alcanzar la perfección, experimentamos la profunda alegría de la vida.

Encontrar el ritmo de la vida se trata en general de volver a evaluar nuestras prioridades y redistribuir nuestros recursos y nuestras energías de acuerdo con esas nuevas prioridades. El resultado es la persona íntegra, una persona completamente viva, luchando por crecer, desarrollarse y perfeccionar los diversos aspectos del carácter.

⁓ ⁓ ⁓

Había una vez un banquero especializado en inversiones. Vivía en la ciudad de Nueva York, era sumamente exitoso y ganaba un dineral. Pero su vida era ocupada, ruidosa y muy tensa.

Así que una vez al año, dejaba la ciudad y viajaba a un pequeño pueblo costero en México. Durante dos semanas descansaba, se relajaba y se daba la oportunidad de rejuvenecer.

Un día estaba parado en el muelle justo antes del almuerzo, contemplando el mar, cuando notó un pequeño bote de pesca viniendo hacia el muelle. Pensó que eso era un poco raro, porque la mayoría de los pescadores se quedaba en altamar hasta bien entrada la tarde para pescar lo más posible antes de volver y preparar el pescado para venderlo en el mercado.

La curiosidad lo venció. De modo que caminó hasta donde el bote iba a atracar al muelle. Mirando dentro del bote, sólo vio a un pescador y varios atunes grandes de aleta amarilla.

"¿Cuánto tiempo le tomó pescar esos atunes?", le dijo al pescador.

"No mucho", contestó con una sonrisa el pescador.

"¿Hay algo malo con su bote?", preguntó el americano.

"No", dijo el pescador. "En trece años nunca he tenido un problema con el bote".

El americano estaba un poco perplejo, por lo que le preguntó al pescador "¿Por qué no se queda más tiempo y así pesca más?"

El pescador sonrió de nuevo y dijo "Tengo suficiente para las necesidades inmediatas de mi familia. Podemos comer algunos de estos pescados y los otros podemos venderlos o cambiarlos por otras cosas que necesitemos".

"Pero si ni siquiera es la hora del almuerzo. ¿Qué hace con el resto del tiempo?"

"Por la mañana", explicó el pescador, "me gusta dormir hasta tarde. Cuando me despierto, pesco un poco, mayormente por el placer de pescar. Por la tarde juego con mis hijos y duermo la siesta con mi esposa. Por la noche ceno con mi familia. Y después, cuando nuestros hijos se han dormido, doy un paseo en el pueblo donde tomo vino y toco la guitarra con mis amigos".

El americano se burló y dijo "Yo tengo una maestría en negocios de Harvard y lo puedo ayudar".

El pescador, estaba un poco escéptico, pero de todas formas dio las gracias y preguntó "¿Cómo?"

"Usted debe pescar más tiempo cada día", aconsejó el americano, "hasta bien entrada la tarde. De esta manera pescará más, hará más dinero y podrá comprar un bote más grande. Con el bote más grande pescará todavía más, hará aún más dinero, y podrá comprar otro bote y contratar a otro hombre para que trabaje en el segundo bote".

"¿Pero entonces qué?", preguntó el pescador.

"Ah, sólo estamos empezando", replicó el americano. "Con dos botes, pescará más pesca y hará más dinero, y antes de que se dé cuenta, tendrá toda una flota de barcos y todos los hombres del pueblo vendrán a pedirle trabajo.

"Pero, ¿entonces qué?", preguntó el pescador.

"En poco tiempo, podrá suprimir a los intermediarios y le venderá su pescado directamente a las fábricas de enlatados y hará aún más dinero. A medida que su flota de botes se expanda, podrá construir su propia fábrica de enlatados. Y antes de que se dé cuenta, podrá irse de este pequeño pueblo costero, mudarse a la ciudad de México, y administrar su creciente empresa".

"Pero, ¿entonces qué?, insistió el pescador.

"Bueno, entonces usted puede empezar a enviar su producto a distintas partes del mundo. A Asia y a Australia, y a Norte América. Y a medida que la demanda de su pescado crezca, podrá irse de la ciudad de México, mudarse a Los Ángeles, abrir una planta de distribución allí y comenzar a enviar su pescado a Europa y a todos los rincones del globo".

"¿Y entonces qué?, preguntó el pescador nuevamete.

El americano continuó, "Para entonces, su negocio será una de las grandes empresas de la industria pesquera. Podrá mudarse a la ciudad de Nueva York y administrar su imperio desde el epicentro del mundo de los negocios".

"¿Cuánto tomará todo esto?", preguntó el pescador.

"Veinticinco, tal vez treinta años", explicó el banquero.

"Pero ¿qué haré entonces?", preguntó el pescador.

Los ojos del americano se encendieron como un árbol de Navidad. "Esa es la mejor parte", dijo. "Cuando sea el momento adecuado, podrá ir a Wall Street, registrar su negocio como una compañía pública, ofrecer un IPO / Oferta Pública Inicial y ganar millones y millones de dólares".

"¿Millones?", preguntó el pescador.

"Más dinero del que usted jamás soñó que podría ganar en diez vidas", explicó el americano.

"Pero ¿entonces qué?", preguntó el pescador.

El americano no supo qué decir. Había llegado a su punto culminante No tenía una respuesta. Pero entonces, un pensamiento le cruzó por la mente y provocó una idea, y una vez más se volvió hacia el pescador y habló.

"Bueno, entonces puede mudarse a un pequeño pueblo costero. ... Puede dormir hasta tarde. ... Puede pescar sólo por el placer de pescar. ... Por la tarde puede dormir una *siesta* con su esposa. ... Por la noche puede cenar con su familia ... y entonces puede dar un paseo al centro del pueblo y tomar vino y tocar la guitarra con sus amigos . . ."

Sincronización

⌇

Una de las grandes pasiones de mi niñez era el golf, y aunque
en estos días no tengo muchas oportunidades para jugar, lo
que aprendí en el campo de golf durante mi adolescencia ha
tenido un impacto duradero sobre mi vida. Ese conocimiento
parece tener nuevas aplicaciones constantemente.
El golf se parece mucho a la vida. Si eres golfista, sabes lo
que quiero decir. Si no, probablemente vas a pensar que soy
otro fanático deportivo obsesionado. Pero déjame explicar.
Nunca se puede tener una ronda de golf perfecta. Siempre hay
ese tiro que hubieras podido hacer llegar más lejos o más recto.
El secreto para el golf exitoso es tiempo, sincronización y ritmo.
Cuando un tiro no sale exactamente como deseas, tienes que
controlar la decepción y la frustración. De otro modo, afectará
tu próximo tiro. La frustración te pondrá más tenso y querrás
darle a la pelota un poco más duro, así que te balancearás un
poco más rápido—y tu ritmo se habrá perdido.
Balancearse más rápido no hace que la pelota vaya
más lejos.

190 DESCUBRIENDO EL RITMO DE LA VIDA

De la misma manera, cuando haces un gran tiro, tienes que controlar el entusiasmo. De otro modo, en la euforia puede ser que camines un poco más rápido, lo que hará que tu corazón lata un poco más rápido, lo cual afectará la sincronización de tu balanceo—y de nuevo, tu ritmo se habrá perdido.

Algunas tardes, al reflexionar sobre el día que acaba de terminar, me doy cuenta de que he pasado todo el día apurado. Miro a lo que he logrado en el día, y con frecuencia llego a la conclusión de que en realidad no necesitaba apurarme tanto. Toda la prisa no ayudó.

Un pequeño ejemplo son mis viajes rutinarios al Aeropuerto Internacional de Pittsburg. A lo largo del año, voy al aeropuerto más o menos una vez a la semana. Desde mi casa en el sureste de Ohio al aeropuerto hay treinta y dos millas. Si manejo a la velocidad máxima, que es cincuenta y cinco millas por hora, me tomaría treinta y cinco minutos. Si manejo a setenta millas por hora, corro el riesgo de que me pongan una multa, de experimentar la ansiedad que causa la posibilidad de que me hagan detenerme al lado de la carretera, y de tener un accidente exponiéndome y exponiendo a quienes viajan conmigo al peligro que eso envuelve; y todo eso para llegar al aeropuerto en veintiocho minutos—¡siete minutos antes!

Si en cierta situación el ritmo va a ser sacrificado, asegúrate de que sea una decisión tomada por ti y no que te hayan forzado a tomarla.

En este mundo que está siempre corriendo, tenemos que aprender a andar despacio. Tenemos que aprender a crear nuestro propio paso. Debemos aprender a controlar—y mantener—el ritmo de nuestra vida. Siempre he disfrutado caminar. Para mí, es un momento para pensar en lo que está pasando en mi vida. Recientemente, he estado tratando de caminar como un hombre que no tiene una preocupación o un cuidado en el mundo. Empiezo a caminar como lo he hecho por años, normalmente bastante rápido, con pensamientos pasando rápidamente a través de mi mente uno tras otro. A medida que cada asunto surge, me enfoco en él y decido si he hecho o no todo lo que puedo referente a ese asunto. Si descubro que lo he hecho, abandono la situación. Si decido que no he hecho todo lo que debo, resuelvo hacerlo y entonces abandono la situación. Después paso al asunto siguiente y hago lo mismo con todos los asuntos importantes en mi vida ese día. A medida que pasa el tiempo que dedico a caminar, siento que la carga de estos distintos asuntos ya no pesa sobre mis hombros, me encuentro yendo despacio a un buen paso firme y apacible. Empiezo a caminar con un ritmo. A ese ritmo encuentro un corazón apacible, una mente tranquila y un espíritu descansado. Aprende a caminar como una persona que no tiene una preocupación en el mundo.

Cuando estamos en contacto con el ritmo de la vida, podemos pensar en nuestra vida a medida que la vivimos, más bien que como una idea de último momento o algo que sentimos. Es bueno para el alma vivir la vida reflexivamente.

En un campo de golf, como en la vida, con frecuencia te encuentras en lugares y situaciones en los que preferirías no estar. Tanto en el golf como en la vida, simplemente tienes que tratar de salir de ellos lo mejor que puedas. El golf es un juego de pensar—no se trata de fuerza o resistencia. Muchos tienen el talento para hacer grandes lanzamientos—pero hacerlo consistentemente y con frecuencia requiere cierta fortaleza mental, y fuerza y enfoque psicológicos. Para tener éxito en el juego de golf tienes que ser un pensador. Nadie puede enfocar su mente durante cinco horas continuas. El arte del golf consiste en poder enfocar tu mente en el lanzamiento y relajar tu mente entre lanzamientos. Lo mismo es cierto con la vida. Muchas personas han sido dotadas de una manera extraordinaria; muy pocas usan sus dones al máximo. Los logros máximos son el fruto del enfoque disciplinado, selectivo y concentrado. Una vida vivida reflexivamente es una vida vivida efectivamente. Anda despacio para encontrar el ritmo de la vida. Mantén el ritmo en tu vida y disfruta la armonía que produce. Una vez que descubras esa paz en lo profundo de tu interior, protégela a toda costa. Porque sólo esta paz es felicidad, satisfacción, alegría, placer y una señal segura de que estás evolucionando en un ser glorioso. La reflexión crea dirección y paz interior. El ritmo de la vida nos permite mantener esa paz interior aún en medio de la confusión del mundo de hoy.

≪♂ ≪♂ ≪♂

Yo creo que Dios es nuestro Padre. Creo que tiene planes maravillosos para Sus hijos. A través de la historia, tan pronto han surgido nuestras necesidades, Él ha respondido a ellas. Desde el principio, todo lo que Él ha creado lo ha creado con armonía y orden. Desde entonces, Sus dones han sido tales que nos ayudan y nos alientan a restablecer y mantener este orden en nuestra vida. Los dones de Dios le dan ritmo a nuestra vida. Es este ritmo, el ritmo de la vida el que ata al cielo con la tierra, al hombre con la naturaleza, a lo humano con lo Divino juntos en armonía, cumpliendo las palabras tan frecuentemente pronunciadas: "Hágase tu voluntad, en la tierra como en el cielo".

¿Crees en la teoría del Big Bang? ¿La idea de que toda la belleza, la maravilla, y la complejidad de la naturaleza que te rodea, es el resultado de una explosión ininteligible causada por una mezcla aleatoria de sustancias químicas? ¿No? Yo tampoco. Entonces, ¿Por qué aplicamos esta teoría a nuestra vida?

Por otra parte, tal vez creas que Dios creó el mundo, y el universo, y de hecho todas las cosas, y que las creó de una manera ordenada con armonía y ritmo. ¿Por qué no aplicamos esta verdad a nuestra vida?

Empecemos a vivir lo que creemos. Descubramos el ritmo de la vida.

QUINTA PARTE

TODO SE TRATA DE LA ENERGÍA

Nuestro Recurso
Más Valioso

⁙

No necesitamos más tiempo; necesitamos más energía. ¡Enfrentémoslo! El día tiene veinticuatro horas. Nadie tiene más, y nadie tiene menos. No importa cuánto dinero tengas, o quién sea tu padre, o lo bien que puedes darle una patada a un balón de fútbol. Todo lo que tienes es veinticuatro horas. Probablemente ésta sea la única forma en que la igualdad de la que tanto hablamos existe.

El factor que hace la diferencia es la energía.

La energía es nuestro recurso más valioso, no el tiempo.

Por demasiado tiempo hemos estado suscritos a mitos. La tensión es mala. La inactividad es una pérdida de tiempo. El dinero impulsa el rendimiento. Entre muchos otros.

La tensión no es mala. Lo malo es estar tenso todo el tiempo. La inactividad no es una pérdida de tiempo. Demasiada inactividad es una pérdida de vida. El dinero no impulsa el rendimiento. La pasión y el propósito impulsan el rendimiento.

La energía se crea mediante una sensación de propósito y un estilo de vida que integre nuestras necesidades legítimas, nuestros deseos más profundos y nuestros talentos.

Nuestro propósito es convertirnos en la mejor versión de nosotros mismos. El ritmo de la vida es el modo de vida que armoniza nuestras necesidades, deseos y talentos. El resultado: pasión y energía.

La vida es gastar y reponer energía.

¿En qué nivel se encuentra tu energía?

El primer nivel: deprimido, exhausto, agotado y derrotado.

El segundo nivel: enojado, temeroso, ansioso, a la defensiva, y resentido.

El tercer nivel: apacible y sereno.

El cuarto nivel: confiado, alegre, entusiasta y vigorizado.

No puedes tener más tiempo, pero puedes tener más energía.

Es hora de que le des rienda suelta al factor de la energía en tu vida.

¿Cómo? Con tres instrumentos sencillos pero poderosos.

CREANDO EL RITMO

Aún ahora, varios años después de mi lucha con la fatiga crónica, todavía es un reto mantener el ritmo en mi propia vida. Algunos días estoy a la altura del reto, y cuando lo hago me siento más lleno de vida y soy una mejor persona. Otros días caigo en las mismas trampas viejas. Es entonces que me siento cansado y frustrado. Cuando me sucede, trato de aprender de mis defectos para evitar obstáculos similares en el futuro.

Cada uno de nosotros tiene que encontrar su propio ritmo. El ritmo que nos permita prosperar.

Encontrar el ritmo en nuestra vida es difícil. Para crear el ritmo de la vida, primero tenemos que confirmar en nuestro corazón y en nuestra mente que el ritmo es aconsejable. Una vez que deseemos el ritmo, usaremos nuestras actividades diarias para satisfacer ese deseo. El deseo es el gran motivador.

El ritmo de la vida asegura nuestra salud y nuestro bienestar —físico, emocional, intelectual y espiritual—creando un estilo de vida que satisfaga nuestras necesidades legítimas en cada una de estas cuatro áreas.

El ritmo de la vida maximiza nuestra eficiencia y nuestra efectividad en todo lo que hacemos.

El ritmo de la vida sienta las bases naturales para que alcancemos nuestros sueños y logros más grandes, más allá hasta de lo que nos hemos atrevido a soñar.

El ritmo de la vida lleva a la satisfacción de los deseos más profundos de nuestro corazón, lo cual es el cumplimiento de la voluntad de Dios. Los frutos de esto sólo son la paz, la alegría, la felicidad y una mayor capacidad para amar y para ser amado.

El ritmo de la vida es aconsejable.

Nuestra vida es la expresión material de nuestros deseos. El deseo es el semillero del cual nace todo en nuestra vida—lo bueno y lo malo, lo enriquecedor y lo destructivo.

Si puedes enseñarte, acondicionarte, para desear aquellas cosas que son buenas para ti, no hay nada que no puedas lograr o en lo que no te puedas convertir.

El deseo es una de las grandes fuerzas que obran dentro del ser humano.

¿Cómo nos acondicionamos para desear cosas que sean las mejores para nosotros? Deseamos las cosas que ponderamos. Deseamos las cosas que vemos todos los días.

La televisión es el ejemplo perfecto. El estímulo audiovisual combinado nos impacta poderosamente. Respondemos a las imágenes en la pantalla con deseos. ¿Qué pasa cuando ves algo que te gusta en la televisión? Lo quieres. En su libro titulado, *The Overspent American / El Americano que gastó demasiado*, Juliet Schor describe una encuesta que realizó en 1998. La investigación de la Srta. Schor reveló que por cada hora de televisión que veía semanalmente, el gasto del consumidor aumentaba $208 al año.

Deseamos las cosas sobre las que reflexionamos, las que mantenemos en nuestra mente y, como tal, la televisión es una forma de ponderar. La televisión impulsa las aspiraciones del consumidor, no sólo mediante los anuncios comerciales, sino a través de la ropa elegante que usan los actores y los lujosos escenarios de muchos de los espectáculos.

Los grandes campeones deportivos ponderan y desean la victoria. Los grandes empresarios ponderan y desean la riqueza económica. Los grandes santos ponderan y desean la intimidad con Dios.

Si empiezas a ponderar las cosas que son buenas para ti, empezarás a desearlas. Si empiezas a desearlas pronto empezarás a conseguirlas.

LOS TRES INSTRUMENTOS

⚬══✦══⚬

Deseo compartir contigo los tres instrumentos que me permitieron escapar y recuperarme de ese período difícil en mi vida cuando estuve tan exhausto, abrumado, deprimido y confundido. Mi experiencia en Austria me permitió afianzar mi vida en estos tres sencillos instrumentos. El primer instrumento consiste en dormir con regularidad. El segundo tiene que ver con la oración y la reflexión. El tercero profundiza en la antigua tradición del séptimo día como día de descanso, reflexión y renovación.

Estos tres instrumentos impactan la misma base filosófica de nuestra vida mientras que al mismo tiempo están arraigados en nuestras actividades día a día. No hay reglas ni normas. No nos roban nuestra individualidad, sino más bien nos ayudan a descubrir quiénes somos realmente y nos alientan a convertirnos en campeones de la individualidad.

Los instrumentos hacen brillar la luz de la sabiduría en los lugares más profundos de nuestro corazón, de nuestra mente, de nuestro cuerpo y de nuestro espíritu, revelándonos todas nuestras fortalezas y debilidades. Nos alientan a mirar las distintas áreas de nuestra vida y a examinar diferentes aspectos de nosotros mismos—a observar las maneras en que respondemos a ciertos eventos, actividades, personas y circunstancias.

Así, logramos obtener el conocimiento de nosotros mismos del que tanto hemos hablado. Con este conocimiento estamos en posición de entender nuestras únicas necesidades legítimas en cada una de las cuatro áreas—física, emocional, intelectual y espiritual.

Por lo tanto, los tres instrumentos sientan la base para que estas necesidades sean satisfechas. El resultado es un hombre completamente en armonía con sí mismo, una mujer completamente en armonía con ella misma. Esta armonía producida por el ritmo de la vida aumenta nuestra efectividad en el trabajo, nos hace estar más presentes en nuestras relaciones y nos apodera con una presencia y un enfoque espiritual—todo lo cual genera esa paz profunda y perdurable, una alegría y una satisfacción inexpresables y una sensación de realización que arde en nosotros, encendiendo un entusiasmo y una pasión por la vida.

EL SUEÑO: LA BASE
DE LA ENERGÍA

Tus objetivos y tus aspiraciones pueden residir en las esferas superiores de la vida intelectual. Tus sueños y tus metas pueden residir en el campo espiritual a un nivel más elevado que las cumbres más altas de este mundo. Mas no importa lo altas, nobles y espirituales que tus aspiraciones puedan ser, tienes que edificarlas sobre bases naturales. En el ser humano, esas bases consisten en el bienestar físico.

¿Has estado desempleado alguna vez? ¿Has vivido alguna vez con alguien que haya estado desempleado? ¿Qué pasa? ¿Qué cambia? La mayoría de las personas sufre un agudo golpe en su autoestima, lo cual produce depresión en una u otra forma. Un síntoma clásico de esta depresión es que—cuando no tienen que salir de la cama—no lo hacen. Con frecuencia, cuando las personas pierden su trabajo, tienden a caer en el hábito de dormir mucho. Después de un tiempo, se afeitan un día sí y otro no, entonces cada dos días, y cuando por fin salen de la cama, van a la tienda cercana a comprar el periódico y buscan empleos disponibles. Pero a la hora en que llaman sobre los trabajos, es temprano en la tarde—quizás tarde en la tarde—y los trabajos ya han sido tomados. Pronto, se afeitan solamente cuando tienen una entrevista de trabajo, que es casi nunca, porque no se levantan suficientemente temprano para hacer las llamadas a tiempo.

Caen en un ritmo de vida, un ritmo que los atrapa y los hace caer en un círculo vicioso que no los lleva a parte alguna.

Este ritmo de vida no les da energía, ni hace que surja lo mejor en ellas; más bien, les desgasta la energía y las priva de alcanzar algo que valga la pena. Este ritmo de vida que las ha secuestrado no contribuye a la satisfacción de sus legítimas necesidades físicas, emocionales, intelectuales o espirituales. Este ritmo de vida que han adoptado es autodestructivo.

Este ciclo vicioso existe de una u otra forma en la vida de todos y cada uno de nosotros. Nos vemos atrapados en ciertos patrones de conducta que son autodestructivos, en un ritmo de vida que no se ocupa de nuestras legítimas necesidades, un estilo de vida que no enriquece ni satisface.

¿Está destruyéndote tu estilo de vida?

ഹ ഹ ഹ

¿Cómo nos escapamos de estos ciclos viciosos? Poco a poco. Las pequeñas victorias son la clave. Si decides convertirte en un corredor de maratones, no sales y tratas de correr un maratón inmediatamente. Empiezas corriendo una milla diaria, después dos, tres, cinco y siete. Con el tiempo te preparas, y a medida que te fortaleces y te desarrollas, extiendes las distancias. Al fortalecerte y desarrollarte vas aumentando las distancias. Muchas victorias son ganadas antes de la primera carrera de un corredor de maratones.

¿Puedes hacer cien abdominales? Si no tienes el hábito de hacer abdominales con regularidad, probablemente piensas que es imposible hacer cien consecutivamente ahora mismo.

Pero si hoy empiezas haciendo veinte cada día durante una semana, después treinta cada día por una semana, y así sucesivamente, en poco tiempo podrás hacer cien—y lo imposible se habrá hecho posible. Esa es la grandeza del espíritu humano—hacer conocido lo desconocido, hacer posible lo imposible. Pequeñas victorias, una tras otra, son las que hacen a todo gran campeón.

Estas pequeñas victorias crean la fortaleza y la confianza. La victoria por encima de veinte abdominales crea la fortaleza, el valor y la confianza para alcanzar la victoria de hacer treinta abdominales la semana siguiente. Si, por otra parte, trataste de hacer cien abdominales cada día, el primer día te detuviste después de dieciocho, el segundo día después de veintiuno, el tercer día después de veinticinco, y el cuarto día después de veintiséis. Después de una semana, la mayoría de las personas se desalentaría tanto por fallar una y otra vez, que renunciaría.

Fija metas que te expandan, pero que no te quiebren.

De la misma manera que estas pequeñas victorias crean fortaleza, confianza y valor en los atletas, pueden hacer lo mismo por nosotros en todas las áreas de nuestras vidas. Ya sea en nuestros trabajos profesionales, en nuestras relaciones o en nuestras prácticas espirituales.

Una gran parte del éxito en cualquier cosa es la victoria. El éxito se trata mayormente de la victoria sobre nosotros mismos. Alcanzar esas victorias habitual y repetidamente produce la cualidad de la autodisciplina en el carácter de una persona. Esta autodisciplina es el ideal fundamental de todas las grandes naciones y religiones de la historia. Es el padre de la libertad y la base de la nación, la cultura y el sueño que llamamos Estados Unidos.

Si le das a elegir a tu cuerpo, siempre tomará el camino fácil. Tu cuerpo miente. Te dice que no puede cuando puede.

¿Cómo se convirtió Michael Johnson en el hombre más rápido del mundo? ¿Corriendo cuando sentía el deseo de correr? No. Michael Johnson le dice a su cuerpo qué es lo que puede y lo que no puede sentir y cuándo puede y no puede sentirlo. Su éxito viene de su dominio sobre su cuerpo. Sus facultades superiores—su intelecto, voluntad y espíritu—reinan sobre sus facultades inferiores—sus instintos corporales. Cada vez que su cuerpo dice "No puedo", él lo empuja un poco más allá. El cuerpo tiene una capacidad natural para aumentar su fuerza y sus habilidades. El corazón, la mente y el espíritu están equipados con la misma capacidad natural.

André Agassi y Serena Williams ¿Le dan a las pelotas de tenis sólo cuando sienten el deseo de hacerlo? ¿Logró Bill Gates lo que tiene durmiendo hasta la una de la tarde? ¿Practica Emmitt Smith sólo cuando está de humor para hacerlo? ¿Hizo Abraham Lincoln sólo las cosas que sentía deseos de hacer? ¿Crees que la Madre Teresa siempre sentía deseos de cuidar a los más pobres entre los pobres?

Una cosa sí es cierta. Si sólo haces lo que sientes deseos de hacer, tu vida será infeliz y tú serás un fracaso.

ھھ ھھ ھھ

La victoria sobre nuestro ser lleva a niveles siempre crecientes de logros en cualquier campo. Cada día, nuestra primera oportunidad para obtener victorias es cuando suena el despertador y es hora de salir de la cama. Esta es la primera victoria del día. La mayoría de las personas, cuando se despiertan, preferirían quedarse en la cama un poco más. El cuerpo clama "¡Sólo diez minutitos más!"

¿Quién es el que manda? ¿Tus facultades inferiores— instintos corporales—o tus facultades superiores—intelecto, voluntad y espíritu? ¿Haces lo que tu cuerpo te dice que hagas, o tu cuerpo hace lo que tú le dices que haga?

Si tus sueños, tus metas y tus propósitos no son suficientes para inspirarte a salir de la cama por la mañana, entonces necesitas volver a pensar sobre tus sueños, tus aspiraciones y tus propósitos. Sal de la cama. Aprovecha el día desde el primer momento. Logra esa primera victoria. Mírala como una victoria. Afírmala como una victoria. La victoria alienta el espíritu humano a elevarse más alto. Las pequeñas victorias son las mentoras de las grandes victorias. El espíritu humano responde a la victoria. La victoria eleva el espíritu humano. Tenemos que aprender a encontrar la victoria en todo, hasta en la derrota.

EL PRIMER INSTRUMENTO

⌒═◆═⌒

El primer instrumento para crear el ritmo de la vida es el sueño: la base de la energía. Suena engañosamente simple. En la segunda parte iniciamos nuestra investigación acerca de las legítimas necesidades físicas con una corta discusión sobre nuestra necesidad de alimentos. Si no comemos, moriremos. Poseemos una legítima necesidad de comer y beber. Nuestras legítimas necesidades son esas actividades y cosas que son necesarias para sobrevivir y que nos permiten maximizar nuestra salud y nuestro bienestar. Estas necesidades son una parte intencionada del plan divino. El sueño es también una de nuestras legítimas necesidades físicas. Si no duermes, con el tiempo te volverás delirante, y finalmente, en un extenso período de tiempo, la privación profunda del sueño te llevará a la locura. Si te obligaran a mantenerte despierto un tiempo suficientemente largo, morirías.

En los últimos veinte años, la popularidad de los estudios sobre el sueño ha aumentado considerablemente. Estos estudios han buscado descubrir cuándo, por cuánto tiempo y dónde debemos dormir para mantener una salud y un bienestar óptimos.

210 TODO SE TRATA DE LA ENERGÍA

Para aplicar el primer instrumento a nuestra vida, primero tenemos que hacernos estas preguntas: "¿Cuándo duermo?", "¿Por cuánto tiempo duermo?", "¿Dónde duermo?", "¿Cómo duermo?" Mas, antes, tenemos que hacer la pregunta que los filósofos, los científicos y los niños se han estado haciendo desde el principio de la historia de la humanidad: "¿Por qué?" "¿Por qué dormimos?" La respuesta común a esta pregunta es "Dormimos porque tenemos que dormir". Esto es cierto. Tenemos que dormir. Dormir es esencial para sobrevivir. Sin embargo, esta respuesta solamente muestra una actitud frente al sueño. No responde la pregunta.

Dormimos para ser renovados. El sueño nos refresca, nos energiza. Nuestro sueño trae descanso, renovación y energía no sólo a nuestro cuerpo, sino también a nuestro corazón, a nuestra mente y a nuestro espíritu. El sueño nos cura de las tensiones de la vida diaria. Cuando lo vemos desde esta perspectiva tan positiva, y conscientemente la enfocamos con estas cosas en mente, maximizamos los efectos del sueño.

Vivir de manera consciente maximiza el enriquecimiento de toda actividad y de toda experiencia en nuestra vida. Vivir conscientemente significa simplemente saber lo que estás haciendo mientras estás haciéndolo.

Cuando enfocamos el sueño como algo que tenemos que hacer, o como una carga y una limitación, reducimos los efectos refrescantes, renovadores y energizantes que el sueño tiene sobre nuestro cuerpo, sobre nuestro corazón, sobre nuestra mente y sobre nuestro espíritu.

Ahora, por unos momentos, haz una pausa y reflexiona sobre tu actitud hacia el sueño. Sacarás muy poco provecho de esta discusión a menos que des este paso importante y por tanto puedas hacerte las otras preguntas: "¿Cuándo, dónde y cómo duermo?" Muchos de nosotros no podremos responder inmediatamente. Para hacerlo tenemos que buscar ese conocimiento de nosotros mismos tan importante.

ᔪ ᔪ ᔪ

El asunto más importante referente al sueño es cuándo dormir. ¿Por qué tantas personas sienten que no duermen lo suficiente? Personas con toda clase de hábitos de dormir parecen querer más. El asunto no es la cantidad sino más bien la calidad de nuestro sueño. Puedes pensar que dormir es dormir. Sin embargo, numerosos estudios han revelado que las personas que duermen a la misma hora todas las noches son considerablemente más saludables que las que no lo hacen. La incidencia de la depresión también es significativamente más baja en las personas que duermen a horas regulares.

Implementar el primer instrumento en nuestra vida, para poder salir de la cama frescos y llenos de energía por la mañana, requiere alguna preparación. De nuevo, esta preparación requiere que nos conozcamos. Si sabes que necesitas salir de la cama a las siete de la mañana para prepararte con calma y apaciblemente para tu día, y si también sabes que si no duermes siete horas te vuelves irritable e infeliz, entonces sé justo contigo mismo. Sé bueno contigo mismo y utiliza tu conocimiento. Vivir de acuerdo a lo que sabes de ti mismo es poderoso. Asegúrate de estar en la cama a la medianoche, sin importar qué problemas surjan—programas, tensiones, situaciones sociales y hábitos pobres. Con frecuencia estas cosas son las que dificultan nuestra habilidad para dormir lo que necesitamos.

Por ejemplo, para estar en cama y dormido a la medianoche todas las noches, tendrás que salir temprano de algún evento social. La pregunta es, ¿Por un par de horas más en una fiesta, estás dispuesto a hacer un caos de tu vida?

Sin embargo, hay excepciones. No, no tienes que estar en cama a medianoche el resto de tu vida. Pero en nuestra vida la excepción se ha convertido en la regla. No hay consistencia en nuestros patrones de sueño, y eso nos está costando muy caro.

Puede ser que sólo necesites seis horas de sueño, y decidas que tu tiempo es desde las once de la noche hasta las cinco de la mañana. O puede ser que necesites ocho horas de sueño, y decidas dormir de diez de la noche a seis de la mañana. Cada persona tiene que decidir cuánto sueño optimiza su energía. Sólo tú puedes decidir cuáles son las mejores horas de sueño para ti. El sueño debe ser utilizado ofensivamente, no defensivamente.

Muchos de nosotros han sido llevados a creer falsamente que el sueño es un elemento desechable y que puede ser utilizado defensivamente. El sueño nos fortalece. El sueño es uno de los elementos naturales indispensables de nuestra vida. El sueño es una de nuestras legítimas necesidades. El propósito del sueño es hacernos más fuertes, más vibrantes, más productivos, más cariñosos y más alertas. El sueño es importante y se le debe dar prioridad.

Nuestro mundo moderno obra en contra de esto de tantas maneras. Por ejemplo, un gran número de personas mantiene la falta de sueño como una fuente de orgullo. Algunos creen que dedicarse excesivamente a caminar durante horas anula la necesidad de descansar y dormir con regularidad. Se han convencido de que para ser exitosos en el campo que han escogido tienen que sacrificar el sueño y el descanso—hasta creen que esto es heroico. Estas ideas son particularmente comunes en los negocios. Quizás necesiten volver a los libros de texto de la escuela de comercio, reconsiderar el concepto de "efecto residual a largo plazo", y meditarlo en relación a tu propia vida.

No tenemos evidencia mayor de la importancia del sueño que los hábitos de aquéllos que son altamente exitosos. Recientemente tuve la oportunidad de conocer al atleta olímpico Alberto Salazar, después de una de mis charlas en Oregón. Tenía presencia, la presencia de un campeón, una cierta fortaleza, y a pesar de ello, una inmensa humildad.

¿Supones que cuando Alberto Salazar ganó la medalla de oro por el maratón en las olimpiadas de 1992, le atribuyó su éxito a dormir menos que los otros atletas en su campo? No, Salazar se entrenó más duro, descansó con mayor efectividad, estaba más a tono con sus necesidades dietéticas y más en contacto con su deseo de ganar—y había estado yéndose temprano de las fiestas por años porque sabía que tenía que levantarse temprano a la mañana siguiente para entrenarse. Si no se entrenaba bien, no competiría bien.

La verdad es que las personas andan caminando por ahí medio dormidas todo el tiempo. Están extenuadas todos los días. Están fatigadas. La fatiga se ha convertido en un patrón en nuestra vida. Este es un triste testimonio de lo poco que nos observamos, nos conocemos y nos respetamos a nosotros mismos.

¿Cuándo fue la última vez que te despertaste y te sentiste renovado, refrescado y entusiasmado para empezar el día? Eso es lo que quiero que experimentes—no ocasionalmente, sino todos los días.

Por otra parte, ¿recuerdas la última vez que tuviste que levantarte temprano después de una trasnochada? ¿Cómo te sentiste? ¿Te dijiste "Ojalá no tuviera que levantarme de la cama esta mañana"? ¿O tal vez, "Nunca más vuelvo a trasnocharme en una noche de trabajo"? ¿Cómo fue tu día?

¿Fuiste un retrato de la energía? ¿Disfrutste el día? ¿Fuiste eficiente? ¿Efectivo? ¿Feliz? La verdadera pregunta es, ¿Vas a dejar que vuelva a pasar? Cada uno de nosotros debe saber cuánto sueño necesita para funcionar con la máxima eficiencia—ya sean seis, siete u ocho horas. ¿Cuándo empezaremos a usar esa valiosa información para nuestro propio beneficio? En esta época de codicia, codiciamos hasta el conocimiento de causa. Creemos tontamente que la sabiduría es la acumulación de conocimiento. Queremos saber más, pero no queremos vivir lo que ya sabemos.

∽ ∽ ∽

El primer paso es dormir a la misma hora todas las noches. Para ponernos a tono con el ritmo de la vida, tenemos que adoptar un patrón regular de sueño—acostarnos a la misma hora y levantarnos a la misma hora. En realidad, es bastante simple; sin embargo, en ocasiones en que he compartido esta idea con personas, me han mirado como si estuviera pidiendo lo imposible. Tal vez sea un testimonio de lo fuera de control que está nuestra vida. Empieza a tomar control de tu vida— adopta un horario regular de sueño.

Esta es la manera más básica que conozco para crear el ritmo de la vida, y es la esencia del primer instrumento. Trae una consistencia a la estructura general y a la organización de nuestra vida. En el área del bienestar físico, es el primer paso hacia la maximización de nuestras energías y, por tanto, el primer paso hacia aumentar nuestra efectividad en todo lo que hacemos.

Lo he visto funcionar en mi propia vida, y lo he visto funcionar en la vida de otras personas. Si te acuestas y te levantas a la misma hora todos los días, todas las semanas y todos los fines de semana, en menos de diez días te sentirás como una persona distinta. Nueva energía, nuevo entusiasmo, nueva pasión por la vida. Será un reto. A veces será difícil. Costará. Es, simplemente, una cuestión de prioridades. Este horario regular de dormir te dará poder para dar lo mejor de ti a todo lo que hagas cada día. Nunca más te encontrarás diciendo "¡Sólo quiero que se acabe el día y llegar a casa directo a la cama!" Esa no es manera de vivir. Debemos saborear cada día. Estar descansado no se trata simplemente de estar despierto—se trata de poder dedicarte por completo a lo que tienes ante a ti cada momento del día. Se trata de vivir la vida a plenitud.

También es importante que consideres por cuánto tiempo duermes. El secreto con el sueño es la misma sabiduría aplicable a todo lo que afecta tu cuerpo—cuídate de los extremos. Dormir demasiado poco no es bueno para nosotros, y dormir demasiado tampoco lo es. Si dormimos demasiado poco, nos despertamos fatigados; y si dormimos demasiado, nos despertamos fatigados. Prueba distintas horas de sueño por varios días. Llega a conocerte y a conocer cuántas horas de sueño te permiten funcionar con mayor efectividad.

También debes considerar dónde duermes y en qué ambiente. De nuevo, prueba distintas cosas y llega a conocerte. Si está demasiado caliente o demasiado frío, ¿cómo afecta eso la efectividad de tu sueño?

Cómo duermes también puede hacer una diferencia radical—ya sea boca abajo, de lado o boca arriba. Obsérvate. Conócete. Utiliza el conocimiento que adquieres sobre ti para vivir una vida más feliz, más saludable, más plena.

Cuando tenía dieciocho años y empezaba en la universidad, bajo el hechizo de la "mentira moderna", solía creer que comer y dormir eran una pérdida de tiempo. Veinte minutos era el máximo de tiempo que dedicaba a sentarme a la mesa para una comida y, la mayoría de las veces, comía apurado. Cuando se trataba de dormir—dos, tres, cuatro horas cada noche y algunas noches no me acostaba en lo absoluto. En los últimos diez años, he aprendiendo mucho sobre mí mismo, y ahora sé que si no duermo siete horas todas las noches no soy bueno para nadie . . .

Ya es hora de que empecemos a ver el sueño no como una limitación o como una carga, sino como un regalo. Acoge este regalo. Atesóralo. Valóralo. Disfrútalo. Utilízalo al máximo. Utiliza el sueño para empezar a crear el ritmo de la vida.

La Hora Sagrada

Imagen o luz, esa es la cuestión. Tendemos a pasar nuestra vida dedicados a la imagen, a lo material. La imagen representa el cuerpo. La luz representa el espíritu. ¿Te identificas más con tu cuerpo o con tu espíritu? Los niveles más altos del vivir se experimentan cuando ignoramos el cuerpo de una manera absoluta, más allá de nuestras necesidades básicas, y nos adherimos completamente a las insinuaciones del Espíritu Divino dentro de nosotros. Es entonces cuando formamos nuestra identidad, desde el espíritu interior, desde nuestro espíritu, cuando dejamos brillar la suave luz interior.

La mayoría de nosotros está dedicada al cuerpo, a la imagen. Nos vemos y nos valoramos no en términos del espíritu, sino en relación al cuerpo. Encontramos nuestra identidad a través del cuerpo. Nos formamos y vivimos según una imagen hecha de la percepción física y sensorial.

¿Encuentras tu identidad a través de tu cuerpo o de tu espíritu? ¿Estás dedicado a la imagen o a la luz? La imagen es una ilusión. La luz es verdad.

Una persona que está completamente dedicada a la luz es capaz de cualquier cosa. La oración cambia nuestra dedicación de la imagen a la luz.

∽∽ ∽∽ ∽∽

Vivimos en una era obsesionada y preocupada por lo material. Vivimos en un tiempo dominado por la codicia. Vivimos en la era del ruido y el movimiento perpetuos, una era obsesionada con la velocidad. Estas son las características de nuestro tiempo. Estas son las tendencias, las mentalidades y las estructuras que nos distraen y nos impiden que descubramos el ritmo de la vida. No obstante, éste es el mundo en el que tenemos que vivir.

Yo quiero vivir en paz. Este es mi único gran deseo. Tal vez suene simplista, pero cuando tengo esta paz, estoy feliz y enamorado de la vida. Sin esta paz, mi vida es una carga. Yo he experimentado esta paz. Es real. Es el placer más intenso que la vida puede ofrecer. Eleva la sensibilidad de todos los sentidos y aumenta la intensidad de todos los demás placeres de la vida. Calma y estimula. Podría igualarse a un viaje hacia los lugares más profundos y más altos al mismo tiempo. Es una contradicción y aún está perfectamente balanceada. Es el fruto de una íntima armonía entre los elementos físicos, emocionales, intelectuales y espirituales del ser humano.

La paz no es la ausencia del dolor o de la presión. Ni es la ausencia de actividad. La paz no es acostarse en una playa sin una preocupación en el mundo. La paz no surge de la inactividad.

Esta paz de la que hablo es la certeza, en mi corazón y en mi mente, de que estoy usando mi vida para un propósito valioso—de que cada día soy capaz de amar más que el día anterior y de que me estoy convirtiendo en una mejor persona cada día, de que a mi manera estoy tocando y mejorando la vida de los demás. Esta paz se mantiene con la convicción de que la manera en que estoy usando las energías de mi vida tiene sentido.

_∽ ∽ ∽_

Hace unos meses, pasé un par de días con un caballero muy rico en Europa, el amigo de un amigo. Este hombre tiene más dinero del que tú y yo podríamos contar en toda una vida. El ha trabajado muy duro toda su vida, y sus logros en los negocios son admirables. Una mañana durante el desayuno, estábamos solos los dos y él empezó a hablar. "Hay algo distinto sobre ti, Matthew, no sé lo que es pero es especial y raro. Tú me haces reflexionar sobre la vida". Yo no dije nada y él tampoco durante varios minutos. Entonces continuó: "Te voy a decir esto porque eres joven y tal vez te sea útil. Yo soy muy rico. Tengo más casas que las que se necesitarían para que vivieran diez familias, más botes y automóviles de los que jamás podría usar, más dinero del que jamás podría gastar. Dondequiera que voy soy tratado como miembro de la realeza . . . pero, no tengo paz. Paz . . . y lo gracioso es que daría todo lo que tengo, todo aquello que me ha costado una vida construir, por tan sólo un poco de paz. De niño la tenía, pero ahora de viejo, no tengo paz". La tristeza y la compasión más abrumadoras por este hombre me inundaron, y me pregunté cuántas personas se sienten así. No pude evitar pensar que no es "gracioso", es una tragedia.

Con el correr del tiempo, lo que he descubierto a cerca de las personas es que quieren vivir en paz.

Es por esto que en un momento en que tantos le dan la espalda a la oración, yo estoy tratando de acogerla con todo mi ser. La oración me da esa paz. La oración me enseña a utilizar mi vida para un propósito valioso. La oración revela ese propósito. La oración me advierte cuando me desvío del camino estrecho. La oración aumenta mi capacidad para amar y para ser amado. La oración me llena de esperanza, y esa esperanza no es la convicción de que todo va a salir bien, sino más bien la certeza de que la manera en que estoy viviendo tiene sentido, sin importar cómo salgan las cosas. La oración me permite vivir mi vida en paz.

Si miras a los ojos de las personas que encuentres hoy, verás nubes y tormentas, miedo y duda, confusión y preocupación, ansiedad e intranquilidad. Pero muy rara vez, en estos tiempos que le han dado la espalda a la oración, miras a los ojos de una persona y ves las aguas calmadas, tranquilas y apacibles de un lago cristalino.

✧ ✧ ✧

La oración es esencial. La oración abre el camino y aclara. La oración nos recuerda lo que es realmente importante. La oración despierta nuestra conciencia a nuestras necesidades legítimas. La oración es la gran amiga que nos presenta a nosotros mismos. La oración es la gran mediadora que nos presenta a Dios. La oración es la amiga fiel que nos indica quiénes somos y quiénes somos capaces de ser. La oración revela los deseos más profundos de nuestro corazón y señala el camino que fue trazado para nosotros desde el inicio de los tiempos. La oración susurra esas palabras doradas: "Esa es tu estrella, ahora anda y síguela". La oración nos regala propósito y dirección, y paz en esa dirección. La oración es un viaje y un destino. La oración es una oportunidad para familiarizarnos íntimamente con esa mejor persona que sabemos que podemos ser—y esa familiaridad es el comienzo de la sabiduría. La oración nos ayuda. La oración es importante. La oración es necesaria. Necesitamos la oración. La oración no nos necesita a nosotros, y Dios no necesita la oración. La oración no ayuda a Dios, nos ayuda a nosotros. No es algo que tenemos que hacer, es algo que debemos hacer. Yo rezo porque no puedo evitarlo. Yo rezo porque a cada momento la necesidad fluye desde mi interior. Yo rezo porque soy una mejor persona cuando lo hago.

Reza.

El Segundo Instrumento

⚬══✦══⚬

Al segundo instrumento que utilizo para volver a descubrir el ritmo de la vida lo llamo "la hora sagrada". Esencialmente consiste en una hora de oración y reflexión, pero no necesariamente en la forma que tú concibes actualmente una hora de oración. Si no tienes el hábito de rezar, la idea de orar durante una hora puede parecer espantosa o hasta imposible. Abre tu corazón y tu mente a un nuevo entendimiento de la oración.

El propósito de la oración es ayudarte a hacer el viaje desde el punto A hasta el B y convertirte en la mejor versión de ti mismo, lo cual, de hecho, constituye el propósito de la vida. El error común es pensar en la oración como algo fácil. Yo te aseguro que la oración es lo más difícil que hacer en el mundo. En la oración nos encontramos parados al borde de un abismo profundo y oscuro —el mundo de lo Divino, de lo Infinito y lo Eterno. En la oración nos enfrentamos con nosotros mismos y con Dios, y en distintos momentos ambos encuentros pueden ser aterradores. La oración es difícil. Pero quienes aprenden a dominar la oración llegan a dominarse a sí mismos; y aquéllos que llegan a dominarse a sí mismos, se vuelven instrumentos de un bien inmenso y pueden dominar cualquier otra actividad humana.

Yo creo que todo lo bueno en mi vida viene de conocer y vivir en la voluntad de Dios. Yo creo que fui creado para un propósito. Yo creo que hay un plan para cada uno de nosotros — un plan divino, una misión. Ese plan concatena perfectamente nuestros talentos, nuestras necesidades legítimas y nuestros deseos más profundos — para producir esta armonía perfecta entre el cuerpo, el corazón, la mente y el espíritu. Yo creo que siguiendo ese plan encontramos paz y prosperidad, libertad y satisfacción.

Por supuesto, podemos rechazar este plan, este proyecto, esta misión, y ahí radica el misterio de la libertad y del amor. La voluntad de Dios es la perfección de la criatura. La voluntad de Dios es que hagas el viaje desde el punto A hasta el punto B. Cada paso a lo largo de ese camino forma una alianza y un vínculo con la voluntad de Dios. Es en este viaje que descubrimos la gloria de la vida. Es en la oración que descubrimos la gloria de Dios y es viviendo lo que descubrimos en la oración que nos convertimos en la gloria de Dios. La voluntad de Dios es que te conviertas en la mejor persona que tú sabes que puedes ser, la mejor versión de ti mismo. Tu personalidad única, tus talentos, necesidades y deseos son los que hacen que tu viaje sea diferente al mío. Todo esto es develado en el aula del silencio.

La oración es la gran aula del silencio. En los últimos diez años, durante mis viajes, continuamente he escuchado a la gente susurrar "¿Cómo se volvió tan sabio siendo tan joven?" La sabiduría no es una masa de conocimiento acumulado. La sabiduría consiste en esas pequeñas piezas de conocimiento que tienen el poder de cambiar nuestra vida. La sabiduría es la verdad vivida. La sabiduría es el fruto de un corazón reflexivo. La sabiduría es el fruto del silencio.

Cuando tenía diecinueve años, Dios tocó mi vida de una manera muy poderosa. Fue en ese momento, poco antes de que comenzara a hablar en público, que empecé a rezar seriamente—y que sentí que Dios me invitaba al aula del silencio. Todos los días, durante casi seis meses me sentaba a solas en silencio, meditando y reflexionando sobre mi vida, sobre el mundo, sobre Dios, y las Escrituras, durante dos, tres, cuatro, cinco, a veces seis horas cada vez. Puedes aprender más en una hora de silencio que en un año leyendo libros. El ruido es el micrófono del mundo. El silencio es el micrófono de Dios. Es en el aula del silencio donde Dios otorga Su infinita sabiduría a hombres y mujeres.

Vivimos en un mundo ruidoso. Las personas se despiertan con radio-relojes, escuchan las noticias mientras están en la ducha, ven la televisión mientras desayunan, entran en el automóvil y escuchan los programas de la mañana de camino hacia su trabajo, escuchan música todo el día a través del intercomunicador, hablan incesantemente por teléfono entre una reunión y otra ... Necesitamos un descanso del ruido.

Todo lo grande en la historia ha surgido del silencio ... hasta el gran ruido. Beethoven y Mozart se aislaron del mundo y se encerraron en habitaciones silenciosas durante días y días para poder oír cosas que nadie más podía oír—sonidos tan gloriosos que ni siquiera ellos mismos habrían podido oír en medio del mundo y, no obstante, sonidos que el mundo nunca habría conocido si Beethoven y Mozart no se hubieran hecho amigos del silencio.

El año pasado, *USA Today* realizó una encuesta en la que se pedía a las personas que nombraran las diez cosas que más temían. La más temida fue la muerte, después volar. Después de volar ... el silencio—seguido de cerca por hablar en público, los perros, las serpientes y las arañas. ¿Por qué tememos al silencio? ¿Por qué evitamos el silencio? El silencio nos presenta a nosotros mismos—para bien y para mal. El silencio condena, sugiere y desafía—sí. Pero también consuela, sana, reconforta, aclara la mente, y le da valor a un corazón abatido. La paz es el fruto del silencio. ¿Por qué tememos y evitamos el silencio? La verdad es que la mayoría de las personas cree que en su interior todo es despreciable y vergonzoso. Por eso es que vivimos en un mundo aterrado por el silencio y lleno de personas que se dedican a imitar a otras personas en lugar de desarrollar al individuo único que yace en su interior.

Hazte amigo del silencio. No estoy sugiriendo que te pases cuatro, cinco, seis horas al día en silencio. Entra a una iglesia durante el día cuando esté vacía y silenciosa. Encuentra un rincón tranquilo y una silla cómoda en tu casa. Apaga el radio del carro en tu camino al trabajo. Ten una noche sin televisión una vez a la semana. Pruébalo. Funciona.

Yo cierro los ojos para poder ver cosas que jamás vería con los ojos abiertos, cosas que nunca existirían si no cerrara los ojos.

❧ ❧ ❧

Entro al aula del silencio para escuchar, y allí oigo cosas que nunca oiría en este mundo ruidoso, los murmullos de mi corazón y de mi alma que me llevan a mi futuro.

¿Qué estás preparado para hacer para aumentar significativamente el nivel de paz, felicidad y satisfacción en tu vida? ¿Cuán lejos estás preparado para ir? ¿Cuánto estás preparado para dar? ¿Estás preparado para dar una hora al día?

Quisiera alentarte a apartar una hora diaria. Este tiempo se convierte en otro hito en nuestro día y nos ayuda a restaurar y mantener el ritmo de la vida. Yo sé que es difícil apartar una hora diaria, pero voy a tratar de convencerte de que merece la pena hacer el esfuerzo y el sacrificio inicial. Durante esta hora quiero que reces. No quiero que vayas a una iglesia y repitas sin pensar oraciones que te enseñaron de niño hasta que te duermas o te aburras. Me gustaría que descubrieras la alegría de la oración. Quiero que este tiempo sea una alegría para ti. Si la oración fuera algo que amas y ansías, no tendrías dificultad pasando una hora diaria en oración. El secreto de la oración es descubrir maneras dinámicas de hacer algo que amas y ansías, algo que conoces y con lo que te sientes cómodo.

La oración es como un gran amor. Cuando empiezas a salir con alguien, el silencio puede ser incómodo, pero a medida que se van conociendo, pueden sentarse en silencio durante horas y el solo hecho de estar juntos en silencio es reconfortante. Cuando estás saliendo con alguien, no van al mismo restaurante todas las veces ni comen la misma comida ni hablan de las mismas cosas. La variedad trae vitalidad a la relación. El amor es creativo. Así como tenemos que ser creativos en la manera en que pasamos el tiempo con quienes amamos, tenemos que ser creativos en la manera en que pasamos tiempo con nosotros mismos y con Dios.

Con el tiempo, todas las relaciones desarrollan ciertos rituales y alimentos, pero éstos se mantienen vibrantes sólo cuando están rodeados de una variedad dinámica. Lo mismo es cierto en nuestra vida de oración. Nuestra dieta espiritual puede consistir en ciertos rituales y alimentos, pero hay una necesidad constante de variedad dinámica.

¿Qué falta en tu vida?

Lo que sea, el primer paso para encontrarlo o recuperarlo es hacer tiempo para ti. La mayoría de las personas no tiene quince minutos para sí cada día.

Una de las primeras cosas que establecimos en la primera parte del libro fue que todos conocemos las cosas que nos hacen felices. Sencillamente no las hacemos ¿Por qué? Nos olvidamos. Nos distraemos. Necesitamos este tiempo para nosotros para recordar. ¿Recordar qué? Tiempo para recordar lo que más importa. Date esta hora cada día como un regalo. Hazlo un hábito en tu vida, un ritual en tu día. Dale prioridad sobre las pequeñas cosas que te distraen y te vacían. Disciplínate para hacerlo. Todo esfuerzo disciplinado tiene sus propias múltiples recompensas.

ᴥᴥᴥ

Hay cientos de maneras de rezar, y con el tiempo descubrirás cuáles funcionan mejor para ti. Unas son más activas, y otras más pasivas. Unas se inspiran nada más que en el murmullo de nuestro corazón, y otras se inspiran en las Escrituras y otros escritos inspiradores. Unos días rezamos mejor en una iglesia silenciosa, y otros lo hacemos mejor caminando en una playa soleada.

Mi intención aquí es simplemente compartir ciertas ideas contigo, para construir un *collage* de algunas de mis experiencias personales de oración esperando que puedan ser útiles y te permitan comprender mejor cómo funciona

A veces, mi corazón está atormentado por la intranquilidad y la ansiedad. A veces, mi mente se distrae con cientos de pequeños problemas. A veces mi espíritu está agobiado, y siento el peso del mundo sobre los hombros.

Con frecuencia, es en estos momentos cuando me encuentro yendo hacia una iglesia, y sentándome silenciosamente en la presencia de Dios.

La oración me permite poner en palabras exactamente lo que está preocupándome. Me siento en un lugar callado, cierro los ojos, y en un suave diálogo mental le digo a Dios todo lo que hay en mi corazón y en mi mente. Le explico lo que me está molestando. Le explico la situación. Le digo cómo me siento y por qué me siento así. Cuando termino, me siento ahí, en silencio y escucho. Usualmente, para cuando he terminado de explicar, sé lo que necesito hacer. La mayoría de nosotros sabe lo que debe y necesita hacer. Pero ese conocimiento se nubla debajo de los mensajes del mundo y de las opiniones de familiares y amigos. A veces sólo necesitamos a alguien con quien hablar o que nos escuche. ¿Con cuánta frecuencia empezamos a hablarle a alguien sobre un problema y antes de acabar de explicarle la situación a esa persona, vemos las cosas con mayor claridad en nuestra mente, y sabemos lo que debemos hacer? Dios es quien mejor sabe escuchar.

✿ ✿ ✿

Algunos días estoy tan distraído con los sucesos del día que simplemente soy incapaz de concentrarme lo suficiente para entablar este diálogo. En esos días me gusta utilizar algún material de lectura para enfocarme, para que me ayude a concentrarme.

A mí me fascina la vida de Jesús —un líder que no quería nada para sí; lo cual, en sí mismo, es un gran signo de sinceridad y de honestidad. Me fascinan los Evangelios, que nos hablan de Su vida y de Sus enseñanzas. Son tan simples, y, sin embargo, tan profundas y poderosas. Con mucha frecuencia uso la vida de Jesús en los Evangelios durante esta hora sagrada. Lenta, deliberada y reflexivamente, leo un pasaje corto. Una, dos, tres veces —tratando de profundizar y extraer algo del misterio y de la sabiduría.

La lectura puede ser un instrumento muy poderoso para enfocarnos durante la oración. Lee lentamente, saborea las palabras, medita lo que significan para ti en tus circunstancias particulares. Hay cientos de libros que servirían como buenos compañeros para la hora sagrada.

✎ ✎ ✎

Otros días, cuando me encuentro entrando a la hora sagrada intranquilo y ansioso, uso la meditación de la rosa roja, de la que he hablado con tanta frecuencia en mis charlas y seminarios. Empiezo sentándome en un lugar callado, cómodamente, quieto, y cierro los ojos. Entonces, con el ojo de mi mente visualizo una rosa roja solitaria. En la Edad Media, la rosa roja solitaria era un símbolo de Cristo. Si viajas por Europa, con frecuencia encontrarás esta imagen en los vitrales de las grandes catedrales. También encontrarás que fue usada para decorar muchos de los manuscritos de ese período. En tu caso puede ser cualquier imagen que te ayude a enfocar tu atención en Dios y en la perfección que buscas.

Con mi atención ahora centrada en la rosa, lentamente dejo que todos los demás pensamientos salgan de mi mente. Las distracciones son inevitables. Cuando me doy cuenta de que un pensamiento o idea ha vuelto a mi mente, tan pronto como me doy cuenta de que una distracción me ha secuestrado, libero mi mente otra vez volviendo a la rosa roja solitaria con el ojo de mi mente.

En pocos minutos mi mente se tranquiliza y mi corazón y mi alma empiezan a concienciarse. Me encuentro en la presencia de Dios. Algunos días, todo mi tiempo de oración puede consistir en este ejercicio de quietud y concentración. Es una de mis maneras favoritas de pasar el tiempo en los aviones. La mayoría de los días uso esta meditación unos pocos minutos para empezar mi oración antes de pasar a una de las otras formas de oración que hemos discutido.

Tenemos que aprender a volvernos de la vida exterior de ruido y confusión hacia la vida interior de silencio y serenidad.

✍ ✍ ✍

Uno de los consejos clásicos de la Biblia es "Paren y reconozcan que soy Dios" (Salmo 46:11). La quietud es importante. En esta quietud podemos contemplar las cosas del espíritu. La quietud nos libera de las limitaciones del cuerpo y libera al espíritu para que se eleve. El espíritu dentro de nosotros es audaz. El espíritu dentro de nosotros no duda, sabe.

En la quietud formamos una conexión con el espíritu interior. Con el tiempo, a través de esta práctica, llegamos a percibirnos como seres espirituales teniendo una experiencia física, más bien que ser un ser físico simplemente.

Discutiendo la meditación de la rosa, mencioné que me sentaba quieto. Cuando digo quieto, quiero decir completamente quieto. No me muevo en lo más absoluto, ni siquiera una fracción de una pulgada. Inmóvil. Ningún movimiento en lo absoluto, ni siquiera un centímetro. El único movimiento es la suave elevación de mi pecho al respirar.

Siéntate derecho, pero no forzado. Erguido, pero relajado. Apoya los pies en el piso, cómodamente separados. Descansa las manos en tu regazo. Y ahora, siéntate quieto. Completamente quieto.

Déjame advertirte que, si tratas de practicar este método de oración, hay algunas trampas comunes. Dentro de treinta segundos de haberte acomodado y de haber resuelto quedarte quieto, tu cuerpo objetará y te informará que está incómodo. Hace treinta segundos estabas razonablemente cómodo. Una posición más cómoda es sólo una ilusión. Si te mueves buscando una posición más cómoda, te la pasarás todo el tiempo de oración moviéndote y cambiando de posición—

cada treinta segundos aproximadamente—y una vez más, el cuerpo habrá triunfado.

Si puedes ignorar la tentación de buscar una posición perfectamente cómoda, vencerás el primer obstáculo, infórmale al cuerpo quién es el amo, y avanza a un nivel más profundo. Tu siguiente obstáculo vendrá en dos minutos. Vas a sentir una picazón. Tal vez en la mano, el cuello, la nariz, o debajo del ojo.

Tu cuerpo te pedirá que te rasques. Para hacerlo, tendrás que moverte, lo que romperá el dominio de la mente y del espíritu sobre el cuerpo. No lo hagas. Reconoce la picazón y pregúntate: ¿Puedo soportarla? ¿Me matará si la ignoro? Por supuesto que es soportable, y ciertamente no te matará. Quédate quieto. Ignórala. Una vez que resuelvas no responder al llamado del cuerpo, la intensidad de la picazón aumentará por unos momentos. Entonces, a medida que decides no responder, la picazón desaparecerá. Durante este tiempo, estarás progresando hacia nuevos niveles de quietud, silencio, soledad—todo lo cual te llevará a la unidad con el espíritu dentro de ti.

Otro peligro es que al volvernos callados y quietos, nuestra mente se aclara. La calma produce claridad de pensamiento. Te acordarás de cosas que habías olvidado, cosas que necesitas hacer. Todas estas son tentaciones para parar.

En mi caso, encuentro que tan pronto como me adentro en la quietud y en el silencio, esta calma produce toda clase de ideas para escribir. Mi tentación es dejar de orar y comenza a escribir. Pero encuentro que si ignoro esas tentaciones iniciales, soy llevado a ideas aún más profundas más tarde en mi oración.

Ocasionalmente, estas tentaciones volverán a surgir— picazones, incomodidades, distracciones, la tentación de parar, de rascarme, la tentación de moverme a una posición más cómoda. Yo me digo no me van a matar y las ignoro. Irritan por unos momentos, a veces minutos, pero después desaparecen, y con esa victoria, se nos lleva a lugares aún más elevados de contemplación.

Es en esos lugares que he experimentado los momentos más gloriosos de mi vida. La experiencia no se puede describir, pero si puedes probarla por un momento, sólo una vez, la desearás y la anhelarás todos los días—y entonces la oración se convertirá en tu pasión y en tu placer. Irás al aula del silencio diariamente en pos de paz y orientación, para descubrir quién eres, y pedir la fortaleza para ser fiel a ti mismo. Sólo entonces las palabras que he plasmado en las páginas de este libro adquirirán su pleno significado para ti, para tu vida. Volverás a leer estas líneas y descubrirás más y más significados.

Estás a punto de descubrir lo difícil que es sentarse quieto. Si perseveras, descubrirás el insondable poder de la quietud y del silencio. Creo que únicamente en este estado podemos llegar a saber con certeza las necesidades y los deseos más profundos de nuestro ser.

La oración es una contracción. En oración nos cerramos del mundo, de las personas, de los lugares y de las posesiones, abandonamos la seducción del ruido, y cerramos los ojos. Pero de esta contracción nacen las más extraordinarias expansiones, y el Espíritu Divino nos da el poder para ver cosas no vistas antes; para oir cosas antes no oídas y de convertirnos en una creación inimaginable.

La oración es una contracción que produce una expansión.
Paren y reconozcan que soy Dios.
Paren y reconozcan que soy.

Paren y reconozcan.

Paren.

⁓⁓⁓

Hay días en los que me gusta pasar la hora sagrada caminando en un lugar tranquilo. Me gusta caminar lentamente asegurándome de no perder el aliento. Me gusta caminar como un hombre que no tiene ninguna preocupación en el mundo, como lo describí en la cuarta parte.

Es sorprendente la diferencia que puede hacer la forma en que respiras. Por ejemplo, si estás en una situación de presión, o si estás frustrado, ¿Cómo respiras? Pesada y rápidamente— respiros cortos. Ahora concéntrate en tu respiración. Respira lenta y profundamente. En unos minutos todo tu comportamiento puede ser distinto y controlado.

Otro ejemplo: Te metes en la ducha y el agua sale helada. Estás aturdido. Tu reacción es jadear, tomar cortos respiros. Respira profundamente y podrás tolerar el agua fría.

La forma en que respiras al rezar es importante. Cuando empiezas tu oración, presta atención a tu manera de respirar. Respira lenta y profundamente. Esto te ayudará a calmarte, a relajarte y a rendirte a la tranquilidad de la oración.

Volviendo a enfocarnos en lo básico de la vida eliminamos la tensión e invitamos el esparcimiento. No hay nada más fundamental que respirar. Respira. No te olvides de respirar. La manera en que respiras puede cambiar tu estado más rápidamente que cualquier otro aspecto psicológico controlable del ser humano.

⁓⁓⁓

Otros días, particularmente cuando visito a mi familia y a mis amigos en Australia, me gusta pasar mi hora sagrada sentado en una playa tranquila, escuchando el ir y venir de las olas. El ritmo de las olas tiene una cualidad tranquilizadora y relajante.

Hay una conexión sagrada entre Dios y la naturaleza. Es misteriosa pero real.

Cuando era niño, con frecuencia mis padres nos llevaban a mis hermanos y a mí a la playa. Nadábamos y construíamos castillos de arena. Acostumbrábamos a ir a la Playa Manly. Siempre voy ahí cuando vuelvo a Sidney. Hay algo poderoso y maravilloso acerca de los lugares de nuestra infancia. De una manera mística nos recuerdan quiénes fuimos alguna vez, lo cual aclara quiénes somos ahora. Nos recuerdan nuestra historia. Todo el mundo tiene la suya, y nuestra propia historia es un recurso indispensable en el camino del crecimiento y del cambio. Me gusta visitar la Playa Manley, comer en los restaurantes que comía en ocasiones especiales, caminar en los terrenos de fútbol en los que una vez jugué.

Visita los lugares de tu infancia. Esa sería una hora sagrada bien pasada.

ꙮ ꙮ ꙮ

La oración es un momento para compartir nuestras alegrías y nuestros problemas con Dios, pero es mucho más que eso. La oración es un momento para soñar y visualizar.

Hay algo que mi entrenador de golf me dijo que nunca he olvidado. Él solía decir: "Si no puedes ver el tiro, no puedes darle. Párate detrás de la pelota. Mira la pelota y después mira el hoyo. Visualiza el tiro que quieres dar. Mira la pelota volando por el aire y aterrizando donde quieres que aterrice. Si no puedes ver el tiro, no puedes darle".

Eso es cierto para casi todo. Van Gogh podía pararse ante un lienzo vacío, liberar su imaginación, y ver algo que no estaba ahí. Tomás Edison podía ver cosas que ni siquiera existían—aún.

Martin Luther King Jr. podía ver algo que no estaba ante él, pero que él sabía que debía estar.

Van Gogh escribió una vez: "La cosa ya ha tomado forma en mi mente antes de empezarla. Los primeros intentos son absolutamente insoportable. Digo esto porque quiero que sepas que si ves algo valioso en lo que estoy haciendo, no es accidental sino debido a una dirección y a un propósito verdaderos".

Con frecuencia, los primeros intentos en la oración también son insoportables.

Este principio de visualización también es cierto para nuestro más importante trabajo en la vida. Si no puedes ver a la mejor persona que sabes que puedes ser, no puedes ser esa mejor persona. La oración es el lugar y el momento para visualizar las maneras en que te puedes convertir en la mejor versión de ti mismo. La oración es una oportunidad para unir tu corazón y tu mente al corazón y a la mente de Dios y para visualizar todo lo que sueñas, esperas y deseas alcanzar y todo lo que anhelas ser. Aquí radica el poder de la oración. No te equivoques, la oración desata el insondable potencial del espíritu humano—el poder para visualizar y activar un potencial aún no alcanzado.

¿Funcionaría la misma idea para un joven que quiere convertirse en el jugador de baloncesto más grande de la historia? Michael Jordan dijo una vez: "Yo visualicé a dónde quería llegar, en qué clase de jugador quería convertirme. Yo sabía exactamente a dónde quería ir, y me concentré en llegar allí".

      ∽ ∽ ∽

Es también por medio de la oración que Dios nos da poder para superar nuestras faltas, nuestras adicciones y nuestros vicios. Por ejemplo, supón que hay alguien que realmente te molesta en la escuela o el trabajo. La misma situación surge una y otra vez y te vuelves frustrado, molesto, hasta iracundo.

Esa situación, y otras similares, pueden destruir tu paz por un día entero, hasta por varios días. No dejes que esa persona te robe tu paz. Imagina la situación. Visualízala como ha sucedido antes. Ahora, imagina la manera perfecta de responder en esa situación para mantenerte calmado y apacible. ¿Cuánto tardas en visualizar esa respuesta? Diez segundos. En los momentos vacíos del día, entre tareas, mientras caminas de un lugar a otro, imagina esa situación. Visualízala una y otra vez. Visualiza tu respuesta, tu respuesta perfecta, una y otra vez. Imagínate manteniéndote calmado y apacible en esa situación. Visualízate respondiendo a esa situación perfectamente veinte veces al día. Te va a costar menos de tres minutos y medio de las veinticuatro horas, y te prometo que en dos semanas estarás respondiendo exactamente como lo visualizaste.

El pensamiento determina la acción. No dejes que toda tu vida sea una reacción de las cosas que suceden a tu alrededor cada día. Deja que tu vida sea una acción.

❧ ❧ ❧

La hora sagrada es un momento de renovación y frescor. Es un momento de nutrición espiritual. Es un momento para reducir la velocidad y recordar lo que es realmente importante. La hora sagrada es una oportunidad para traer enfoque y dirección a nuestra vida. Un momento para soñar y visualizar. No obstante, nuestra oración no debe estar limitada a esta hora únicamente en el día.

Cada día, al final de mi hora sagrada me siento tranquilo. Me siento confiado de que puedo hacerme cargo de los eventos y de las situaciones que se me presenten. Pero después de cinco minutos de haber vuelto al ajetreo y al bullicio de la vida diaria, es fácil perder la paz y el enfoque.

Yo trato de mantener el efecto de la hora sagrada usando una técnica espiritual simple y antigua. Me repito una frase o una palabra sencilla una y otra vez, cientos de veces durante el día. Esta técnica es conocida como mantra y ha sido usada por siglos en varias tradiciones religiosas distintas. La frase que me gusta utilizar es la primera línea de una oración atribuida a San Francisco de Asís: "Señor, hazme un instrumento de tu paz".

A lo largo del día, en esos momentos vacíos entre tareas, en esos minutos en que voy manejando de un lugar a otro, en momentos de frustración, presión, ira, decepción—repito esta frase una y otra vez. Lentamente. Pensativamente. Dejando que llegue a lo más profundo de mi ser.

Después de un rato, responder a ciertas situaciones primero interiormente antes de responder exteriormente, se vuelve una segunda naturaleza. Reflexionar más bien que hablar o gritar. Pruébalo.

Encuentra tu propia frase. Una cita, una palabra, una oración que tenga el poder de poner todo en perspectiva de nuevo para ti. Descubrirás que hay tantos vacíos en el día, momentos vacíos que pueden ser utilizados para volver a enfocarte en lo que es realmente importante. Por cientos de años, las mantras (mantram en sánscrito) han sido valiosas para muchos grandes líderes espirituales. Las personas exitosas recuerdan su meta en cada momento que pasan despiertas de cada hora de cada día. El mismo principio aplica ya sea que busques ser un exitoso futbolista, o una persona exitosa en la vida espiritual. La técnica mantra te ayudará a mantenerte enfocado—a mantener tu corazón y tu mente fijos en tu meta, en cada momento de cada día.

∽∽∽

A veces la vida se agita un poco. Nos volvemos desorientados, abrumados, consumidos por los sucesos diarios de nuestra

238 TODO SE TRATA DE LA ENERGÍA

vida. La Armada Real Británica tiene una práctica conocida como "todos quietos". Cuando algo va mal en una embarcación, particularmente en un submarino, el capitán anuncia "todos quietos". Nadie puede hablar o moverse durante tres minutos. Nuestra vida es una expresión de lo que hay dentro de nosotros. La vida es un desbordamiento del corazón. Si interiormente te encuentras confundido, frustrado y exhausto, tus acciones reflejarán lo mismo. Tres minutos de silencio y quietud pueden tener un efecto exponencial en medio de una situación turbulenta. En mi propia vida he encontrado que, entre reuniones, llamadas telefónicas, o en medio de un proyecto de grupo, un "todos quietos" puede hacer toda la diferencia. Es una oportunidad de recuperar mi aliento y poner las cosas en perspectiva.

⁓ ⁓ ⁓

La oración contribuye a la salud y al bienestar de toda la persona. Estudios conducidos en la última parte del siglo XX revelan que las personas que rezan se recuperan con mayor rapidez de enfermedades graves y tienen menos probabilidad de sufrir de depresión y de enfermedades mentales. Somos seres humanos —una composición delicada de cuerpo y alma, unidos cuidadosamente por la voluntad y el intelecto. Sólo se puede alcanzar salud y bienestar al máximo cuando prestamos atención a cada uno de los elementos de nuestro ser. Ignorar el componente espiritual de nuestro ser reduce necesariamente nuestra salud, nuestra efectividad, nuestro bienestar y nuestra eficiencia.

Carl Jung, uno de los más distinguidos psiquiatras del siglo XX, escribió en su libro titulado *El Hombre Moderno en Busca de un Alma*: "Durante los últimos treinta años, personas de todos los países civilizados de la tierra me han consultado. He tratado a muchos cientos de pacientes. Entre todos mis pacientes en la segunda mitad de la vida—es decir, mayores de treinta y cinco años—no ha habido uno cuyo problema en última instancia no fuera encontrar una perspectiva religiosa sobre la vida. Es seguro decir que cada uno de ellos se enfermó porque había perdido aquello que las religiones vivas de toda época han proporcionado a sus seguidores, y ninguno de ellos ha sido realmente curado que no hubiera recuperado su perspectiva religiosa".

¿Es acaso una simple coincidencia que, en esta época marcada por su rechazo a la religión y a la espiritualidad, la incidencia de la depresión y de las enfermedades mentales haya escalado tan dramáticamente?

Desafortunadamente, vivimos en una época en la que los asuntos del espíritu son ignorados y, de alguna manera, menospreciados. La religión es una fuerza liberadora. La espiritualidad es una fuerza liberadora. Rezar es natural para los seres humanos: somos seres naturalmente espirituales. Vivimos en un mundo material, pero no somos únicamente materiales.

୶ ୶ ୶

Si lees cuanto libro se ha escrito sobre el béisbol, ¿Te haría eso el jugador de béisbol más grande que ha existido? Sólo se aprende a montar bicicleta montando una bicicleta; a jugar fútbol, jugando fútbol; a cocinar, cocinando. Solamente te conviertes en un gran jugador de béisbol, jugando béisbol. La oración es muy parecida al amor. Nacemos con una habilidad y una capacidad natural para amar. Esta habilidad para amar se desarrolla cuando la ejercitamos. Aprendemos a amar amando. La única forma de aprender a rezar es rezando. Los libros, maestros, guías, mentores, modelos y entrenadores ayudan a perfeccionar nuestras habilidades, pero no hay sustituto para la práctica—ya sea que se trate del béisbol, de cocinar, del fútbol, del amor o de la oración.

Al escribir estas palabras sobre la oración, las palabras de Henry David Thoreau resuenan en mi mente: "Fui al bosque porque quería vivir deliberadamente . . . quería vivir profundamente y exprimir el tuétano de la vida . . . desbandar todo lo que no era vida . . . y no, cuando llegue a morir, descubrir que no había vivido . . ."

Yo voy al bosque de la oración todos los días porque quiero vivir deliberadamente. ¡Rezo porque quiero vivir la vida profundamente y exprimir todo el tuétano de la vida! Voy a rezar para desbandar todo lo que no es vida, para separar esas cosas que son importantes de las que tienen poca o ninguna consecuencia. Voy al bosque de la oración porque no quiero llegar a morir y descubrir que no he vivido.

Ve al bosque de la oración. Ve al aula del silencio. Desde esos lugares emergerás siendo capaz de vivir la vida a plenitud— en sintonía y con el poder para vivir la vida deliberadamente.

⁓ ⁓ ⁓

En diciembre de 1993, viajé por primera vez a Irlanda. Durante casi un mes di charlas por todo el país a grupos pequeños y grandes. Fue mi primer viaje internacional para dar conferencias y mi primera Navidad lejos de casa. Yo tenía veinte años y nunca había visto una Navidad blanca. Pasé esa Navidad en Irlanda con un hombre que desde entonces se ha convertido en uno de mis amigos más queridos. Nos sentamos junto al fuego y contamos historias, y las historias encendieron un fuego en nosotros. Ambos tenemos pasión por las historias y por contarlas. Esta es una de las historias que me contó esa Navidad.

Había una vez un trovador. La historia cuenta que era un hombre asombrosamente apuesto, con hermosa piel aceitunada y cabello negro como el plumaje del cuervo, con ojos tan verdes como las cañas de los ríos, con largas y espesas pestañas. Era muy apuesto en todo sentido, lleno de la fuerza y del vigor de la juventud. Su familia, rica y respetada, lo vestía con las ropas y terciopelos más finos, y su popularidad entre las damas era incomparable. Lo tenía todo, no tenía que trabajar para vivir y tenía muchísimos compañeros que lo amaban y lo adoraban.

Fue a la guerra como un soldado valiente con las bendiciones de todo el pueblo. En batalla, reía con sus amigos mientras se enfrentaba al enemigo, mirándola como un juego. De hecho, estaba tan seguro de sí mismo en medio del peligro que lo derribaron del caballo, y mientras estaba inconsciente, fue arrastrado por el pie, que aún estaba enganchado en el estribo. Cuando despertó, era de noche. Estaba cerca de una poceta en un claro, el caballo estaba pastando, y su pie todavía estaba enganchado. Estaba tendido de espaldas y mirando hacia el cielo. Era una de esas noches muy negras, sin luna, pero con algunas estrellas muy brillantes. Reinaba el silencio en todas partes. Alzó la vista hacia una de las estrellas y toda su vida y su significado pasó ante él para ser valorada.

Perdió el conocimiento nuevamente, y la fiebre hizo estragos en su cuerpo durante semanas. Finalmente regresó con su familia y ellos velaron junto a su lecho, porque sentían que cada hora podía ser la última. Muchos visitantes fueron a verlo: sacerdotes, obispos, el alcalde del pueblo, hasta un cardenal.

Al fin, una mañana, aquellos ojos verdes como las cañas de un río se abrieron al oír el trinar de un pájaro que estaba cantando en la ventana. Todo lo que quería hacer era sostener el pájaro más cerca y escuchar su canto. Débil como estaba, salió de la cama y trató de sujetar el pájaro, pero voló, alejándose de él, desde el alféizar de la ventana hasta el tejado que había en frente de su habitación. En ese momento recordó el cielo de medianoche, y la última cosa que recordaba era estar mirando a esa estrella brillante mientras su vida pasaba como un relámpago delante de él.

Este joven era tan amado y venerado por su familia y toda la gente del pueblo que poco después le dieron una gran fiesta para celebrar que había recobrado su salud. Todos los amigos de la familia viajaron desde todas partes para unirse a la celebración, pero él había cambiado. Encontró que ya no podía disfrutar todas las cosas que solía hacer con sus amigos y que ya no le interesaban las ropas deslumbrantes con las que sus padres lo vestían. Sólo podía pensar en el cielo de aquella noche y en aquella estrella brillante. Cuando lo sorprendían en este ensueño, y le preguntaban qué le preocupaba tanto y él les decía, ellos empujaban otra cerveza delante de él y le decían "Ya se te pasará".

Todos los días no podía esperar a salir de la ciudad para ir al campo, a los campos de flores. Un día estaba acostado en la tierra y puso los dedos de las manos y de los pies en la tierra húmeda del prado, y se quedó ahí, con el rostro en la tierra, toda la tarde. Otro día encontró una piedra que estaba cubierta de un polvo brillante y se quedó mirándola todo el día. Esta era una persona completamente distinta de aquel guerrero despreocupado que se había preparado para pelear poco tiempo antes.

Pasaba todos sus días en el campo y sus padres sabían que lo estaban perdiendo, ese hijo maravilloso del que dependían para continuar la familia, para hacerse cargo del negocio familiar, y tal vez convertirse algún día en el gobernador de la provincia. Él les sonreía y los amaba, pero poco a poco lo estaban perdiendo.

Entonces, un día se dio cuenta de cuánto amaba a Dios. El
Dios que no decía nada en el oscuro cielo de medianoche,
pero estaba allí; el Dios que estaba en el pájaro que cantaba
para despertarlo, y en la tierra húmeda y buena que le permitía
acostarse allí simplemente, y en las amapolas que encandilaban
sus ojos con encendidos colores escarlata, y en el zumbido de
las abejas y la iridiscencia de las alas de las mariposas. Se
dio cuenta de que este Dios que amaba era el regalo invisible
de todo lo que lo rodeaba. Sus padres pensaron que ya no le
interesaba nada y dieron innumerables fiestas para tratar de
sacarlo de esa depresión. Hasta lo enviaron a hablar con los
sacerdotes, quienes sólo sacudieron la cabeza.

Finalmente, un día, en una gran fiesta, cuando estaba vestido
con las ropas más deslumbrantes que sus padres pudieron
procurarle, se desnudó por completo delante de todos los allí
reunidos, ministros, sacerdotes, familiares, mujeres, amigos,
cabras, y ovejas, cielo, tierra, el pueblo. No es que fuera un
exhibicionista, no, era una señal de que él ya no pertenecía a
esta vida, y salió corriendo de la ciudad con un canto en su
corazón para encontrar alguna prenda del campo para cubrir
su cuerpo. Había una canción en su corazón y un espíritu
tierno nacidos de la fiebre. Más tarde, encontró un viejo lugar
y empezó a edificarlo con piedras durante las heladas lluvias
invernales. Su culto a la gloria de Dios era el reino de la tierra.

La mayor contribución que el cielo de medianoche le hizo
no era la imagen por la que había vivido tanto tiempo, sino la
verdadera belleza que existe dentro del hombre y de la mujer.
La fiebre quemó la imagen, para que pudiera ver lo que nunca
había visto antes. Pasó la página y cambió. Sus padres no
pudieron ver más en él la camaradería que ellos carecían.
Las mujeres no pudieron ver más en él la necesidad de un
amante que ellas carecían en su propia vida. El cambió, y no

pudieron ver más en él lo que ellos eran. Tendrían que crecer para encontrar en él lo que siempre estuvo en ellos. Lo que ahora miraba con esos ojos verdes, no era la imagen, sino la magnífica luz en la que se había convertido. Salía a caminar por los campos, y los pájaros y los animales iban hacia él. Una vez, un gran león de montaña vino y se echó a sus pies. ¿Por qué llamaba a todas estas cosas hermanos y hermanas? Porque lo eran. Un animal salvaje no se echaría junto a una persona dedicada a la imagen, porque la imagen es el estancamiento de la energía, la cópula, el dolor, el miedo, la duda y el poder regresivos. Pero un león se echará apaciblemente a los pies de una gran luz y encontrará una unidad con ella, porque la luz que ve y siente es la fuerza vital de su mismo ser.

Este hombre vivió el resto de su vida siendo una gloria de Dios, una gloria al Dios que había emergido en él. Cantó la gloria de la vida y trató de educar a las personas, no en la doctrina, sino en la simplicidad del conocimiento. No vivió hipocresías, sino que se dedicó solamente a Dios. Llegó a ser odiado y despreciado, porque trató de brillar en la oscuridad mientras otras personas custodiaban el interruptor de la luz.

Esta es una historia real. El apuesto joven era San Francisco de Asís.

∽∽∽

No hay mayor fuerza por la cual vivir que la fe. La oración nos da visión, valor, fortaleza y resistencia. La oración disuelve nuestros prejuicios, desvanece nuestra intolerancia, y hace desaparecer nuestras tendencias sentenciosas expandiendo nuestro corazón, nuestra mente y nuestro espíritu.

Le rezamos a Dios de rodillas—mas también lo hacemos en paz, con alegría, amor y risa.

La vida es una oración.

Tal vez ahora sea un buen momento para tomar un par de minutos y rezar. Este es el resto de la oración que San Francisco escribió en el siglo XII. Nacido en Asís, Italia, fue el fundador de la Orden de los Frailes Franciscanos. Tenía un profundo amor por la naturaleza y se dirigía a todo ser, criatura y entidades vivientes como hermanos y hermanas. Su oración es tan profunda y poderosa hoy como siempre lo ha sido.

Señor, hazme un instrumento de tu paz.
Donde haya odio, que siembre yo el amor.

Donde haya agravio, que siembre yo el perdón;
donde haya duda, que siembre yo la fe;
donde haya desesperación, que siembre yo la esperanza;
donde haya tinieblas que siembre yo la luz;
y donde haya tristeza que siembre yo la alegría;

Oh, Divino Maestro, concédeme que no busque yo tanto
ser consolado como consolar;
ser comprendido como comprender;
ser amado como amar;
porque es dando como recibimos,
perdonando como perdonamos,
y muriendo como nacemos a la vida eterna.

EL SÉPTIMO DÍA

¿No sería bueno tener un día a la semana sólo para descansar, reflexionar y renovarnos? ¿No serías más feliz, más saludable, hasta mejor persona? ¿Qué te detiene? Yo pienso que guardar el séptimo día tiene sentido hasta para un ateo.

El ritmo de la vida se basa en la tradición antigua, en los misterios eternos, el conocimiento moderno y en el sentido común.

El séptimo día tiene sus raíces en las escrituras y en la tradición judío-cristianas. Como lo discutimos en la cuarta parte, en el libro del Génesis se lee: "El séptimo día Dios descansó de toda la obra que había hecho". ¿Por qué descansó Dios en el séptimo día? ¿Estaba cansado? Por supuesto que no. Dios no necesitó descansar, pero previó nuestra "necesidad" de descansar. Al prever nuestra necesidad de descansar, Dios estableció el séptimo día como un día santo para ser reservado para el descanso y la renovación.

Dios no creó el sábado para Su beneficio, Dios creó el sábado para beneficio nuestro. El sábado no ayuda a Dios, nos ayuda a nosotros.

Instituyendo el séptimo día como un día de descanso y renovación, apartando este tiempo, Dios proveyó otro instrumento para restituir y mantener el ritmo de nuestra vida—el ritmo de la vida que genera la paz, la armonía, el vivir efectivo y la salud y el bienestar óptimos.

El Tercer Instrumento

❦

El primer y segundo instrumentos nos ayudan a establecer el ritmo de la vida, día a día. El tercer instrumento—el séptimo día—nos ayuda a anclar nuestras semanas en el ritmo de la vida. Aquí, discutiremos sobre el séptimo día como un tiempo de descanso y renovación, y como un instrumento para crear y mantener un ritmo en nuestra vida que nos permita alcanzar y mantener nuestra capacidad máxima en cada área de nuestra vida.

❧ ❧ ❧

El séptimo día es una tradición antigua fundada y basada en nuestras necesidades más humanas. Es una tradición judía y una tradición cristiana. Otras tradiciones religiosas también guardan un día de la semana como día de culto y descanso. En esta era que no ha sido gentil con la tradición, creo que hay una gran necesidad de acoger esta maravillosa y vivificante tradición del séptimo día.

La tradición del sábado emergió de nuestra legítima necesidad, como seres humanos, de descansar. La tradición del séptimo día mantiene, protege y asegura nuestra legítima

EL TERCER INSTRUMENTO 249

necesidad de descansar y relajarnos, de un cambio de paso, de tiempo con la familia y los amigos, de tiempo para volvernos hacia lo trascendental, y de tiempo para renovar nuestra conexión con Dios. Es una tradición tan relevante hoy, como lo fue hace cinco mil años.

෴ ෴ ෴

El concepto moderno de vida respeta solamente la acción. Para estar pasando tu tiempo de una manera que valga la pena tienes que estar haciendo o alcanzando algo. La medida más cruda y básica de esta actitud es hacer dinero. Este estado mental afecta hasta la manera en que pasamos nuestro tiempo de esparcimiento. Las personas están tan obsesionadas con la acción y la actividad, que sienten que tienen que estar haciendo algo constantemente. La oración es una actividad interior. Cuando rezas asumes la apariencia de no estar haciendo nada. Y debido a que los frutos, los beneficios, y las recompensas de la oración son internos, parece que no estás alcanzando nada. Nada puede estar más lejos de la verdad.

No todos los que tienen los ojos cerrados están durmiendo, y no todos los que tienen los ojos abiertos pueden ver.

Nuestros movimientos políticos, sociales y culturales no mantienen el viaje desde el punto A hasta el punto B. La base filosófica de los estilos de vida celebrados por los medios modernos de comunicación clama que "La vida se trata de lo que tienes y de lo que haces". El placer, las posesiones y el poder son los tres pilares de esta filosofía. El énfasis está en *tener* y *hacer*, en vez de en *convertirse*. La verdad es que aquello en lo que te conviertes es infinitamente más importante que lo que haces o tienes.

El tercer instrumento nos invita a separar un día a la semana para relajarnos y volver a enfocarnos, para recordar las prioridades de nuestra vida. Un día a la semana, para darle

la espalda al viento, sacudir el polvo de nuestros pies y de
nuestra alma, para desviarnos y soñar, y para abrirnos a la
paz, la tranquilidad, el ocio y el simple aprecio de la vida.
Sé creativo. Hay miles de maneras de ocupar el séptimo día.
Amplía tus horizontes.
Lee uno de esos libros que has querido leer por años.
Pasa tiempo con tu familia.
Pinta un cuadro.
Lee poesía
Escribe un poema
Haz algunos recuerdos.
Expresa tu amor.
Juega a los escondidos con tu hijo.
Haz un poco de ejercicio.
Pasa tiempo con tus amigos.
Come una copa de helado de chocolate.
Ve a la iglesia.
Visita a alguien que esté solo
Empieza un diario.
Encuentra el tiempo.
Simplemente, siéntate y escucha música . . . si sabes
    tocar, toca.
Hazte dar un masaje.
Da un masaje.
Ve a pescar.
Planta un jardín.
Pasa tiempo con niños. Dostoievsky, el afamado novelista
    ruso escribió: "El alma se cura siendo como niños".
Acuéstate en una playa y empápate del sol y mira las
    nubes.
Busca a un amigo olvidado.
Conversa junto al fuego.

Corre.

Expresa tu amor otra vez.

Miren una película juntos.

Duerme bajo las estrellas.

Ríete un poco.

Ríete un poco más.

Ve a jugar.

Discúlpate por estar siempre tan ocupado.

Visita un museo o una galería de arte.

Escucha.

Vuelve a leer las novelas que estudiaste en tu último año de enseñanza secundaria.

Baila lentamente, abrazado.

Reposa, sin hacer nada.

Acuéstate temprano.

Visita la soledad.

Hazte amigo del silencio.

Medita sobre los pensamientos de poetas, filósofos, sabios, profetas y santos.

Ve a un pícnic.

Reúne a un grupo de amigos para jugar fútbol.

Empieza a practicar uno de los pasatiempos de tu abuela.

Cumple una promesa.

Camina en el parque.

Reúne todas las fotos que tienes regadas por ahí y colócalas en un álbum.

Contempla una puesta de sol.

Escucha la lluvia.

Escribe una carta de amor.

Hornea unas galleticas.

Llama a tu madre . . .

∽ ∽ ∽

Este tipo de actividades nos renuevan, nos refrescan, traen ritmo a nuestra vida, nos conducen hacia la mejor salud, liberan nuestro corazón y nuestra mente, y nos recuerdan quiénes somos y qué es verdaderamente importante. Llena el séptimo día con experiencias enriquecedoras que traigan un nuevo significado y profundidad a tu vida. Retrocede y echa una buena mirada a la vida, y luego sumérgete más profundamente en ella.

Un buen punto de partida sería tratar de hacer por lo menos una actividad en cada una de las cuatro áreas de las legítimas necesidades—física, emocional, intelectual y espiritual—el séptimo día.

◌◌ ◌◌ ◌◌

Todo sucede de acuerdo con las estaciones. La naturaleza está basada en ciertos ciclos. Estos ciclos son el poder no explotado de nuestra vida. Si un agricultor planta la semilla en el invierno, ¿Tendrá una cosecha en la primavera? No, habrá desperdiciado su tiempo, su esfuerzo, su energía y la semilla. El conocimiento de los ciclos, de las estaciones y de los ritmos de la naturaleza es lo que hace un agricultor exitoso.

Hoy, es un conocimiento y una práctica común que un terreno descansado produce una cosecha abundante. Yo me pregunto, la primera vez que un agricultor decidió dejar que un terreno descansara por un año, ¿Sus vecinos y sus amigos dijeron "Oh, esa es una idea ingeniosa"? Por supuesto que no. Se rieron de él, se burlaron, hablaron de él a sus espaldas, y pensaron que estaba loco. Al año siguiente, cuando recogió la cosecha de ese campo, fue él quien rió último. Al año siguiente, cuando hubo tres o cuatro campos descansando, sonrió para sí con una discreta sensación de satisfacción silenciosa. Diez años después, cuando todos los agricultores del distrito estaban usando el método del descanso de los terrenos, él se había convertido en una leyenda.

Los ciclos de la naturaleza también mantienen el poder inexplotado de nuestra vida. Al empezar a descubrir esos ciclos y a vivir de acuerdo con ellos, tus amigos pensarán que estás loco por irte de la fiesta temprano, o por dejar pasar una "oportunidad irresistible" en el trabajo, o por cambiar la manera en que pasas tu domingo. Pero con el transcurrir de las semanas, los meses y los años, cuando recojas la cosecha de tu vida para ser pesada, ellos verán pronto que tu manera es mejor. Ellos la adoptarán, y también empezarán a buscar el ritmo de la vida.

ᔕ ᔕ ᔕ

La pregunta cambia: ¿Estás preparado para darle prioridad a tu salud y a tu felicidad sobre el balance de tu cuenta bancaria y de tu colección de juguetes? El ritmo de la vida debe ser una prioridad en nuestra vida. El séptimo día como día de descanso es un medio muy poderoso para crear y mantener el ritmo de la vida. Reconoce la sabiduría detrás de la tradición del sábado. Usa este día. Acepta este regalo. Deja que este día de descanso regule tu semana, que provea el macrorritmo para tu vida.

¿Alguna vez sientes que simplemente necesitas un día libre? ¿Un día para relajarte, para estar con familiares y amigos, para no hacer nada, un día para tomarlo con calma?

Adopta el séptimo día. Déjate renovar y refrescar. Durante miles de años, sabios de toda cultura han estado exprimiendo el poder del sábado, de una u otra manera, para mantener el ritmo en su vida. De este descanso y de esta reflexión del séptimo día, emergemos con una sensación clara de cuáles son nuestras prioridades y volvemos a nuestro trabajo y al mundo enraizados una vez más en los principios de nuestra vida.

ᔕ ᔕ ᔕ

Una vez vivió un hombre llamado Judas. Era un apóstol de Jesucristo y era conocido en la región por ser un hombre sabio y profundamente espiritual. La gente viajaba grandes distancias, aventurándose por tierras desconocidas, en búsqueda de sus consejos y de sanación.

Un día, Judas estaba descansando afuera de su cabaña cuando un cazador se le acercó. El cazador se sorprendió de que Judas estuviera descansando y lo repudió por holgazanear. Aquélla no era la idea que el cazador tenía a cerca de lo que debía estar haciendo un hombre santo.

Judas reconoció estos pensamientos que pasaban por la mente del cazador y también notó que el hombre llevaba un arco para cazar. "¿Cuál es su ocupación, señor?", preguntó Judas.

"Soy cazador", respondió el hombre.

"Muy bien", dijo Judas. "Estira tu arco y dispara una flecha". El hombre lo hizo. "Estíralo de nuevo y dispara otra", dijo Judas.

El hombre lo hizo, una y otra vez. Finalmente, el hombre se quejó: "Padre, si mantengo mi arco estirado todo el tiempo, se va a romper".

"Muy bien, hijo mío", Judas replicó. "Lo mismo sucede conmigo y con todas las personas. Si nos empujamos desmedidamente, nos destrozaremos. Es bueno y correcto relajarnos y distraernos de vez en cuando".

Si no descansas de las tensiones de la vida diaria, ellas te destrozarán.

¿De qué está hecha la música? De ritmo, por supuesto. ¿Qué más? Sí, notas. Cuando escribes música, ¿Escribes sólo notas? No. En la música las pausas son tan importantes como las notas. Los grandes músicos conocen el poder de las pausas. Si escuchas a un gran orador, descubrirás que la manera en que hace pausas es tan poderosa como las palabras que pronuncia. Esto también es verdad en la vida. Las pausas son tan importantes como la actividad. El silencio es tan importante como el ruido. Las pausas hacen que la actividad sea más poderosa y eficiente. El silencio hace que el ruido sea más significativo. Walt Whitman escribió una vez: "Haraganeo e invito mi alma". Haraganear abre el corazón y la mente para dejar que la paz y la tranquilidad fluyan. Todos necesitamos un momento para relajarnos y escuchar la voz interior, la voz que revela la verdad que nos libera. El ocio aumenta la riqueza de la vida. Los sabios hacen tiempo para el ocio. En este tiempo moderno obsesionado con el ruido y el movimiento, parece que somos incapaces de relajarnos. Toma las cosas con calma. Concluyamos nuestra discusión con una reflexión de Leonardo da Vinci. Nacido en Italia en 1452, Leonardo fue pintor, escultor, arquitecto, músico, ingeniero, matemático y científico. Leonardo da Vinci fue sin duda alguna uno de los más grandes intelectos de la historia de la humanidad.

De vez en cuando aléjate,
relájate un poco,
porque cuando vuelvas al trabajo
tu juicio será más seguro;
ya que trabajar constantemente
hará que pierdas el poder del juicio . . .
Aléjate un poco,
porque el trabajo parece más pequeño y
se puede ver más de él de una ojeada,
y la falta de armonía o de proporción
se ve más fácilmente.

EL ARTE DE REDUCIR LA VELOCIDAD

Reducir la velocidad es un arte. En nuestro mundo ajetreado no es fácil dominar este arte, pero es necesario. Nuestra vida tiene el hábito de cobrar su propio ímpetu, precipitándose con o sin nuestro consentimiento. Aprende a ir más despacio y entrar en la vida. Quita el pie del acelerador y mira alrededor y adentro.

Reduce la velocidad. Respira profundamente. Reflexiona profundamente. Reza profundamente. Vive profundamente. De otro modo pasarás tu vida sintiéndote como un tractor persiguiendo mariposas o como un gorrión en un huracán.

SEXTA PARTE

EL CAMINO
DE LA EXCELENCIA

Una Lección de
la Niñez

⟡━✦━⟡

No sé de dónde vino, o por qué lo desarrollé, pero por lo que puedo recordar, ha sido parte de mí. Siempre me han fascinado las personas famosas y exitosas. Cuando era niño, con frecuencia soñaba con ser un campeón de deportes. Así que miraba a mis héroes deportivos—el campeón de fútbol Pelé, el grande del golf Greg Norman y la leyenda del cricket Don Bradman—y me decía: "Espero que eso me pase a mí un día".

Al crecer, mi fascinación por los famosos se extendió incluyendo a hombres y mujeres de todas las profesiones y condiciones sociales—estrellas de cine, empresarios, políticos, líderes religiosos, músicos y artistas. Empecé a leer sobre ellos y a ver películas y documentales sobre su vida y su obra. Estudié su vida con una curiosidad insaciable.

Ahora, mirando hacia atrás, me doy cuenta de que estaba buscando pistas. Quería saber los secretos de su éxito. ¿Qué hace que un campeón sea un campeón?

Con el tiempo, empecé a ver cómo lograron su éxito. Ya sea que fuera hacer cien millones de dólares, convertirse en un futbolista de categoría mundial, crear una familia maravillosa, convertirse en un gran líder político, ser un artista o autor inspirador o vivir una vida de santidad heroica—descubrí que, en su mayoría, todas estas personas tenían un conjunto básico de cualidades. Su éxito no fue simplemente la buena suerte. Empecé a ver emerger un patrón. Sin importar su campo, cada uno de ellos aplicaba un conjunto de principios a su situación individual, lo cual producía resultados fenomenales.

Hay un patrón. Es lo que los líderes, las leyendas, los héroes, los grandes triunfadores, los campeones y los santos hacen para destacarse en su campo. Este es el camino de la excelencia, de principio a fin. Déjame decirte cómo creo que lo logran.

Lo primero que hacen es determinar dónde están—el punto A—y quiénes son—conocerse. Se miran bien, largo y tendido. Establecen sus necesidades, sus talentos y sus deseos. Definen y enumeran sus fortalezas y sus debilidades. Definen quiénes son y dónde están. Lo escriben.

Lo próximo que hacen es determinar hacia dónde quieren ir—el punto B. Lo llaman el sueño, su meta o ambición. Lo definen con precisión, y lo anotan. Sueñan sin límites.

Ahora que ya saben dónde están y quiénes son—el punto A—y a dónde quieren ir—el punto B—establecen qué camino los llevará allá más rápidamente. Tienen una visión. Hacen un plan. Puede ser imperfecto; pero, de cualquier manera, es un plan.

La falta de preparación es un plan para fracasar.

Lo siguiente que hacen es empezar a seguir su plan. Avanzan por el camino. Caminan hacia sus sueños. Y al caminar, dejan que sus acciones sean guiadas por un principio de vida que resuma en una oración su propósito y su ambición.

Cada mañana cuando se levantan, lo primero que hacen es recordar su meta. Cada noche, antes de acostarse, lo último que hacen es recordar su meta. Recuerdan esa meta en cada momento que están despiertos, a cada hora, todos los días. Nunca se desprenden de esa meta. Aprovechan el poder del pensamiento común. No permiten que nada se interponga entre ellos y su meta. Están dedicados a su camino y a su plan. Avanzan por el camino con energía incesante. Con energía inagotable por el sendero. Empiezan a utilizar todo su tiempo, todo su esfuerzo y toda su energía en la búsqueda de su meta.

Si algo se interpone entre ellos y su meta, lo consideran un obstáculo, y encuentran la manera de superarlo, por arriba, por abajo, por un lado, o a través de él. Los guardianes del umbral tratan de detenerlos, de demorarlos, de desanimarlos y de persuadirlos para que vayan por otros caminos. Pero ellos resisten las distracciones. Ellos creen en su camino y en su plan. Se dan cuenta de que no pueden hacerlo solos. Se toman tiempo para amar y ser amados. Aprecian a las personas— dándose cuenta de que nada que valga la pena puede alcanzarse sin el amor y la ayuda de otras personas.

Son contagiosos. Todo lo que hacen y dicen trasmite la pasión y la visión de su sueño. Dominan la comunicación. Quiénes son, lo que hacen y la forma en que lo hacen trasmite un poderoso mensaje.

Experimentan dificultades y angustias, pero continúan, manteniendo siempre su meta a la vista. Conocen e intiman con el dolor verdadero y el sufrimiento profundo, pero resisten a la tentación de amargarse y hastiarse. Caen, pero se levantan. Tropiezan de nuevo, pero se vuelven a levantar. Caen otra vez, pero se vuelven a levantar. Perseveran, y perseveran, y perseveran. Nunca se dan por vencidos.

Con el tiempo, alcanzan su meta. No la dejan ir. Alcanzan su ambición. No es suerte. No es una oportunidad inesperada. El éxito, el logro, la excelencia y la grandeza no son accidentes. No son simplemente regalos de Dios para unos pocos favorecidos. Son el fruto de la disciplina. Son el resultado de un plan bien implementado.

◊ ◊ ◊

Cuando atestiguamos el éxito y los logros en la vida de otras personas, sentimos la tentación de minimizarlos. Podemos decirnos: "Bueno, ser un jugador de béisbol de las Grandes Ligas no es la meta más noble" o "Ser rico y famoso, esa no es la meta más noble". La pregunta que surge es: ¿Siquiera tenemos una meta? ¿Siquiera tenemos un punto B en nuestra vida? ¿O estamos sólo deambulando alrededor en el punto A, esclavizándonos a todo tipo de conducta autodestructiva y diciéndonos: "Espero que eso me pase a mí un día" o "Daría mi vida entera por poder hacer eso"?

Toma, por ejemplo, a Itzhak Perlman, de quien ya hemos hablado en páginas anteriores. ¿Crees que alguna vez se dijo: "Qué es lo mínimo que puedo hacer y aún ser el mejor violinista del mundo"?

Oir a Itzhak Perlman tocar el violín es más que una experiencia musical—es un eclipse conmovedor—una sinfonía de deleite sensorial y espiritual. Itzhak Perlman hace mucho más que tocar el violín de una manera brillante. ¿Cómo supones que llegó a ser tan talentoso?

Todas las mañanas Itzhak Perlman se levanta a las cinco y quince. Se da una ducha, come un desayuno ligero y empieza su sesión matutina de práctica, que dura cuatro horas y media. Almuerza, lee un rato, hace ejercicios y empieza su sesión vespertina de práctica, que dura cuatro horas y media. Por la noche cena y descansa con su familia. Este es el horario de Itzhak Perlman todos los días del año, excepto los días de concierto.

El día de un concierto, se despierta a las cinco y quince, se da una ducha, desayuna, y empieza su sesión matutina de práctica, que dura cuatro horas y media. Almuerza, lee un rato, hace ejercicio y duerme una siesta durante noventa minutos. Cuando se despierta, se viste y se dirige al lugar del concierto. Allí, prueban el sonido y hacen un breve ensayo. Cuarenta y cinco minutos antes del concierto, el Sr. Perlman se encuentra solo en su camerino. Dos guardias de seguridad se colocan afuera de la puerta cerrada con instrucciones explícitas de no dejar entrar a nadie, bajo ninguna circunstancia.

¿Qué crees que hace?

Reza. Itzhak Perlman reza. ¿Cómo crees que Itzhak Perlman escoge rezar en ese momento? ¿Crees que dice "Dios, por favor, ¿Me dejarías tocar brillantemente esta noche?" Podría ser, pero no es el tipo de petición que deja a Itzhak preguntándose si Dios contestará su oración. Cuando Itzhak Perlman le dice a Dios "¿Por favor, me dejarías tocar el violín brillantemente esta noche?", no duda ni por un momento que Dios contestará su oración.

¿Por qué? Porque Itzhak Perlman toca el violín de una manera brillante nueve horas al día, todos los días, día tras día, en una habitación vacía, para nadie más que su Dios. Itzhak Perlman cumple su parte del trato. Pasión. Dedicación. Fe. De modo que cuando Itzhak Perlman dice "Dios, ¿Por favor, me dejarías tocar el violín brillantemente esta noche?", sabe con absoluta certeza que Dios contestará su oración.

¿Es ese el final de la oración de Perlman?

Por supuesto que no. Así que ¿Cómo pasa los otros cuarenta y cuatro minutos de oración? Ihtzhak Perlman visualiza lo que quiere que suceda en el concierto de esa noche—cómo quiere aprovechar su brillante interpretación. ¿Crees que simplemente se dice "Voy a salir hasta la mitad del escenario, tocaré el violín, el público se pondrá de pie y aplaudirá, y entonces todos nos iremos a casa"? Por supuesto que no.

Él visualiza exactamente lo que quiere alcanzar; visualiza mucho más, porque Itzhak Perlman no sólo toca el violín brillantemente, sino que llega a lo más profundo de la gente. Capta su alma y la eleva tan alto como puede. Itzhak Perlman hace llorar al público, y ellos no saben por qué están llorando. Hace que el público sienta y oiga cosas que nunca ha sentido u oído antes—cosas que no pueden expresar con palabras y que tienen que ser atestiguadas y experimentadas para ser comprendidas y creídas. Él comparte su emoción y su pasión por la vida a través de su música, llenando a su público de una alegría inexpresable. Infunde vigor a las personas. Las conmueve. Las motiva. Las emociona. Las cambia. A su manera, hace la diferencia en la vida de las personas. Habiendo elevado su alma, las envía a su casa, sabiendo que les ha infundido un entusiasmo y una pasión por la vida que es casi incontenible.

Momentos de genialidad. Lo inefable expresado.

Eso es lo que él visualiza en su oración. Te equivocarías si pensaras que Itzhak Perlman aspira sólo a tocar el violín.

Esa noche, más tarde, Itzhak Perlman está en su hotel, ya acostado, y justo antes de dormirse, una tenue sonrisa se dibuja en su rostro. Está lleno de la tranquila satisfacción de saber que en toda esa ciudad hay personas que están dando vueltas en la cama porque no pueden conciliar el sueño. No pueden dormir porque su vida ha cambiado.

Itzhak Perlman ha encontrado la manera de tocar la vida de las personas, de levantarlas, de compartir su pasión por la vida. Sabe que no hay mayor satisfacción que hacer la diferencia en la vida de otra persona—y eso es de lo que todo se trata.

Siéntate en una habitación oscura, sube el volumen y escucha el tema de la película *La lista de Schindler*. Es el primer tema de la banda sonora, y comprenderás que no es casualidad que Itzhak Perlman haya alcanzado la excelencia, el éxito, la grandeza.

Para Ti, ¿Qué Es el Èxito?

Si le preguntas a la mayoría de las personas qué quiere de la vida, como he hecho la costumbre de hacer en años recientes, descubrirás que quieren alcanzar el éxito. Algunos quieren ser exitosos en su trabajo, y otros en el campo deportivo. Algunos quieren ser padres exitosos, y otros quieren tener éxito viviendo sus creencias o practicando su espiritualidad. Pero si les pides a todas estas personas que definan el éxito, terminarás con tantas respuestas distintas como hay personas.

El Diccionario Oxford define el éxito como "el logro de un objetivo; un resultado favorable; u obtener riqueza, fama o posición".

Si esto es éxito, por favor, por favor, díganme que hay más en la vida que el éxito. O díganme que el éxito es algo distinto, algo más.

"Sólo hay un éxito—poder pasar la vida a tu manera", fue la observación de Christopher Morley. Mark Twain aconsejaba: "El secreto del éxito es hacer de tu vocación tu vacación". La definición de Ralph Waldo Emerson del éxito es quizás la más famosa. El escribió: "Reir con frecuencia y mucho; ganarse el respeto de las personas inteligentes y el afecto de los niños; ganarse el aprecio de críticos honestos y soportar la traición de amigos falsos; apreciar la belleza; encontrar lo mejor en los demás; dejar el mundo un poquito mejor, ya sea por medio de un niño saludable, de un huerto, o de una condición social redimida; saber que siquiera una vida ha respirado más fácilmente porque tú has vivido. Esto es haber tenido éxito".

Supongo que, en última instancia, cada uno de nosotros tiene que definir el éxito a su manera.

El ritmo de la vida es la base del éxito. Una vez que establecemos esta base en nuestra vida, todo lo que toquemos será exitoso, porque sabremos qué tocar. Pero más importante aún, encontraremos una felicidad rara, verdadera y duradera.

De niño descubrí que la clave del éxito en cualquier campo no es un secreto. No hay secretos para el éxito. Triquiñuelas y arreglos de así como así no llevan a una persona al éxito. Ni las filosofías engatusadoras y vacías. El éxito en cualquier campo—negocios, deportes, política, música, arte o espiritualidad—depende de un profundo entendimiento de quién eres y de cuáles son tus necesidades, tus talentos y tus deseos.

La clave del éxito es el carácter. La clave de tu éxito es tu carácter. Y aunque la base del carácter es la autodisciplina, la esencia del carácter es la personalidad. Tu personalidad única guarda los secretos de tu éxito.

Creo que el éxito más grande es estar creciendo, cambiando, desarrollándose y evolucionando constantemente en la mejor persona que sé que puedo ser. Encontrarás el éxito en cualquier actividad que te ayude en esta "conversión". ¿Por qué? Al fin y al cabo, nunca tendrás éxito haciendo algo que no disfrutas. El placer es un ingrediente fundamental del éxito. Somos exitosos en las cosas que disfrutamos, en los empeños que nos gustan, en los trabajos que nos entusiasman y nos apasionan. Es fácil apasionarse por las cosas que nos desafían a convertirnos en la mejor persona que sabemos que podemos ser. En poco tiempo, nos aburrimos, nos sentimos insatisfechos y descontentos con cualquier actividad que no pueda ser utilizada como un medio en el proceso del crecimiento y el desarrollo.

ᔕᕬ ᔕᕬ ᔕᕬ

El éxito es la relación íntima y armoniosa entre necesidad, deseo y talento. Cuando estos tres son entendidos y buscados balanceadamente, el resultado es extraordinario.

Mozart tenía un gran talento, mas también tenía un ardiente deseo de hacer música y una gran necesidad, como todos nosotros, de tocar la vida de otras personas. La cuidadosa mezcla de estos tres ingredientes—necesidad, deseo y talento— produjeron un resultado que nos deja sobrecogidos, aún hoy, más de doscientos años después de su muerte.

¿Recuerdas cuando escribías un ensayo en la escuela? Empezabas escribiendo un borrador y después escribías una versión más pulida de tu escrito. Tal vez escribías una tercera, cuarta o quinta versión antes de escribir el borrador final para entregárselo al profesor.

Mozart nunca hizo copias de su música. Mozart nunca escribió un borrador. Ni copias. Ni borradores. Ni prácticas. Ni correcciones. Sólo un manuscrito final. Simplemente la magnificencia que oyes en su música, escrita en un papel la primera vez que la escribió. Eso, amigos míos, es extraordinario. Es grandeza. Es una mezcla fenomenal de necesidad, deseo y talento. Es una combinación inconmensurable de genialidad, leyenda, heroísmo, pasión y profecía. Es nada menos que lo Divino brillando a través de un ser humano.

Mozart vivió solamente treinta y seis años. En ese corto período de vida, compuso seis óperas de primera clase, veintiún conciertos para piano, veinticuatro cuartetos para instrumentos de cuerda, diecisiete misas, música variada de cámara, y otro concierto para solos. Y, por supuesto, cuarenta y una sinfonías.

¿Azar? ¿Suerte? No lo creo. Pasión. Disciplina. Perseverancia. Dedicación.

∽ ∽ ∽

Crear el ritmo se trata de preparar el escenario de tus necesidades, deseos y talentos para que emerjan, para que sean entendidos y satisfechos. El ritmo de la vida nos permite saber, entender y buscar cada uno de estos—necesidad, deseo y talento. El resultado es el éxito, sí pero un éxito elevado, que la mayoría de las personas en el mundo no conoce—la clase de éxito que lleva consigo satisfacción, dicha, felicidad, salud, una paz profunda y perdurable, y la inalterable recompensa de convertirte en "la mejor versión de ti mismo".

Deseamos el éxito, la satisfacción, la felicidad y convertirnos en mejores personas, pero nos atormentamos. Lo hacemos al no encontrar la relación apropiada entre necesidad, deseo y talento. ¡Nos apuramos buscando el "éxito"! Muchos hombres y mujeres encuentran algún tipo de "éxito"—hacen extraordinarias cantidades de dinero, o se elevan a inimaginables niveles de fama, pero no encuentran la felicidad o la satisfacción en ese éxito. ¿Por qué no?

Estas personas no entienden sus necesidades, apenas comprenden sus talentos, y no buscan sus deseos más verdaderos y profundos. El resultado es discordia, infelicidad e insatisfacción. La gran yuxtaposición de su llamado éxito y su insatisfacción personal es confusa, hasta horrenda.

El éxito es convertirte en lo que verdaderamente eres.

272 EL CAMINO DE LA EXCELENCIA

Un poeta tiene que escribir poesía, un artista tiene que pintar, un músico tiene que hacer música, un amante tiene que amar, un atleta tiene que correr. Cuando una poetisa escribe poesía, crea subconsciente pero delicadamente el vínculo entre su necesidad, su deseo y su talento. El resultado o el producto derivado de esa gran mezcla de necesidad, deseo y talento, es paz, felicidad y una profunda sensación de satisfacción. Para la poetisa, no escribir poesía sería una locura. La llevaría literalmente a la locura.

Nos volvemos locos intentado ser una persona distinta a la que realmente somos.

No podemos ser felices intentando ser otra persona, sin importar lo buena o magnífica que sea esa persona. Nunca encontraremos felicidad y satisfacción siguiendo el sueño de otra persona, independientemente de lo grande o noble que sea su sueño.

El verdadero éxito se encuentra buscando descubrir quién eres en verdad, individual y únicamente; encontrando tu propio don, talento o habilidad especial; y desarrollando ese don para el beneficio de todos. Tal éxito enriquece al individuo en todo sentido. Este tipo de éxito enriquece a la sociedad.

El éxito no es simplemente un logro, es una contribución.

¿Por Qué Son Exitosos en Todo?

⟨━✦━⟩

¿Alguna vez has notado que las personas exitosas parecen poder hacerlo todo bien? Esto no es una pura casualidad, sino que se debe a la base sobre la cual construyen su vida. La base de su vida es un fuerte compromiso con su desarrollo personal—a luchar por convertirse en la mejor persona que saben que pueden ser en todas las áreas de su vida—lo que a su vez transforma a su familia, sus relaciones, su comunidad, su país y el mundo. Las personas verdaderamente exitosas tienen carácter. Parte de ese carácter es un inquebrantable compromiso con la excelencia. Ellas conocen el arte de la disciplina. Las personas exitosas simplemente tienen mejores hábitos que las demás. Tú eres tus hábitos.

Las personas exitosas tienen el hábito de ser disciplinadas. Las personas indisciplinadas tienen el hábito de no ser exitosas.

Algunas personas se levantan cada mañana y simplemente se tambalean a lo largo del día. Otras se levantan para ser exitosas.

Bien sea que se trate de éxito en el mundo de los negocios, éxito en la vida espiritual o éxito en el campo deportivo, los

principios son los mismos. La aplicación de éstos en la vida
de cualquier persona, necesariamente engendrará carácter y,
sucesivamente, éxito, satisfacción y felicidad.

No seas una persona que *hace*. Sé una persona que *es*. Hacer
cosas no es tu único objetivo, sino que eres un ser humano y
debes enfatizar el *ser*.

༄ ༄ ༄

Puedes decidir rechazar la visión de la vida que estoy
presentándote en este libro. Está bien. Pero sin importar lo
que decidas buscar en la vida, qué arco iris decidas perseguir,
habrá momentos difíciles en que te pondrán a prueba, y
necesitarás valor y perseverancia para alcanzar tus metas
y tus sueños.

¿Qué separa a hombres y mujeres de grandes logros del resto
de la humanidad? ¿Qué tenían en común Mahatma Gandhi,
Martín Luther King Jr., John F. Kennedy, Warren Buffet,
Albert Einstein, John Quincy Adams, Ronald Reagan, Charlie
Chaplin, Michael Jordan, Leonardo da Vinci, Beethoven, la
Madre Teresa y Billy Graham? ¿Qué motiva a estos hombres
y mujeres a tocar las vidas de tantas personas? ¿Qué les da
poder para tocar y afectar la vida de tantas personas? ¿Qué les
permite alcanzar el éxito y llegar a niveles de logro, que para
la mayoría de las personas son simplemente incomprensibles?

La pasión. Los apasiona lo que hacen. La fe. Creen en lo que
hacen. El compromiso. Están comprometidos con lo que hacen.
El valor. Ante situaciones que otras personas se descorazonarían,
ellos las toman a pecho. La perseverancia. Son individuos que
perseveran a través del fracaso, el rechazo y la crítica, y siguen,
siempre enfocados en su meta y en su sueño.

Pasión, fe, compromiso, valor y perseverancia.

Y así será con tu vida. Habrá momentos duros—los hay para
todos. Habrá momentos de temor y temblor. Habrá momentos

de desaliento y desilusión. Ten valor, sonríe, mantén tu frente alta, ríe con frecuencia, sé amable contigo mismo, mantente enfocado, sé amable y agradecido, ten pensamientos felices y sigue adelante pase lo que pase.

I. El Principio del Conocimiento

⟨═✦═⟩

Ralph Waldo Emerson escribió una vez: "Lo que está detrás de nosotros y lo que está delante de nosotros son pequeñeces comparado con lo que está dentro de nosotros". Shakespeare aconsejó: "Sé fiel a ti mismo". Sócrates aconsejó: "Conócete a ti mismo".

El éxito, la satisfacción y la felicidad duraderos dependen del conocimiento de nosotros mismos. No hay mayor sabiduría práctica que el conocimiento de uno mismo. El principio del conocimiento es, simplemente: "Conócete a ti mismo".

En discusiones anteriores, nos hemos hecho estas preguntas: ¿Cuáles son mis sueños? ¿Cuáles son mis necesidades legítimas? ¿Cuáles son mis deseos? ¿Cuáles son mis talentos? ¿Cuál es la relación entre mis necesidades, mis deseos y mis talentos? ¿Quién soy? ¿Estoy evolucionando hacia una mejor persona cada día? ¿Cuáles son mis adicciones? ¿Qué camino debo tomar? ¿Qué estrella estoy siguiendo?

Todas estas preguntas fueron diseñadas para retarnos a buscar conocernos un poco más. Este conocimiento de nosotros mismos nos hace posible crear y mantener un estilo de vida que conecte íntimamente nuestros sueños, nuestras esperanzas, nuestras necesidades, nuestros deseos y nuestros talentos—y al mismo tiempo nos lleve a cambiar, crecer, desarrollarnos y convertirnos en la mejor versión de nosotros mismos.

Las personas sabias se conocen y viven según ese conocimiento. Si yo sé que para estar saludable y feliz necesito siete horas de sueño cada noche, y duermo sólo cinco, soy un tonto. Soy peor que el ignorante que no puede hacer la conexión entre su falta de sueño y su mala salud e infelicidad. Poseo el conocimiento, pero no lo uso.

Hay un proverbio japonés que habla de las tres posesiones más valiosas en esta vida. La tercera es la espada, porque te da poder para defenderte y defender a los que amas de intrusos y tiranos. La segunda es la joya, porque te da poder para comprar e intercambiar para satisfacer tus necesidades temporales. Mas el proverbio japonés cree que la posesión más valiosa es el espejo, porque te da poder para conocerte.

Los grandes hombres y las grandes mujeres se conocen a sí mismos. Conocen sus fortalezas, sus debilidades, sus faltas y fallas, sus errores y defectos, sus talentos y habilidades, sus necesidades y deseos, sus esperanzas y sueños, su potencial y su propósito. Con estas piezas de conocimiento tejen una vida de belleza y esplendor. "Conócete a ti mismo" es un principio del carácter de leyendas, héroes, campeones, líderes y santos.

El temor nos detiene. Rehusamos mirar en el espejo, no siempre físicamente, sino emocional, intelectual y espiritualmente. He escuchado decir que un alcohólico no puede mirarse a los ojos en el espejo. Tenemos miedo de lo que vamos a encontrar. De modo que sólo pensamos en y hablamos de nuestras buenas cualidades y nuestros logros, pero al hacerlo, rehuimos algunas de las lecciones más gratificantes y satisfactorias de la vida. Si tan sólo miráramos bien cada una de las áreas de nuestro ser diariamente, descubriríamos nuestros sueños, nuestras esperanzas, nuestras necesidades, nuestros deseos, nuestros talentos y nuestro potencial. Si tan sólo supiéramos lo que necesitamos, ciertamente seríamos muy sabios. Pero con frecuencia rehusamos mirar cualquier cosa que no sean nuestras fortalezas y nuestros deseos. La debilidad y la necesidad son compañeras y maestras mucho más valiosas.

Cada día, durante tu hora sagrada, tómate el tiempo para hacerte una evaluación personal diaria. Hazte las preguntas difíciles. Trata de descubrir qué te hace sentir bien de ti mismo y qué te hace feliz—no placeres momentáneos, sino los verdaderos placeres de la vida, que saben cada vez mejor con el pasar de los días.

Las cosas de este mundo compiten por nuestra lealtad. Para ser sincero contigo mismo, tienes que aliarte con las cosas de este mundo, en la medida en que te lleven hacia tu culminación, satisfacción y perfección—el punto B—para convertirte en la mejor versión de ti mismo.

Conocerse a uno mismo es un proceso constante y continuo. Obsérvate. Mantente consciente. Obsérvate en los momentos del día. Escúchate. Nota cómo actúas y reaccionas en ciertas situaciones.

La plenitud de la vida viene de conocerte a ti mismo—necesidades, deseos, talentos, fortalezas, debilidades, limitaciones y potencial—y de vivir de acuerdo con la sabiduría de este conocimiento.

∽ ∽ ∽

Tal vez estás familiarizado con la famosa pintura de Leonardo da Vinci *La Última Cena*. Leonardo vivía en Milán cuando la pintó, y cuando se dedicó a esa composición en particular, decidió que quería enfocarla de una manera única. Quería encontrar trece hombres para que posaran, uno por cada uno de los discípulos y uno como Jesús. Quería que cada uno de sus modelos luciera exactamente como él imaginaba que Jesús y cada uno de los discípulos lucían. Así que su búsqueda de estos hombres comenzó.

Un día, mientras estaba sentado en la iglesia, las voces del coro eran tan angelicales que dio la vuelta y miró hacia la galería del coro. Al hacerlo, su mirada se fijó en un joven del coro. El joven era igual a como Leonardo había visualizado que luciría Jesús. Después de la iglesia, Leonardo se acercó al joven, le explicó su proyecto, y le preguntó si estaría interesado en posar para la pintura. El joven estuvo de acuerdo, y la semana siguiente pasó cuatro días posando para Leonardo en su estudio en Milán.

La búsqueda de Leonardo continuó, y rápidamente encontró a alguien que posara como Pedro, Simón y Mateo. En once meses había encontrado y pintado a todas las personas en la escena excepto a Judas.

Leonardo no podía encontrar a su Judas. Buscó por todas partes. Caminaba por las calles de Milán, algunos días durante horas interminables, buscando entre los rostros sin nombre en las multitudes a un hombre que personificara a Judas tal como él imaginaba que habría lucido. Leonardo había pasado once años buscando a Judas, cuando finalmente se dio cuenta de que había estado buscándolo en los lugares equivocados.

Leonardo pensó, si he de encontrar a un hombre que tiene las cualidades y la apariencia de Judas, tengo que mirar donde tales hombres están reunidos. Con eso en mente, Leonardo fue a las prisiones que había en Milán y sus alrededores, buscando a un hombre con dolor e ira en sus ojos, con áspera impaciencia en su rostro, con las cicatrices del orgullo y la amargura en las mejillas y con las marcas del quebranto en sus facciones—un hombre que le pareciera a él como Judas. Después de muchos días y muchas prisiones, se cruzó con ese hombre. Le explicó lo que estaba haciendo y le preguntó si estaría dispuesto a posar para la pintura. El prisionero estuvo de acuerdo, y Leonardo hizo arreglos para que fuera llevado a su estudio en Milán bajo custodia.

La semana siguiente fue llevado al estudio y Leonardo empezó la fase final de su obra. Mientras pintaba, Leonardo notó que el prisionero estaba poniéndose más intranquilo y afligido cada hora que pasaba. Leonardo observó que el hombre lo miraba a él y después a la pintura, y cada vez parecía estar lleno de cierta tristeza, de remordimiento.

A la mitad del segundo día, Leonardo estaba tan perturbado por lo que estaba observando en su modelo que dejó de trabajar y le dijo: "¿Ocurre algo malo? ¿No te gusta mi obra?" El prisionero no dijo nada, y Leonardo preguntó una vez más, diciendo: "Pareces muy disgustado, y si te estoy causando dolor de alguna manera, tal vez debemos parar". El hombre miró al maestro pintor y luego a la pintura una vez más. Al dejar de mirar la pintura, bajó la cabeza y empezó a llorar desconsoladamente.

Después de varios minutos, finalmente Leonardo pudo calmarlo. "¿Qué pasa?" preguntó.

El prisionero miró al artista en los ojos con expectación y dijo: "Maestro, ¿no me reconoce?"

Confundido, Leonardo respondió: "No. ¿Nos conocemos de antes?"

"Oh sí", explicó el prisionero. "Hace once años yo posé para usted para esta misma pintura, como la persona de Jesús".

✧ ✧ ✧

En cada uno de nosotros hay un Judas y un Jesús. Nuestra vida aquí en la tierra es un trabajo incompleto a menos que podamos descubrir el Judas y el Jesús en nosotros. Tenemos que llegar a conocer nuestras fortalezas y nuestras debilidades. Con frecuencia es muy fácil encontrar al Jesús en nosotros. Con demasiada frecuencia rehuimos la tarea de examinar nuestras faltas. Sin embargo, es tan sólo conociendo las fallas y los defectos de nuestro carácter que podemos empezar a trabajar para superarlos.

Nuestras debilidades son la clave de un futuro más rico y abundante. Nuestras fortalezas ya están rindiendo todo el fruto posible. Nuestras debilidades son las tierras sin cultivar de nuestro carácter. Arranca la hierba mala de esa tierra, planta unas semillas y producirás una gran cosecha.

La mayoría de las personas no quieren conocer sus debilidades. Este es un signo clásico de mediocridad. Mientras el resto de nosotros se la pasa discutiendo sobre nuestras debilidades, tratando de convencer a la gente de que nuestra falta de carácter es nuestro carácter, los héroes, los líderes, las leyendas, los campeones y los santos que llenan los libros de historia, fueron a buscar sus debilidades. No escondieron sus necesidades, ni se escondieron de ellas. Se levantaron temprano cada día y fueron a enfrentarse a ellas, porque sabían que sus necesidades eran la clave de su futuro rico y más abundante.

Si quieres que tu futuro sea más grande que tu pasado, empieza a transformar tus debilidades en fortalezas.

¿Estás preparado para enfrentarte al Judas que hay en ti?

❧ ❧ ❧

Cuando Dios estaba creando el universo, algunos de los ángeles estaban discutiendo dónde cada uno sentía que Dios debía esconder la verdad. Un ángel dijo "Yo creo que Dios debería esconder la verdad en la cumbre de la montaña más alta". El siguiente proclamó: "Yo creo que Dios debería esconder la verdad en las profundidades del océano". Otro dijo: "No, yo creo que Dios debería esconder la verdad en la estrella más lejana".

Dios escuchó a los ángeles y habló, diciendo: "No esconderé la verdad en ninguno de esos lugares. Esconderé la verdad en las profundidades del corazón de cada hombre y de cada mujer. De este modo, aquéllos que busquen humilde y sinceramente, la encontrarán muy fácilmente; y aquéllos que no, tendrán que buscar en todo el universo antes de encontrarla".

Conócete a ti mismo; conoce tus fortalezas y tus debilidades; tu relación con el universo; tus potencialidades; tu herencia espiritual; tus metas y tus propósitos; date el valor que mereces.

—SÓCRATES

2. El Principio del Sueño

En cierto sentido, la vida es una larga sucesión de elecciones y decisiones. ¿Cómo tomas tus decisiones? ¿En qué basas tus decisiones? ¿Tienes algún proceso en el que confías y que usas fielmente?

En un sentido similar, la vida está hecha de esperanzas y sueños. Tú sueñas los sueños y tomas las decisiones. Entre un número infinito de posibilidades, tienes que decidir cómo pasar tu vida. La forma que toma tu vida depende de las decisiones que tomes.

¿Cuál es la diferencia en la forma en que las leyendas, los líderes, los héroes y los campeones toman sus decisiones? ¿Cuál es su proceso para tomar decisiones?

Ellos se permiten soñar. Se imaginan circunstancias perfectas. No ponen límite a su proceso de tomar decisiones. Ellos preguntan: ¿Qué sería mejor? ¿Cuál es la voluntad de Dios? ¿Si pudiera hacer cualquier cosa, qué haría?

La mayoría de las personas basa sus decisiones en los recursos limitados disponibles para ellos en ese momento. Por ejemplo, Ralph es un estudiante de último año de escuela secundaria y quiere ir a la universidad. La primera pregunta que se hace es: "¿Qué universidades puedo pagar?" Una vez que ha obtenido esa información, toma su decisión basándose en las opciones que él considera que tiene disponibles. Las leyendas, los héroes, los campeones, los líderes y los santos se preguntan "¿Qué universidad sería la más adecuada para mis necesidades?", "¿Qué universidad me ayudará más a crecer y a convertirme en la mejor versión de mí mismo?" y "¿Qué universidad me ayudará más en la búsqueda de mis sueños?" Y antes de tomar decisiones emplean el principio de los sueños: sueñan sin límites. Se abstraen del espacio y del tiempo. Abstraen todas las limitaciones de la etapa inicial de su proceso de decisión. Si descubren que la mejor universidad para ellos es Yale, y que Yale cuesta $20,000 al año más de lo que pueden pagar, no desechan la mejor opción, encuentran una manera de obtener el dinero. Si tienen sólo una calificación promedio de 3.4, y para entrar a Yale necesitan 3.7, no abandonan la mejor opción y su sueño. Encuentran una manera. Van a otra universidad por un año y aumentan su promedio.

Las grandes personas de la historia eliminan todas las limitaciones de sus sueños, y una vez que establecen su sueño, lo buscan con incesable energía.

No sueñes como un gerente de banco. Un gerente de banco te dice lo que puedes pagar basándose solamente en tu potencial comprobado. La mejor parte de todos nosotros es nuestro potencial no comprobado. Es verdad—física, emocional, intelectual y espiritualmente. No dejes que los guardianes del umbral te impidan seguir adelante y alcanzar tus sueños. No dejes que los banqueros emocionales, espirituales e intelectuales te desanimen de convertirte en la mejor persona que tú sabes que puedes ser.

También trata de no dejar que tus sueños y tus decisiones sean formados, afectados o guiados por el miedo, la ira, el odio, la ambición o la codicia. Soñar requiere valor, porque la mayoría de nosotros tiene un temor horrible al fracaso. Nuestro temor al fracaso nos confina al crepúsculo gris pálido de la vida. Permitimos que frases como "¿Qué pasa si fallo?" y "No puedo hacerlo", infecten nuestro diálogo interior.

El espíritu humano prospera en la victoria, el crecimiento, el cambio y el desarrollo—y todo esto implica hacer posible lo imposible. Eleanor Roosevelt escribió: "Tienes que hacer cosas que no puedes hacer. Eso fortalece el carácter, construye el valor y la fortaleza, la confianza y la fe".

Colón, Einstein, Edison, Rachmaninoff, Henry Ford, los Hermanos Wright—los soñadores de los sueños—hicieron conocido lo desconocido, posible lo imposible.

Sueña sin límites.

~o ~o ~o

En mi casa, en mi escritorio donde escribo, tengo una fotografía mía de cuando tenía siete años. Es gracioso ver cómo reaccionan distintas personas cuando descubren que no se trata de mi hermano menor ni de mi sobrino, sino de mí. Algunos tal vez piensan que soy vanidoso y egotista. Otros se preguntan, y otras preguntan "¿Por qué?"

Mi séptimo año fue muy especial. Fue el año que preparó el escenario para el resto de mi vida. Fue el año en que aprendí la primera lección de la vida. Fue el año en que aprendí a amar la vida. Si me has oído hablar, quizás me has oído contar esta historia. Si has leído algunos de mis otros escritos, tal vez la hayas leído de una u otra forma. Te ruego que me toleres al contarla una vez más.

Los mejores y peores dos años de mi vida fueron los que pasé en primer grado. Parecía que no tenía amigos, y aquéllos que yo creía que eran mis amigos, parecían estar burlándose de mí siempre. Un día, uno de los niños populares me llamó "feo", y desde entonces, se convirtió en un apodo. Aparte de todo esto, yo tenía otro problema que me preocupaba seriamente.

Recuerdo que en primer grado, semana tras semana, cuando llegaba a la puerta de la escuela los viernes por la tarde, me encontraba a tres o cuatro de mis hermanos parados esperando a mi madre. Siempre estaban muy felices y entusiasmados porque, una vez más, la semana escolar había terminado y el fin de semana había comenzado. Pero semana tras semana el viernes por la tarde, yo llegaba triste a la puerta de la escuela. Aún puedo recordar un viernes por la tarde en particular. La campana de la escuela sonó y todos salieron apresuradamente de la clase y corrieron hacia las puertas. Yo recogí mis cosas lentamente, empaqué mi mochila, arreglé mi pupitre y arrastré mi maleta lentamente hacia la puerta de la escuela donde encontré a cuatro de mis hermanos. Una vez más, estaban muy felices y entusiasmados porque el fin de semana había llegado. Ese viernes por la tarde yo estaba particularmente triste.

Recuerdo a mi madre llegando a recogernos. Todos caminamos por la calle hacia donde ella había estacionado el automóvil, y al acercarnos ella tomó nuestras mochilas y las colocó detrás. Uno a uno entramos en el automóvil, y al entrar me eché a llorar. Había estado aguantando las lágrimas toda la tarde, y no pude contenerlas más. Mis hermanos me miraron, preguntándose qué había pasado, y cuando mi madre me vio llorando, dijo "¿Qué te pasa?"

En primer grado, los viernes por la tarde teníamos nuestro examen de ortografía. Entre sollozos, le expliqué a mi madre que había fallado mi examen de ortografía, otra vez. Siempre fallaba. No podía escribir correctamente. Ese día, mi madre me llevó a casa, me levantó en sus brazos y dijo: "Todo va a estar bien. Vamos a practicar tu ortografía y vas a mejorar". Entonces mi madre me dijo: "¿Cuántas hiciste bien en tu examen de ortografía de hoy?"

"Seis de veinte", le dije.

Mi mamá dijo: "Está bien. Si obtienes un siete la semana próxima, el viernes por la tarde te voy a llevar de la escuela a comprar una barra grande de chocolate directamente".

El viernes siguiente saqué siete, y recibí mi barra de chocolate. En las semanas subsiguientes—ocho, nueve, diez ... y más chocolate. Doce, catorce, dieciséis, y todavía más chocolate. Dieciocho, diecinueve, veinte, y aún más chocolate. Hasta que finalmente desarrollé un amor por el chocolate ... pero tenía buena ortografía.

Tenía buena ortografía. Había hecho posible lo imposible. Había escalado mi monte Everest, había caminado por la luna, había ganado mi medalla olímpica.

A los siete años, yo creía que mis probabilidades de aprender ortografía eran menos que las de la mayoría de la gente de escalar el Monte Everest o caminar en la luna. Sencillamente parecía imposible. Era demasiado grande, y yo era demasiado pequeño. Pero el día en que por primera vez saqué veinte de veinte en mi examen de ortografía, me di cuenta de que había logrado lo imposible. No estaba consciente de eso en ese momento, pero mi vida cambió para siempre ese día, y con el pasar de los días y las semanas, desarrollé la profunda creencia que era capaz de cualquier cosa. Había logrado lo imposible, y la palabra imposible se había borrado de mi vocabulario.

Empecé a soñar sin límites.

El año siguiente repetí el primer grado, hice amigos maravillosos, seguí teniendo éxito en ortografía, y empecé a disfrutar la vida de verdad. El viaje continúa. Esa foto está en mi escritorio para recordarme el primer grado, para recordarme que soy capaz hasta de las cosas que parecen imposibles.

Es a través del dominio de pequeñas disciplinas que nos volvemos capaces de cosas mayores y, de hecho, de cualquier cosa.

3. El Principio de la Visión

El principio de la visión no se puede expresar mejor con palabras que como mi entrenador de golf acostumbraba a hacerlo: "Si no puedes ver el tiro, no puedes darle". Si hay algo que deseas hacer en tu vida, crea un plan para lograr ese sueño. No esperes tontamente creyendo que un día, por alguna ola cósmica de eventos todo será perfecto y tus aspiraciones se lograrán por sí mismas. No lo harán. Dios nos ha dotado a todos de tantas maneras distintas. Activa tus talentos y habilidades.

Las metas y los planes hacen resaltar lo mejor del espíritu humano.

Los líderes, las leyendas, los héroes, los campeones y los santos tienen el hábito de planear y establecer metas constantemente. Ellos nunca abrigan la ilusión de no tener problemas. Cuando surgen los problemas y los desafíos, los evalúan y los definen con claridad y precisión. Entonces, crean un plan para superarlos o aliviarlos, creando así confianza y reduciendo el miedo.

Si tienes un problema, enfréntalo. Si no lo haces, le das fuerza al problema y te paralizas de miedo.

Nuestro propósito esencial—convertirnos en la mejor versión de nosotros mismos—proporciona una visión general, pero cada área de nuestra vida necesita una visión específica. Ten una visión.

4. El Principio de la Vida

De adolescente, y desde entonces, observando la vida de leyendas, héroes, campeones, líderes y santos, descubrí que casi todos tienen o tuvieron lo que yo llamo un principio de la vida. Un principio de la vida es una oración, frase, o idea que resume el centro de la vida de una persona.

A principios de los ochenta, hubo una película popular titulada *Wall Street*. Se trataba de la historia de Gordon Gecko, el más grande comerciante de Wall Street. La película revela un rastro de ambiciones, codicias, mentiras, engaños, manipulaciones y abusos de información privilegiada. El principio de la vida de Gecko era "La ambición es buena".

A principios del siglo XX, una joven de una acaudalada familia dejó su hogar para entrar en un convento y vivir una vida de pobreza, castidad y obediencia. Mas en poco tiempo empezó a oír una voz en su interior llamándola a algo más. En su interior, sentía una insaciable preocupación por los pobres y por los que sufrían en el mundo. Empezó como un deseo simplemente. Un sano deseo. Un noble deseo. Un deseo de ayudar a los pobres. Esta joven mujer sintió la necesidad de servir a su prójimo. Tenía simplemente el talento para amar y defender la dignidad de los pobres.

La madre Teresa murió en 1997, dejando un legado de amor y servicio en casi todos los países del mundo. Ella es un ícono de compasión en nuestra época. El principio de la vida de la Madre Teresa era "Vivir una vida de servicio a Dios y al prójimo mediante el cuidado de los más pobres de los pobres". El principio de la vida de la Madre Teresa la desafiaba constantemente a ser una mejor persona. Su principio de la vida la llevó a satisfacer sus necesidades legítimas. Ella descubrió un ritmo para la vida, vivió de acuerdo con ese ritmo y se desarrolló en un ser humano extraordinario.

El principio de la vida de Gordon Gecko ¿lo llevó a ser una mejor persona?

Puede ser que las personas de épocas venideras encuentren difícil creer que una tal Madre Teresa alguna vez caminó la tierra en carne y hueso. Ella fue una heroína, una maestra, una guerrera, una profeta, una santa, una campeona, una reina—y un tremendo éxito en su campo. La Madre Teresa es una leyenda. Todo lo que ella hizo la ayudó a convertirse en la mejor versión de sí misma.

La vida de las personas exitosas tiene dirección. Ellas no reaccionan a los hechos de la vida diaria; más bien, su vida es una acción consciente, moviéndose hacia una meta específicamente definida, dirigida por una filosofía cuidadosamente considerada, que está resumida por un solo principio—un principio de la vida.

Sus principios de la vida los enfoca, los mantiene enfocados, y los protege de volverse distraídos.

Todos los días hay cientos de opciones para que empleemos nuestro tiempo, nuestro esfuerzo y nuestra energía. En los sucesos diarios de nuestra vida surgen docenas de oportunidades que nos distraen de lo que es realmente importante. Las personas exitosas no permiten que estas distracciones controlen su vida. Durante el día, en cada momento de decisión, consideran cuidadosamente la oportunidad ante ellos en relación a su principio de la vida. Constantemente se preguntan: "¿Me ayudará esto a lograr mi meta?", "¿Me ayudará esto en el camino hacia el punto B?" Ellos usan su principio de la vida como su guía o brújula. Se convierte en el principio que guía su vida y en el ancla de sus sueños.

El mundo entero se quitará del camino para alguien que sabe lo que quiere y a dónde va.

∽ ∽ ∽

Como expliqué antes, hasta que tuve diecinueve años, mi meta y mi ambición eran simplemente destacarme en el mundo de los negocios, hacer mucho dinero y disfrutar las cosas de este mundo. Pero, a los diecinueve, Dios tocó mi vida de una manera especial, abriéndome los ojos. Fue en ese momento que empecé a reflexionar verdaderamente sobre la vida y sobre el mundo en que vivimos. Fue en ese momento cuando realmente empecé a rezar y a meditar.

Hoy en día, mi principio de la vida es este: "En quién te conviertes es infinitamente más importante que lo que haces o lo que tienes". Esta idea me enfoca en el cambio, en el crecimiento y en el desarrollo. Me desafía a dedicar mis esfuerzos y mis energías en esas actividades que me ayudarán a convertirme en la mejor versión de mí mismo. Cuando surge una oportunidad en mi vida, puedo ponderar su valor simplemente según esta idea única, este principio de la vida, preguntándome: "¿Me ayudará esta oportunidad a cambiar, a desarrollarme y a crecer?", "¿Me *convertiré* en una mejor persona mediante la búsqueda de esta oportunidad?",

"¿Me ayudará esta oportunidad a satisfacer mis necesidades legítimas?" y "Si acepto esta oportunidad, ¿estaré siguiendo mi estrella?"

Sin la dirección y la guía que el principio de la vida trae a nuestra vida, somos como barcos encaminados a un naufragio. Sin un principio fundamental, nos encontramos en el oscuro y confuso abismo de decidir basándonos en "lo que deseamos" en cualquier momento. Nuestros sentimientos son transitorios y siempre están cambiando. Si tomamos nuestras decisiones basándonos en nuestros sentimientos, que siempre están cambiando, nuestra vida no tendrá tema, ni ritmo, ni continuidad ni consistencia. Perderemos el hilo de nuestra vida, perderemos nuestra propia historia personal, y nos volveremos locos—literalmente.

Debemos desarrollar el hábito de ver las cuestiones de nuestra vida actual en relación al principio de la vida.

Nuestro principio de la vida se convierte en el medio para enfocar nuestro día. Es práctico, es efectivo y mientras más nos mantengamos enfocados en este principio, más podremos atender nuestras necesidades legítimas físicas, emocionales, intelectuales y espirituales. Mientras más atendamos estas legítimas necesidades, más vigorizados estaremos. Esta energía maximiza nuestra capacidad en cada área de nuestra vida. Planeando nuestros días de acuerdo con nuestras legítimas necesidades, con la guía y la dirección de este principio de la vida, sabemos que estamos haciendo tanto como podemos sin sacrificar el ritmo—y hay una cierta paz y liberación que viene de ese saber.

Todo esto obra en conjunto para crear y formar el ritmo de la vida. El ritmo aniquila la inquietud generando balance, armonía y paz. Se trata de conocer nuestros límites y nunca excederlos—por nuestro propio bien. Empieza teniendo una meta, una dirección, un enfoque, una base y un principio de la vida.

Toma una hoja de papel en blanco de tamaño regular de carta y pídele a alguien que la sujete por las puntas largas. Ahora trata de abrir un hoyo en la hoja con el puño. No puedes, ¿cierto?

¡Bueno! Ahora esta vez, toma la misma hoja de papel y pídele a otra persona que la sujete de la misma forma, pero en lugar de tratar de abrir el hoyo con el puño, abre un hoyo con tu dedo índice. ¿Qué pasa? El dedo atraviesa el papel sin problemas, ¿verdad? *Enfócate*. El enfoque logra resultados en nuestra vida. Es por eso que necesitamos un principio de la vida, porque trae enfoque a nuestra vida.

Cristaliza tu propósito. Planea cuál va a ser tu principio de la vida. Escríbelo en tus propias palabras. Adopta el de otra persona si lo consideras más apropiado. Usa el mío si te viene bien. Pero escríbelo, pégalo en la pared junto a tu cama, escríbelo en tu agenda, en el panel de tu automóvil, pégalo en la puerta de tu armario, ponlo en tu escritorio, en tu protector de pantallas, donde sea necesario. Pon una copia de tu principio de la vida en todas partes, hasta que se convierta en una parte tan constante y habitual de tus patrones de pensamiento y de tus procesos diarios que ya no necesitas el estímulo visual.

Recuerda tu meta a cada momento que estés despierto de cada hora de cada día—eso es lo que hacen las personas exitosas. Ellas sueñan el sueño, definen el sueño, continuamente visualizan el sueño—y alcanzan el sueño.

Después vívelo. Deja que tu principio de la vida se convierta en la base de todas las actividades de tu vida. Deja que se convierta en tu guía y consejero en momentos de decisión, deja que se convierta en tu consuelo y seguridad en momentos de miedo y duda. Deja que afecte todas las decisiones y acciones de tu día. Deja que se convierta en tu principio de la vida—la base de todo lo que eres, de todo lo que haces, de todo lo que tienes y de todo en lo que te estás volviendo.

Una vez que hayas tomado una decisión sobre tu principio de la vida, puedes probarlo haciendo estas preguntas: "Mi principio de la vida, ¿me fortalece y me hace ser yo mismo más plena y perfectamente?", "Mi principio de la vida, ¿me enriquece, me ennoblece y me da poder?" y "¿Me ayudará a convertirme en la mejor persona que sé que puedo ser?"

En quien te conviertas es infinitamente más importante que lo que haces o lo que tienes.

5. EL PRINCIPIO DEL PENSAMIENTO

◦━◆━◦

En los últimos años de mi adolescencia, al empezar a reflexionar sobre algunas de las ideas que ahora estoy compartiendo contigo, busqué maneras prácticas para centrar mi estilo de vida en mi principio de la vida. Esta pregunta se convirtió en mi piedra de toque: "¿Qué tomará hoy para que me convierta en la mejor persona que sé que puedo ser?"

Lo primero que hice fue escribir esta pregunta en una hoja de papel en blanco y pegarla en la pared junto a mi cama. Lo hice porque quería que fuera lo primero que vería cada día. Quería que fuera lo primero que vería cada día porque quería que se convirtiera en el tema de mi día.

¿Alguna vez te has levantado con una canción en tu cabeza? ¿Qué pasa? Aunque no te guste la canción, no puedes sacártela de la cabeza. Estarás tarareando la canción todo el día. Odias la canción; no obstante, descubres que te sabes toda la letra.

Hay algo muy poderoso acerca de estos primeros momentos del día. No sé exactamente por qué, pero sé que son poderosos. Lo sensato sería aprovechar el poder de ese momento. Por eso pegué esa pregunta junto a mi cama.

Entonces, la volví a escribir—"¿Qué tomará hoy para que me convierta en la mejor persona que sé que puedo ser?"—y la pegué en el espejo de mi baño. La escribí una vez más y la pegué en la puerta de mi clóset, en mi escritorio, en mi agenda, en el tablero de mi automóvil, en mi refrigerador . . . La puse en todas partes. ¿Por qué? Quería recordar mi meta en cada momento que estuviera despierto de cada hora de cada día. ¿Por qué? Así es cómo las leyendas, los héroes, los campeones, los líderes y los santos lograron todo lo que hicieron.

Ya no tengo esas hojas de papel por todas partes, simplemente pienso en esa pregunta automáticamente—"¿Qué tomará hoy para convertirme en la mejor persona que sé que puedo ser?"—3972 veces al día. Se ha convertido en un hábito.

El pensamiento humano es creativo. Lo que piensas pasa. Todo lo que dejas que ocupe tu mente forma la realidad de tu vida y afecta al mundo entero, por futuras generaciones. El pensamiento determina la acción. Antes de que pase mucho tiempo, estarás viviendo lo que ya sucedió en tu mente. Bueno o malo, todo pasa en tu mente antes de que suceda en la realidad. Si puedes controlar lo que pasa en tu mente, puedes controlar toda acción en tu vida.

Un jugador de baloncesto se para delante de la línea de tiro libre. El juego está empatado, queda un segundo en el reloj, la serie está 3 a 3, se juega el campeonato de la NBA, y él tiene un tiro. Si se imagina fallándolo, ¿qué hará? Por supuesto, fallará el tiro. El pensamiento determina la acción. Si se imagina acertando quince tiros y fallando diecinueve, ¿Qué hará? Fallará. Las acciones de nuestra vida están determinadas por nuestro último, más dominante pensamiento.

Tu futuro es forjado y tus acciones son determinadas por tus pensamientos más dominantes.

Jack Nicklaus no pensaba de vez en cuando en ser un gran golfista—fue su pensamiento más dominante durante años. Carl Ripken Jr. no piensa ocasionalmente en ser un gran pelotero— es su pensamiento más dominante. Shakespeare no pensó ocasionalmente en ser un gran escritor—fue su pensamiento más dominante. Miguel Ángel no pensó ocasionalmente en ser un gran pintor—fue su pensamiento más dominante. San Francisco de Asís no pensó ocasionalmente sobre la maravilla de Dios y de Su creación—fue su pensamiento más dominante. ¿Cuál es tu pensamiento más dominante? La respuesta a esa pregunta te dirá mucho acerca de quién eres y de qué estás haciendo con tu vida. El principio del pensamiento es "El pensamiento determina la acción".

> Esta es una cosa curiosa sobre la vida;
> si no aceptas más que lo mejor,
> con mucha frecuencia lo obtienes.
>
> —Somerset Maugham

6. El Principio de la Dedicación

❦

¿Alguna vez le has dado lo mejor de ti, todo, a algo? ¿Qué crees que pasaría si lo hicieras?

El amor no tiene en cuenta el costo. Tiger Woods ama el golf. Michael Jordan ama el baloncesto. Mahatma Gandhi amó al pueblo de la India. Beethoven amó la música. Miguel Ángel amó pintar. Las leyendas, los héroes, los líderes, los campeones y los santos que llenan nuestros libros de historia amaban lo que hacían. Las personas de este calibre dedican todo su ser a sus metas.

¿A qué estás dispuesto a dedicarte por completo? ¿En qué estás dispuesto a ocupar toda tu energía? ¿Qué estás dispuesto a perseguir de todo corazón?

Dedícate a convertirte en la mejor versión de ti mismo. En todo lo que hagas, recuerda tu propósito esencial. Míralo todo en relación a convertirte en tu mejor ser. Todo tiene sentido contra el telón de fondo del propósito de nuestra vida. Todo encuentra sentido en relación a nuestro propósito esencial.

Ámate a ti mismo convirtiéndote en la mejor versión de ti mismo.

Dedícate a escoger la mejor versión de ti mismo en cada decisión que tomes. No he conocido a personas más enamoradas de la vida que las que se dedican a ser todo lo que pueden ser.

Este es el principio de la dedicación: "Para amar lo que haces, tienes que hacer lo que amas".

7. El Principio de la Fe

⚭━╋━⚭

Vivimos por la fe. Ya sea que lo reconozcamos o no, esta es una verdad universal. Algunos dicen que no creen en nada, pero creen en su creencia de que no creen en nada. Sin fe seríamos llevados a las profundidades de la desesperación. De muchas maneras, nuestra fe es tan habitual que no nos damos cuenta de ella. Cada día te subes a tu automóvil y manejas por la calle. Tienes fe en que los demás automóviles van a permanecer en su lado de la calle. No es un acto de fe que tú recuerdas cada vez que entras en tu automóvil. Pero sin esa fe te volverías loco por la ansiedad de que los otros carros cruzarían la línea divisoria y chocarían contigo.

᠀᠀᠀

Más allá de nuestra fe en ideas y en otras personas está nuestra fe en nosotros. Algunos de nosotros creemos que somos dignos de amor, y otros creen que no lo son. En ambos casos, nuestras creencias limitan o crean nuestra experiencia de la vida. Algunas personas creen que merecen el tiempo y la atención de los demás, y otras no. Ambas creen. Simplemente tienen creencias diferentes. Y en ambos casos, la fe determina la realidad.

Estás aquí por alguna razón. Has nacido para vivir una vida. De la infinidad de vidas posibles que podrías construir de las oportunidades que se te presentarán, tienes que elegir una vida.

Has sido creado para una obra específica. A nadie más le ha sido confiado tu papel en la historia humana. Si no interpretas tu parte, quedará sin ser interpretada.

Fomenta esa fe en que fuiste creado por una razón . . . y con cada día que pase, empezarás a ver la razón revelándose ante tus ojos.

Dios y el universo están conspirando para ponerte en contacto con todas las circunstancias necesarias para descubrir y celebrar tu genialidad. Todo lo que tienes que hacer es prepararte y cooperar escogiendo la mejor versión de ti mismo en los momentos de cada día.

Esta fue una reflexión de Albert Einstein: "Hay dos maneras de vivir la vida. Una es como si nada es un milagro. La otra es como si todo es un milagro".

La elección es tuya.

Este es el principio de la fe: "Fuiste creado para un propósito, y todo sucede por una razón".

> No le temas a la vida.
> Cree que la vida merece vivirla,
> y tu fe ayudará a crear el hecho.
>
> —WILLIAM JAMES

8. EL PRINCIPIO DE LAS PERSONAS

Creo que, hoy día, uno de los grandes problemas en las relaciones está causado por una sencilla falacia moderna. En nuestra época, el entendimiento es presentado como la base de la relación. No lo es. La base de la relación es la aceptación. Es de sabios aceptar a las personas donde se encuentren en el camino. La aceptación constituye los acogedores brazos abiertos de la relación.

El principio de las personas es: "Las personas merecen ser apreciadas".

Para apreciar a las personas, tenemos que mirar más allá de nuestras preferencias, prejuicios e inclinaciones sentenciosas personales para descubrir y reverenciar lo asombroso y maravilloso del individuo.

Es útil recordar que todos estamos en puntos distintos del camino. Nuestra habilidad para amar y apreciar a las personas aumenta infinitamente a medida que aprendemos a aceptar a las personas por quienes son y por donde se encuentran en su camino. Algunas personas están en lugares en los que nosotros hemos estado antes, otras están en lugares en los que nosotros aún no hemos estado. Es un viaje—confía que el mismo Dios que está moviéndote hacia tu propósito y tus sueños está moviéndolos a ellos hacia los suyos. Aún cuando no puedas entender a las personas, acéptalas y aprécialas. A lo largo del camino conocerás a muchas personas. A algunas las ayudarás, las auxiliarás y las aconsejarás. Otras te ayudarán, te auxiliarán y te aconsejarán. Ha sido mi experiencia que cuando piensas que estás allí para ayudar a alguien, es posible que ellos realmente estén allí para ayudarte a ti. Nuestros estudiantes son los mejores profesores. Sin la ayuda de los demás, nunca harás el viaje. Es simplemente parte del plan divino que hagamos este viaje juntos.

Es algo curioso que he observado sobre la vida—los errores casi siempre e inevitablemente son la responsabilidad de uno, pero los éxitos, los triunfos, y los logros que valen la pena de nosotros raras veces son alcanzados sin la ayuda de otras personas.

La mayor barrera para amar a las personas, para apreciarlas y para aceptarlas es nuestra inhabilidad para vernos en ellas. Mira más de cerca. Somos uno. Vernos en otros y ver a otros en nosotros—eso es sabiduría.

Mi padre siempre me dijo que la clave del éxito en los negocios son las relaciones personales. Mi madre siempre me dijo que la clave de una vida personal rica y gratificante son las relaciones personales. Yo he descubierto que la clave de una vida espiritual abundante son las relaciones personales.

La vida es relación.

¿Cómo estás relacionándote? ¿Cómo están tus relaciones?

Las personas son un don. Cada persona que cruza por tu vida es una oportunidad para amar, una oportunidad para vivir de verdad. Aprecia a las personas.

9. EL PRINCIPIO DE LA COMUNICACIÓN

El principio de la comunicación es: "Sé claro, conciso, abierto y honesto". La comunicación es un arte. He visto a algunos grandes comunicadores trabajando. Estas son algunas de las lecciones que ha aprendido:

Deja hablar a los demás.

Evita las discusiones.

No te quejes.

Da cumplidos honestos y sinceros.

Prepárate más para hacer cumplidos que para criticar.

Invita aportes.

Trata de recordar el nombre de las personas. Es música para sus oídos.

Nunca temas pedir consejo.

Nunca critiques a alguien frente a otras personas.

Hazte el propósito de estar consciente de los deseos de otras personas.

Encuentra alegría y placer interesándote en las personas.

Habla sobre ti únicamente si te preguntan.

Sonríe—es contagioso y abre el corazón de las personas.

Aprende a escuchar.

Recuerda el cumpleaños y el aniversario de las personas—esto demuestra que te importan.

Alienta a las personas a que hablen sobre sí mismas.

Capta el interés de las personas donde están—habla en relación a sus intereses.

Ayuda a otras personas a descubrir su singularidad, a sentirse especiales e importantes, sin desdeñarlas o tratarlas en forma paternalista.

Respeta las opiniones de los demás.

Cuando estás equivocado, admítelo.

Sé amable y amigable con todos los que te encuentres.

Haz preguntas a las que las personas respondan positivamente.

Alienta los sueños de las personas—especialmente los de los niños.

Trata de ver las cosas desde el punto de vista de la otra persona.

Mantén los ideales.

Desafía a las personas delicadamente.

Habla sobre tus fracasos.

Apela a motivos superiores.

Siempre búscate en los demás, y a los demás en ti—esto afirma la unidad de la familia humana.

Manifiesta los valores más elevados del espíritu humano.

Nunca dejes pasar la oportunidad de decir palabras amables de aprecio. Hay seis mil millones de personas en el planeta y, de éstas, cinco mil novecientos millones se acuestan cada noche hambrientos de una palabra honesta de aprecio.

10. El Principio Final

Es un largo viaje. Algunos llegan al final, y otros caen en el camino. A todos nos encanta la belleza del diamante, pero olvidamos el tiempo y la presión que tomó hacerlo. A lo largo del camino nos desalentamos. Parece demasiado difícil. No lo es. Parece imposible. No lo es.

Habrá atrasos y fracasos. Los ganadores son inspirados por el fracaso. Los perdedores temen y se desalientan con el fracaso. A raíz del fracaso, los ganadores quieren hacer más, ser más, hacerlo mejor la próxima vez. Cuando se enfrentan con el fracaso, los perdedores, son abrumados por el temor a un fracaso mayor. Dejan que el miedo los domine y en el proceso logran lo que querían evitar—un fracaso mayor. El mayor fracaso es no tratar.

Siempre hay bastantes razones para rendirse. Piensa en razones para no rendirte, para mantenerte fuerte, enfocado y para perseverar.

Una vez que te decidas a algo, mantente enfocado en tu meta y emplea el principio final: "¡Nunca te rindas!"

∽◌∽◌∽

Si alguna vez hubo una historia de liderazgo y perseverancia americanos, es la de Abraham Lincoln. Lincoln nació en medio de la pobreza en 1809. A lo largo de su vida, continuamente enfrentó contratiempos y derrotas. Fracasó dos veces en los negocios, perdió ocho elecciones y sufrió una depresión nerviosa.

Con frecuencia, la derrota y el fracaso lo llamaban, invitándolo a renunciar, pero él rechazó esa invitación y su historia es de una perseverancia extraordinaria. Este es un bosquejo de su vida:

En 1816, la familia de Lincoln fue desalojada de su casa, y él tuvo que trabajar para mantenerla.

En 1818, murió su madre.

En 1831, fracasó en los negocios.

En 1832, se postuló para ocupar un escaño en la Cámara de Representantes de Illinois y perdió.

En 1832 perdió su trabajo. Más tarde, ese mismo año, decidió que quería entrar en la facultad de derecho, pero fue rechazado.

En 1833, Lincoln tomó dinero prestado de un amigo para empezar un negocio, pero al final del año estaba en la quiebra. Estuvo pagando esa deuda durante los diecisiete años siguientes.

En 1834, se postuló de nuevo para el Congreso estatal y perdió.

En 1835, Lincoln se comprometió en matrimonio, pero su prometida murió, y esto le rompió el corazón.

En 1836, Lincoln sufrió un colapso nervioso total y estuvo en cama durante seis meses.

En 1838, intentó convertirse en presidente del Congreso estatal y fue derrotado.

En 1840, intentó convertirse en delegado del Colegio Electoral y fue derrotado.

En 1843, se postuló para ser miembro del Congreso y perdió

En 1846, se postuló otra vez para el Congreso; esta vez ganó, y finalmente se encaminó a Washington. En 1848, Lincoln se postuló para ser reelegido para el Congreso y perdió. En 1849, buscó trabajo en la oficina de uso de suelos, pero fue rechazado. En 1854, se postuló para ocupar un escaño en el Senado y perdió. En 1856, intentó obtener la nominación para candidato a vicepresidente en la convención nacional de su partido. Obtuvo menos de cien votos y perdió. En 1858, volvió a postularse en las elecciones para el Senado de los Estados Unidos y perdió de nuevo. Entonces, en 1860, Lincoln decidió postularse para Presidente...

Yo me pregunto, ¿basándose en qué?

¿Su récord de logros?

Ganó y pasó a convertirse en uno de los más grandes presidentes en la historia de los Estados Unidos y uno de los mejores modelos de liderazgo en tiempos modernos. En un discurso, Lincoln dijo: "El camino estaba gastado y resbaladizo. Un pie se resbaló debajo de mí, dándole al otro y sacándolo del camino, pero me recuperé y me dije a mí mismo, 'es un resbalón, no una caída'".

> He fallado más de nueve mil tiros en mi carrera, he perdido más de trescientos juegos, y veintiséis veces se me confió hacer el tiro ganador en un juego y fallé. A lo largo de mi vida y de mi carrera he fallado, y fallado y fallado otra vez. Y es por eso que alcancé el éxito.

> — MICHAEL JORDAN

LOS DIEZ PRINCIPIOS DE LA EXELENCIA

Diez principios. Michael Jordan, Jack Nicklaus y Cal Ripken Jr., ¿emplearon estos principios? Absolutamente que sí. Shakespeare, Beethoven y Miguel Ángel, ¿emplearon estos principios? Sí, sin duda alguna. San Francisco de Asís y la madre Teresa, ¿emplearon estos principios? Incuestionablemente, sí. ¿Se manifestó su éxito de maneras distintas? Ciertamente. ¿Fueron los logros de cada uno únicos y distintos? Lo fueron. Pero los principios que encontramos en el centro de su éxito son los mismos.

SÉPTIMA PARTE

VIVIENDO LA VIDA QUE NACISTE PARA VIVIR

Disfruta el Viaje

⊙━━◆━━⊙

Una de nuestras grandes fallas como seres humanos es nuestra incapacidad para estar presentes en nuestra propia vida. Puede que suene absurdo, pero es verdad. Permíteme explicar. ¿Con cuánta frecuencia te encuentras en compañía de una persona, aún en medio de una conversación con una persona, y sin embargo estás pensando en otras personas y en otros lugares? A menudo nos distraemos con el pasado y con el futuro. Esas distracciones nos roban la vida. El pasado es historia. El futuro es un espejismo. El pasado fue el presente. El futuro será el presente. La única realidad es ahora.

Otra forma en que se manifiesta esta falla es a través de nuestra tendencia a posponer asuntos importantes. Nos decimos a nosotros mismos: "Cuando reciba ese ascenso, pasaré más tiempo con mi familia" o "Haré ejercicio la semana próxima, cuando termine este proyecto". Cada actividad tiene su propia prioridad y su propio lugar en nuestra vida, ya se trate del trabajo, de la oración, del ocio, del ejercicio o de las amistades. El ritmo de la vida nos ayuda a darle su propio lugar a cada actividad—todos los días—y nos sumerge en la vida abundante.

Una y otra vez he observado a entrevistadores preguntar a personas famosas y exitosas: "¿Qué cambiaría si pudiera volver a hacerlo todo de nuevo?" Tantos de ellos responden diciendo que les gustaría disfrutar un poco más su ascenso a la fama y al éxito. Pero nunca los oyes decir: "Trabajaría más duro y pasaría menos tiempo con familiares y amigos". Apenas el año pasado vi una entrevista con Billy Graham. La entrevista se concentraba mayormente en las obras y los logros de su vida, pero hacia el final el entrevistador preguntó: "¿Qué haría diferente si tuviera que hacerlo de nuevo?"

Se produjo un cambio en las características de Billy Graham que nunca antes había visto. El entrevistador había hecho una de esas preguntas que supongo todo entrevistador sueña hacer. Una pregunta que invita al anfitrión y a su público al lugar más profundo del corazón del invitado. Fue como si un velo se hubiera arrancado. La expresión en el rostro de Graham reflejaba que él sabía, y se mantuvo por un largo momento. Hizo una pausa, no para pensar cómo responder, sino para armarse de valor. Era obvio que él mismo se había hecho la misma pregunta antes. Bajó la vista, tragó, subió la vista de nuevo y dijo "Pasaría más tiempo con mi familia".

✎ ✎ ✎

La vida es un viaje. Disfruta el camino. Ya sea que estás en camino de convertirte en una leyenda, un héroe, un campeón, una estrella, un líder o un santo—disfruta el camino. Si no disfrutas la vida, no serás bueno para nadie. El destino, la victoria, el logro—duran sólo un momento, y después se esfuman, como el rocío de la mañana desaparece de la hierba, convirtiéndose en poco más que gratos recuerdos.

El éxito no es un destino—es un viaje.

Otro de mis compositores favoritos, James Taylor, escribió una vez: "El secreto de la vida es disfrutar el paso del tiempo".

La alegría no está en el destino; la alegría está en el viaje. Si no puedes encontrar paz en el viaje, no puedes encontrar paz en el destino. Nuestra pasión y nuestro entusiasmo deben ser por el viaje. No pospongas cosas importantes usando un destino o un logro como excusas. Tómalo con calma. Despacio y firme. Deja que las cosas tengan su lugar. Tienes que estar presente en tu propia vida. Es un regalo sorprendente y excepcional. Cuando encuentras a una persona que posee este don, no hay error posible. Las personas que están presentes en su propia vida tienen esta impactante capacidad para enfocarse en quién y qué tienen delante. Les dan su atención completa y total a las personas y a los asuntos que tienen delante. Cuando estás frente a una persona así durante una conversación, es capaz de hacerte sentir como si nadie más existiera. Son sólo tú y ella. El ruido y las personas a su alrededor, incluso durante la hora de máxima actividad en la avenida Madison, no distraen ni lo más mínimo de su atención de ti y de la conversación. Por esos pocos momentos, es como si nada más existiera. Por esos pocos momentos, tú eres su vida. Prestar atención a cualquier otra cosa sería perderse algo de su propia vida. Con frecuencia lo hacemos.

Robert Hastings lo resume perfectamente en su historia titulada "La Estación". Déjame compartirla contigo:

Escondida en nuestro subconsciente hay una visión idílica. Nos vemos en un largo viaje por todo el continente. Viajamos en tren. Por las ventanillas nos empapamos en las escenas que pasan de automóviles en carreteras cercanas o niños saludando en los cruces, o ganado pastando en una ladera distante, o humo saliendo de una central eléctrica, o filas y filas de maíz y trigo, o llanuras y valles, o montañas y laderas onduladas u horizontes de ciudades y salones de pueblos.

Pero sobre todo en nuestra mente está el destino final. Cierto día a cierta hora entraremos en la estación. Bandas estarán tocando y banderas ondeando. Una vez que lleguemos, tantos sueños maravillosos se harán realidad, y las piezas de nuestra vida encajarán perfectamente como un rompecabezas armado. Con cuánta inquietud caminamos de un lado para otro por los pasillos, deplorando los minutos perdidos—esperando, esperando, esperando por la estación.

"¡Cuando lleguemos a la estación, eso será todo!", exclamamos. "Cuando tenga dieciocho años". "¡Cuando compre mi nuevo Mercedes Benz 450SL!". "Cuando el último de mis hijos haya entrado a la universidad". "Cuando reciba un ascenso". "¡Cuando llegue a la edad de jubilarme, viviré feliz para siempre!"

Tarde o temprano tenemos que darnos cuenta de que no hay estación, ningún lugar al que llegar de una vez por todas. La verdadera alegría de la vida es el viaje. La estación es solamente una ilusión que constantemente nos deja atrás.

"Saborea el momento" es un buen lema. Especialmente cuando se une al Salmo 118:24: "¡Este es el día que ha hecho el Señor, gocemos y alegrémonos en él! No son las cargas de hoy lo que vuelve loco al hombre. Es el pesar por el ayer y el temor al mañana. El pesar y el temor son ladrones gemelos que nos roban del hoy.

Así que deja de caminar por los pasillos y de contar las millas. En cambio, escala más montañas, come más helado, anda descalzo más a menudo, nada en más ríos, mira más atardeceres, ríe más y llora menos. La vida debe ser vivida a medida que avanzamos. La estación llegará suficientemente pronto.

SÉ LA DIFERENCIA QUE HACE
LA DIFERENCIA

¿Qué tienen en común los grandes hombres y mujeres de la historia? ¿Qué eleva a una persona más allá del éxito, los logros y la excelencia al campo de la grandeza? La grandeza se alcanza más allá de la búsqueda de nuestra propia realización. La verdadera grandeza se logra haciendo la diferencia en la vida de otras personas. ¿Qué mueve a una persona del éxito a la trascendencia? Hacer una diferencia en la vida de otras personas. La historia está llena de ejemplos de grandes hombres y mujeres, pero tenemos que ser cuidadosos y no confundir grandeza con fama o fortuna. Fama y fortuna son cualidades externas de la vida de una persona. La grandeza es una cualidad interna del carácter de una persona, que surge en sus acciones.

Algunos ejemplos que inmediatamente vienen a la mente son personas como Gandhi, Hellen Keller, Martin Luther King, la Madre Teresa y Jesús. No obstante, la mayoría de las personas que ha desarrollado y dominado esta grandeza de la que hablamos no son figuras públicas o celebridades.

Son madres y padres, maestros y doctores, predicadores, rabinos, ministros, sacerdotes . . . son personas de todas las profesiones y condiciones sociales, las que dirigen su talento, su esfuerzo y su energía a animar a otras personas. Ellas hacen una diferencia en la vida de otras personas. Cuando conoces a una persona así, ves cierta calma en sus ojos, y parece ser inusualmente feliz. Es calladamente segura y se mantiene ocupada con serena satisfacción.

No hay mayor satisfacción que recostar la cabeza sobre la almohada por la noche sabiendo que has tocado la vida de otra persona, que hiciste más ligera su carga, le enseñaste un poco de sabiduría infinita, la hiciste reír, la dejaste llorar en tu hombro, le prestaste un oído comprensivo . . . hiciste una diferencia.

En mi niñez, una de mis películas favoritas fue *Willy Wonka y la fábrica de chocolate*. Es la historia del Sr. Wonka, el fabricante de dulces más exitoso y famoso del mundo, y de su búsqueda por encontrar a alguien que continuara su trabajo cuando él se fuera. Wonka coloca cinco boletos dorados, aleatoriamente dentro de empaques de sus barras de chocolate y anuncia un concurso. Las personas que encuentren los boletos dorados ganarán un tour de un día para visitar la fábrica de chocolates Willy Wonka—a la que nadie ha podido entrar durante veinte años—así como una provisión de chocolates de por vida.

Charlie, hijo de una madre soltera en Inglaterra, sueña, desea, reza y espera encontrar uno de los cinco boletos dorados. Pero su familia es desesperadamente pobre, y no tiene dinero para comprar barras de chocolate. Un día, yendo de la escuela a su casa, Charlie encuentra dinero en la calle, compra dos barras Wonka, y encuentra el quinto y último boleto dorado.

Al dia siguiente, Charlie, y otros cuatro niños de todas

partes del mundo, cada uno con un acompañante de su elección, entran al mundo misterioso y mágico de la fábrica de chocolates Wonka. Charlie le pide a su abuelo Joe que vaya con él, y emprenden una aventura para vivir el sueño más descabellado de Charlie.

Los otros cuatro ganadores de los boletos dorados están fatalmente viciados con grandes dosis de egoísmo y abandonan, uno a uno, el recorrido por la fábrica prematuramente. Pero Charlie es gentil, bondadoso y considerado.

Wonka los lleva de una exhibición maravillosa a otra, mostrándoles todas las maravillas de su genialidad e imaginación para hacer dulces. En poco tiempo, sólo quedan en el recorrido Charlie, el abuelo Joe y Wonka—pero saliendo del estudio Wonkavisión, el tono y el humor del Sr. Wonka cambian dramáticamente.

Se despide de Charlie y de su abuelo y les pide que se vayan. Y con eso, desaparece entrando en su oficina.

De pie junto a la puerta de la oficina, Charlie mira al abuelo Joe. Confundido, le dice "¿Qué pasó? ¿Hicimos algo mal?"

"No lo sé, pero lo voy a averiguar", replica el abuelo Joe irrumpiendo en la oficina de Wonka.

La oficina del Sr. Wonka es tan mágica como cualquier otro salón de la fábrica. Todo está cortado por la mitad— medio escritorio, medio reloj, media pintura, media estatua, medio espejo . . . El abuelo Joe le dice a Wonka, que está sentado frente a su escritorio, escribiendo una carta: "¿Qué hay del chocolate? ¡La provisión de chocolate de por vida para Charlie!"

"No recibe nada", responde Wonka rencorosamente.

El Sr. Wonka parece enfadarse y empieza a explicar por qué Charlie no va a recibir ningún chocolate. Se acerca a los archivos y saca la mitad de la fotocopia del contrato que Charlie y los otros niños habían firmado al principio del recorrido y la mitad de una lupa. Wonka le grita al abuelo Joe, explicándole que por haber tomado unas bebidas efervescentes habían violado el contrato y que Charlie ya no era elegible para la provisión de chocolate de por vida. "Usted es un sinvergüenza, un tramposo y un estafador", lo acusa el abuelo Joe dando la vuelta para irse.

Es aquí donde la trama se pone más interesante. En el bolsillo de Charlie hay un caramelo eterno que Wonka le había dado durante el recorrido. Es el mismo caramelo grande que el rival de Wonka, el Sr. Slugworth, le había pedido a Charlie que le trajera de la fábrica a cambio de más dinero del que hubiera podido ganar en diez vidas.

Saliendo de la oficina, el abuelo Joe le dice a Charlie "Si caramelo eterno es lo que quiere Slugworth, eso es lo que va a recibir".

Al oír esto, Charlie se detiene, suelta su brazo de la mano de su abuelo, da la vuelta y entra en la oficina, donde Wonka aún está sentado frente a su escritorio, escribiendo. Charlie saca el caramelo eterno de su bolsillo y dice: "¡Sr. Wonka!" poniéndolo sobre el escritorio. Sin decir nada más, da la vuelta y empieza a caminar lentamente saliendo de la oficina.

Wonka no alza la mirada y tampoco mira el caramelo eterno. No hace falta, él sabe sin mirar. Simplemente extiende la mano hacia el otro lado del escritorio y toma el caramelo grande y susurra suavemente: "Y así brilla una buena acción en un mundo cansado".

Con gran entusiasmo, Wonka da una vuelta, llama a Charlie, y le explica que fue una prueba para ver si traicionaría su promesa de nunca mostrar el caramelo eterno a nadie —y que Charlie la había pasado, y había ganado, y que ahora él le iba a dar a Charlie la fábrica de chocolate.

No puedo describirte la dicha que sentí de niño cada vez que Charlie sacaba el caramelo eterno de su bolsillo y lo colocaba en el escritorio. Siento la misma alegría aún hoy cuando veo la película. Es intenso. Es estimulante. Su inocencia, supongo, su honestidad, su sinceridad e integridad—todos símbolos de esperanza en un mundo cansado.

"Y así brilla una buena acción en un mundo cansado". Esto es lo que nuestro mundo necesita. Es lo que necesitamos. Es lo que hace que sea una alegría vivir en el mundo. Es lo que nos llena con una sensación tangible de nuestro propio valor y de nuestra riqueza.

Toda acción nuestra es una oportunidad para llevar la antorcha de la esperanza a un mundo frecuentemente cansado. Es un mundo lleno de personas desesperadamente hambrientas de sinceridad, de honestidad y de bondad. La mayoría de ellas son hombres y mujeres como tú y como yo. Ellos no tienen el poder para cambiar el mundo por sí solos, y por eso piensan que el cambio tiene que ser la responsabilidad de otros. La verdad es que nadie tiene el poder de cambiar el mundo por sí solo, pero cada uno de nosotros tiene el poder de hacer la diferencia.

Las ideas cambian el mundo. Las buenas ideas lo cambian para mejorar. Las malas ideas lo cambian para empeorar. Hombres y mujeres comparten sus ideas a través de sus palabras y de sus acciones. ¿Qué ideas estás compartiendo con el mundo?

Charlie compartió la idea de que la honestidad, la integridad y la bondad son más importantes para la felicidad de una persona que el dinero. De niño, veía esa película y quería ser como Charlie. En mi niñez no lo entendía como lo entiendo hoy. Eso no importaba. Sabía que su obra era buena y verdadera, y quería ser como Charlie, y eso era suficiente.

A través de su acción, Charlie compartió su idea—y las ideas son contagiosas.

Las ideas cambian el mundo de hoy y forman el mundo del mañana.

~∞ ~∞ ~∞

Haz una diferencia. No es tan difícil. Haz un hábito de hacer el día de otra persona. Todos los días.

¿Has recibido alguna vez una carta inesperada? Me encanta recibir cartas, y tengo la fortuna de recibir muchas, todos los días, de personas de todas partes del mundo. Recibo cartas de familiares y amigos cercanos, y también de personas que nunca he conocido. Recibir cartas inesperadas produce un sentimiento maravilloso—el entusiasmo llegando al borde de la impaciencia mientras abres el sobre. Sin embargo, para la mayoría de las personas es una alegría excepcional.

¿Recuerdas la última vez que recibiste una carta inesperada? ¿Verdad que fue una experiencia maravillosa? ¿Recuerdas cómo te sentiste? ¿Hizo tu día?

Escribe una. Escribe una carta inesperada hoy. Escribe una carta dirigida a un viejo amigo a quien no has visto en años o a alguien que quieres y a quien no le hayas escrito hace tiempo. No es tan difícil. No toma tanto. Escribe una nota breve en un pedacito de papel, métela en un sobre, escribe la dirección en el sobre y llévala a la oficina de correos. Te va a costar el precio del sello y cinco minutos de tu tiempo alegrarle el día a alguien.

¿O cuándo fue la última vez que le compraste una caja de chocolates o un ramo de flores a alguien? No porque es su cumpleaños o su aniversario o por cualquier razón que no sea simplemente alegrarle el día. ¿Cuándo fue la última vez que horneaste galleticas con pedacitos de chocolate para alguien?

¿Cuándo fue la última vez que te sentaste con las personas que quieres y les dijiste que las quieres? Es mejor expresarlo con tus acciones, pero no duele decirlo. Tal vez estés casado. ¿Cuándo fue la última vez que le dijiste a tu cónyuge cuánto él o ella significa para ti? ¿Cuándo fue la última vez que le pediste a tu esposo o esposa que se sentara y dijiste: "¿Sabes, para mí, tú eres el sol, la lluvia, el fuego, el hielo, Nueva York, Los Ángeles, y todas las ciudades que se encuentran en el camino"? No toma mucho, pero hace la diferencia.

Susurra "Te quiero mucho" en el oído de tu hijo dormido.

Estas cosas podrían parecer simples y externas, pero reflejan una cualidad mucho más interior en una persona. Espiritualmente, luchamos por ser pacientes porque Dios es paciente, buscamos ser bondadosos porque Dios es bondadoso, tratamos de ser humildes y tiernos porque son las maneras de Dios, buscamos amar y ser amados porque Dios es amor.

Sin embargo, por encima de todo, más allá de todo lo demás, antes que todo lo demás y después de todo lo demás, y durante todo lo demás—Dios es generoso. Dios siempre da. Él nunca toma. Él sólo da. Siempre está dando. Dar es la vida y la existencia de Dios. Para Dios, dar es el movimiento perpetuo de Su ser. Es por eso que dar una caja de chocolates o un ramo de flores o tomarse el tiempo para escribir una carta es un acto de grandeza. Es un acto de grandeza porque es un acto que emerge del corazón y de la mente de Dios. Si todas nuestras acciones pudieran ser realizadas con esta disposición, estaríamos viviendo la vida a plenitud.

Yo te prometo con absoluta certeza que no hay una forma más rápida y segura de compartir en la vida, el poder y la alegría infinita de Dios que dando.

Da de tu tiempo, de tus talentos y de tus recursos para hacer una diferencia en la vida de otras personas. Es el camino de la grandeza. Este es el camino de Dios. Es el camino de las leyendas, de los héroes, de las estrellas, de los campeones, de los líderes y de los santos. Espero y rezo por que se convierta en tu camino, y en el mío.

De niño, mi padre acostumbraba a decirme: "Lo que des a los demás te será devuelto diez veces". La vida me ha enseñado que eso, como muchas cosas que mi padre me dijo, es una afirmación sabia y verdadera. Otro dicho que recuerdo de mi niñez es "Recibes lo que das". Cuando rehúsas dar, aferrándote firmemente a todo lo que tienes, vives en el campo de la carencia y la limitación. Cuando das, realizas un cambio de actitud significativo y vital. Dando, expresas abundancia—y lo que expresas de pensamiento, palabra y acción se convertirá en la realidad de tu vida. Aquí, velada misteriosamente por el acto de dar, descubrimos la vida abundante.

Cuando das para ayudar en la necesidad de otra persona, aprendes rápidamente que la satisfacción de dar es mucho mayor que la satisfacción de tener.

A medida que el tiempo pasa, te das cuenta de que muchas de las cosas que una vez pensaste que necesitabas, en realidad no las necesitas. Al darte cuenta de tu propia abundancia, puedes dar más. ¿Has notado que, aunque Dios siempre está dando, nunca le falta nada? Dios no es carencia o limitación—Dios es abundancia. Para Dios, dar es como respirar—deja que se vuelva así para ti y para mí y nuestra vida estará llena de entusiasmo, pasión, satisfacción y sensación de realización.

De otro modo nos volveremos como el mono que un día se dio cuenta de que su amo había dejado destapado el pomo de maníes. El mono esperó a que su amo saliera de la casa por la tarde para su acostumbrado paseo. Cuando su amo se fue, el mono saltó a la mesa donde estaba el pomo, sólo para darse cuenta de que el pomo estaba medio lleno y era muy alto como para que pudiera alcanzar los maníes. El mono derribó el pomo, pero ninguno de los maníes se salió, así que metió la mano y tomó un buen puñado de maníes y sus ojos se iluminaron. Pero al tratar de sacar la mano del pomo se dio cuenta de que la mano no pasaba por la boca del pomo estando llena de maníes. El mono miró los maníes y haló más y más duro en vano. Podía ver los maníes, sostenerlos, pero no podía disfrutarlos. Una tortura.

Cuando el amo volvió, el mono todavía estaba sobre la mesa apretando el puñado de maníes, rehusando soltarlos. Mono tonto.

Encontrar nuestro lugar en el mundo, encontrar nuestro lugar en nuestra comunidad local, y hacer una diferencia a nuestra manera le dan significado, propósito y una profunda, profunda sensación de satisfacción a nuestra vida. Tenemos no sólo que encontrarlo por nosotros mismos, sino que ayudar a todo individuo a encontrar lo mismo.

ᵔᵔ ᵔᵔ ᵔᵔ

Los enemigos de hacer una diferencia son la duda, el miedo, el desaliento y el egoísmo. Algunas personas nunca tratan de hacer una diferencia porque dudan poder. Algunas personas temen tratar en caso de que fallen. Algunas personas empiezan a hacer una diferencia, pero comparan el bien que están haciendo con todo el mal que pueden imaginar en el mundo y se vuelven incapaces por desaliento. Algunas personas están tan absortas en sí mismas que nunca piensan en las necesidades de cualquiera más que en las suyas.

Por otra parte, algunas personas confían que fueron puestas aquí en esta tierra para hacer una diferencia de alguna manera, grande o pequeña. Esas mismas personas conocen el miedo al fracaso tanto como cualquiera, pero lo enfrentan, se sumergen en esa emoción y siguen adelante con valentía. Combaten el desaliento manteniendo las cosas en perspectiva. Cuando las cosas se ponen difíciles, toman la vida un día a la vez. Cuando las cosas se ponen realmente difíciles toman la vida una hora a la vez. Y cuando las cosas se ponen insoportablemente difíciles—se animan, se mantienen firmes y toman la vida momento a momento. Uno a uno. Poco a poco. No es que no conozcan la duda, el miedo, el desaliento o los deseos egoístas, sino que encuentran un enfoque en su vida y se comprometen a ese enfoque.

A estas alturas, estás consciente de mi gran amor por las historias. Parábolas, fábulas e historias son la manera más efectiva y poderosa de comunicar cualquier idea o mensaje. Aquí está una historia que me gustaría que recordaras cuando la duda, el temor, el desaliento y los deseos egoístas intenten robarte la obra de tu vida de hacer una diferencia.

෴ ෴ ෴

Había una vez un joven que vivía cerca de una playa. Todas las tardes el joven caminaba por la playa.

Un día, mientras caminaba, notó que al retirarse la marea había dejado muchas estrellas marinas varadas en la arena. Se dio cuenta de que, si las estrellas se quedaban ahí, morirían antes de que el agua volviera. Así que mientras caminaba por la playa, recogía las estrellas una a una y las echaba en el agua de nuevo. No pudo recoger todas las estrellas porque eran demasiadas, pero recogió las que pudo.

Desde ese día, el muchacho pasaba sus tardes caminando a lo largo de la playa echando las estrellas al agua de nuevo. Entonces un día, mientras el muchacho caminaba, un anciano venía caminando en dirección opuesta. El anciano vio lo que el muchacho estaba haciendo y gritó: "Muchacho, ¿qué estás haciendo? Nunca harás una diferencia. ¿Por qué no disfrutas de tu paseo simplemente?" El muchacho ignoró al anciano y siguió recogiendo las estrellas, una por una, y echándolas en el agua de nuevo. Pero al acercarse más, el anciano fue directamente hacia el muchacho y dijo "¿Qué estás haciendo? Muchacho, ¿Qué estás haciendo?" Nunca harás una diferencia. ¿Por qué no disfrutas de tu paseo simplemente?" El muchacho simplemente se quedó ahí parado sin decir nada. Entonces, el anciano lo tomó del brazo, le dio la vuelta, y lo hizo enfrentarse a la playa. Al mirar la playa, el joven y el anciano vieron que había muchísimas estrellas de mar. El anciano dijo "Mira, muchacho, hay cientos de ellas, hay miles de ellas. Mira cuántas has dejado. Nunca harás una diferencia. Olvídate de ellas. Simplemente disfruta tu paseo".

Entonces justamente, el joven se agachó y metió la mano en la arena una vez más y tomó una estrella más. Y poniéndose de pie, lanzó la estrella lo más lejos que pudo en el océano. Después, mirando profundamente a los ojos del anciano, dijo "Hice una diferencia para esa".

Cuatro Pasos Sencillos

Hay cuatro pasos sencillos que te darán poder para hacer una diferencia en la vida de otras personas y te guiarán por el camino de la grandeza.

Paso Uno

Cuando te levantes mañana por la mañana, recuerda tu meta, tu punto B, tu propósito esencial—convertirte en la mejor versión de ti mismo.

PASO DOS

El siguiente paso es preguntarte: "¿A quién puedo alegrarle el día hoy?"

PASO TRES

Ahora pregúntate: "¿Cómo puedo alegrarle el día a esa persona?"

PASO CUATRO

Cuando hayas dado estos tres primeros pasos, date una ducha y desayuna, pero entonces, justo antes de apresurarte a empezar el día, toma unos breves minutos para planear, reflexionar y rezar. Encuentra un lugar callado, y en ese silencio, visualiza cómo te gustaría que tu día se desarrollara. Haz planes para satisfacer tus necesidades legítimas, física, emocional, intelectual y espiritualmente. Toma un momento para volverte consciente de y apreciar todo lo que tienes y todo lo que eres, y entonces estarás listo para el día.

Si te comprometes fielmente a seguir este sencillo plan de acción de cuatro pasos los próximos diez días, tu vida empezará a llenarse de los frutos del ritmo de la vida—paz, alegría, una mayor capacidad para amar y una mayor capacidad para ser amado, felicidad y satisfacción inusuales, una profunda sensación de realización y el amor, el entusiasmo y la pasión por la vida que son la esencia de Dios, la esencia del ser humano, y la esencia intencionada de la experiencia humana.

Entonces te encontrarás al borde de la grandeza. Habrás descubierto el poder de hacer una diferencia, y la vida te retará a envolver ese poder continua y consistentemente en tu vida diaria.

Después de un tiempo, aprenderás que es mejor escribir una carta inesperada que sentarte y esperar que el cartero te traiga una. Tarde o temprano, descubrirás que es mejor ayudar a alguien a sembrar un jardín que esperar que alguien te traiga flores. Que sea temprano para ti.

La tentación es decir "Yo soy sólo una persona: ¿qué puede hacer una persona?" Mira lo que otros hombres y mujeres han hecho en sólo una vida: Billy Graham, la Madre Teresa, Beethoven, Miguel Ángel, Frank Lloyd Wright, Albert Einstein, Michael Jordan, Steven Spielberg, Bill Gates y Abraham Lincoln. Ellos también pudieron haber usado la misma excusa: "Yo soy sólo una persona", pero no lo hicieron. Más bien, se dedicaron a la búsqueda apasionada de sus sueños. Theodore Roosevelt nos ofrece un punto de partida: "Haz lo que puedas, con lo que tengas, donde estés". San Francisco de Asís les ofreció este consejo a sus hermanos: "Primero hagan lo que es necesario; entonces, lo que es posible; y al poco tiempo estarán haciendo lo imposible".

El bien que hacemos nunca se pierde; nunca muere. En otras personas, en otros lugares, en otros tiempos—el bien que hacemos vive para siempre.

Sé la diferencia que hace la diferencia.

LÍDERES, CRÍTICOS, SOÑADORES Y EL FUTURO

Estamos viviendo durante un período de la historia muy interesante, un período de transición. Los períodos de transición son los más importantes; sin embargo, en raras ocasiones lees acerca de ellos en los libros de historia, porque es difícil juzgar exactamente cuándo empiezan y cuándo terminan. Están sutilmente encajonados entre otros períodos de la historia. Ahora estamos viviendo en uno de estos períodos de transición, pero para entender este período en que vivimos, y particularmente esta transición, primero tenemos que tratar de entender lo que está a cada lado de esta transición. La realidad es que nuestra civilización está en decadencia. Hay cinco signos que surgen en una civilización en decadencia. Estos signos pueden ser encontrados en la decadencia de casi toda civilización en la historia documentada. Toman distintas formas dependiendo de la cultura de las personas del tiempo y de los avances tecnológicos de la época; pero, en última instancia, producen el mismo resultado devastador.

Estos son los cinco signos de una civilización en decadencia: un aumento dramático de la promiscuidad sexual;

el socavamiento político y la desintegración de los valores de la familia; la destrucción cultural de la unidad de la familia; el asesinato de inocentes; y el aumento radical de la violencia no relacionada con la guerra. Estos signos han desempeñado un papel importante en la decadencia y en el colapso de toda civilización en la historia documentada. Tanto, que una vez que estos signos han surgido a un nivel de incidencia y aceptación general, ninguna civilización ha podido prolongar su existencia por más de cien años.

En nuestra cultura, estos signos adquirieron prominencia inicial durante y después de la Primera Guerra Mundial. Se agravaron y se propagaron aún más ampliamente por los efectos y las consecuencias de la Segunda Guerra Mundial, y para finales de los 1960, eran endémicos. Hacia fines del milenio, todos habían sido generalmente aceptados como puntos de vista y formas de conducta válidos. Por lo tanto, usando una fecha tan tardía como la década de los sesenta como el momento clave para el surgimiento general de estos signos, a nuestra civilización le quedan tan sólo sesenta años. Esta no es una predicción, no es una profecía, sino que es una realidad que tuvo su comienzo en el pasado. Es una lección de la historia que continuamente hemos fallado en aprender. Y sesenta años es poco tiempo para una persona, ni qué decir para una civilización.

Cuando las generaciones actuales ignoran el pasado, están destinadas a revivir los errores y las miserias de toda época.

Vivimos un momento crucial de la historia. El futuro de la humanidad y del mundo está en peligro a menos que se adopte un cambio radical. Este cambio tiene que enfocarse principalmente no las realidades externas del mundo, sino los misterios internos de nuestro ser. Dios no va a destruir a la humanidad, ni va a traer el fin del mundo. Pero, colectiva y progresivamente, nos hemos envuelto en un proceso complejo de autodestrucción y, al hacerlo, hemos puesto en peligro el mundo y toda la creación. Este proceso de autodestrucción une su fuerza y su impulso en la ideología que todo puede ser explotado y consumido para lucrar y para nuestra satisfacción. El resultado es el desorden. El desorden empieza con prioridades equivocadas en nuestro corazón y lleva al desorden social, política, cultural, económica, ambiental y espiritualmente. Esto produce el caos y la destrucción— gradual, en un principio, pero en aumento.

¿Qué significa todo esto? ¿Se va a acabar el mundo? No. ¿Va a ser exterminada la humanidad por completo? No. Estamos pasando de un tiempo a otro. Una civilización está muriendo y otra surgirá. Nos encontramos en una transición.

Para entender esto un poco más, debemos volver a nuestros libros de historia para aprender otra lección. Creo que existe un paralelo extraordinario entre el tiempo en que vivimos y los últimos años del Imperio Romano. El Imperio Romano era grandioso. Era poderoso. Y las personas de esa época creían que el Imperio Romano continuaría rigiendo y conquistando y disfrutando los frutos de gobernar y conquistar para siempre. Sin embargo, llegó un momento en el que algunos empezaron a darse cuenta de que el Imperio Romano, aún tan grande y poderoso como era, no duraría para siempre. Los sabios y los videntes de la época percibieron que el imperio estaba en decadencia y que en poco tiempo daría paso a algo nuevo.

Una progresión muy similar espera ahora en los umbrales de la historia humana. El "imperio occidental moderno" ha llegado a ese punto. Ha alcanzado su pináculo. Puede ser que se mantenga allí en la cima momentáneamente, pero no por mucho tiempo. El clima actual hace que la Roma de Nerón parezca la merienda de locos del Sombrerero. Las personas de nuestra época, al igual que las personas del Imperio Romano, creen que el imperio occidental moderno continuará gobernando y conquistando para siempre, y que por siempre seguiremos disfrutando de los frutos de nuestro gobernar y conquistar. Como la mayoría de las cosas, esto no puede durar para siempre y pronto empezará a caer dando paso a algo nuevo.

La historia también nos enseña que el Imperio Romano dio paso a un período maravilloso de la historia—la Edad Media. Cultural, social, política, económica, y espiritualmente, la Edad Media fue un tiempo vibrante y vital de crecimiento, descubrimiento y progreso. No estoy sugiriendo que regresemos a la Edad Media. Estoy sugiriendo que, del otro lado de esta transición actual, potencialmente se encuentra un tiempo inigualado por ningún otro en la historia.

Hay una pregunta que las personas de cualquier época siempre están haciendo ya sea consciente o subconscientemente: "¿Qué nos deparará el futuro?"

El siglo XX ha sido marcado por tremendos avances en el campo material y en el científico. Seiscientos años pasaron entre la invención del arado y la del automóvil. Tomó solamente sesenta años desde la invención del automóvil hasta la era espacial. Este solo hecho nos ayuda a comprender la confusión que también ha marcado al siglo XX. Este rápido cambio ha desafiado a las personas a reevaluar su visión de la realidad. Los resultados no siempre han sido positivos o progresivos. Tal vez debido a este cambio rápido solamente, y a la confusión asociada, ahora nos encontramos preparándonos para ser lanzados a un nuevo período de la historia.

El siglo XXI estará marcado no por rápidos aumentos en tecnología, sino por los dramáticos y radicales aumentos en la conciencia de las personas de lo trascendental, por un creciente entendimiento del papel vital que desempeña la espiritualidad en nuestra existencia, y por la importancia de atender a todas las necesidades legítimas de la humanidad. Entonces, ¿A quién pertenece el futuro? Si miramos de cerca otros períodos de transición en la historia, veremos que surgen dos grupos de personas de una manera muy fuerte. El primero es el de aquéllos que conocemos como críticos–personas que critican. Los críticos existen en cualquier período, por supuesto, pero en un momento de transición, se multiplican más rápido que nunca. ¿Qué critican? Critican lo viejo, critican lo nuevo, critican el cambio, critican el cambio por ser muy rápido, y critican el cambio por ser muy lento. Lo critican todo. Nunca es difícil encontrar un crítico. Las preguntas que debemos considerar son: "¿Cuándo dio inicio un grupo de críticos a un nuevo movimiento en la historia? Nunca. "¿Cuándo dará inicio un grupo de críticos a un nuevo movimiento en la historia? Nunca.

Entonces, ¿A quién pertenece el futuro?

El segundo grupo de personas que un período de transición hace surgir es el de los líderes. Son hombres y mujeres de visión, valor, persistencia, confianza, generosidad, consciencia, integridad, creatividad, entusiasmo, carácter y virtud. Tienen la habilidad extraordinaria para ignorar el caos, la confusión, los problemas y las dificultades que los rodean, y mantenerse enfocados en la tarea a mano. Tienen la habilidad impresionante y profunda de penetrar en el futuro a través del tiempo y visualizar cómo desean, piensan o creen que el futuro debe ser. Entonces regresan al aquí y ahora y trabajan incansablemente para hacer realidad su visión. Pueden compartir su visión y conseguir el apoyo de otros para esa visión. Son comunicadores extraordinarios tanto de palabra como de obra, y su sola presencia vigoriza e inspira a las personas. Contra todas las probabilidades, las dudas y las críticas, pueden confiar, seguir, alimentar y compartir la bondad que llevan en su interior. El futuro pertenece a personas como éstas. Son líderes. Rara vez las oyes criticar algo o a alguien, porque están demasiado ocupadas haciendo el trabajo, dando inicio a un nuevo movimiento en la historia.

Dicen que la hora más oscura es justo antes del amanecer. Pero la hora más oscura genera a los grandes hijos de la luz. De las horas oscuras de la historia han nacido leyendas, héroes, campeones, profetas, sabios, líderes, estrellas, grandes maestros y santos.

El futuro será lo que nosotros hagamos de él. El liderazgo no es una élite. Es un papel en el que cada uno de nosotros nace. Es una posición de influencia. Cierto, algunas personas ejercen más influencia que otras, pero todos ejercemos alguna; y, por nuestra influencia, la vida de las personas es tocada. Las personas oyen lo que dices, y escuchan, y son afectadas. Las personas observan cómo vives, y aprenden, y son influenciadas.

Sé un líder. No tengas miedo. No interiorices las proclamaciones y las críticas de las "almas tímidas" y de los autodesignados reyes de reinos inexistentes. Cuando hables contigo mismo, deja que tu diálogo interior sea seguro, optimista y visionario. ¡Atrévete a vivir la vida con la que la mayoría de las personas sólo sueña! No seas un destructor de sueños, sé un soñador de sueños. A lo largo del camino, piensa con frecuencia en las palabras de Albert Einstein: "Los grandes espíritus siempre han encontrado la oposición violenta de mentes mediocres".

La vida no es un concurso de popularidad.

Aquéllos que desean estar libres de la crítica, inevitablemente terminan sin hacer nada que valga la pena.

Yo soy criticado frecuentemente. No es algo a lo que alguna vez me acostumbre y me consume tremenda energía si no tengo cuidado. Ante la crítica, me gusta pasar mi hora sagrada reflexionando cuidadosamente sobre las dos citas siguientes:

> Hago lo mejor que sé cómo hacer, de la mejor manera que puedo; y mi intención es continuar haciéndolo así hasta el final. Si al final todo sale bien, lo que se haya dicho de mí no significará nada. Si al final todo sale mal, diez ángeles jurando que estaba en lo correcto no cambiarán nada.
>
> —ABRAHAM LINCOLN

⁓ ⁓ ⁓

> Lo que cuenta no es el crítico; ni el hombre que señala cómo tropezó el hombre fuerte; ni dónde el hacedor de obras pudo haberlas hecho mejor. El crédito le pertenece al hombre que está realmente en el ruedo; cuyo rostro está desfigurado por el polvo y el sudor y la sangre; que lucha valientemente; que se equivoca y no lo logra una y otra vez, porque no hay esfuerzo sin error y deficiencias; que en realidad trata de hacer la obra; que conoce el gran entusiasmo, la gran devoción, y se gasta en una causa que valga la pena; ...que, en el peor de los casos, si falla, al menos fallará atreviéndose grandemente . . . .

Es mucho mejor atreverse a grandes cosas, ganar triunfos gloriosos, aunque accidentados por fracasos, que estar entre esas almas tímidas que ni disfrutan ni sufren mucho, porque viven en el crepúsculo gris que no conoce ni victoria ni derrota.

—Theodore Roosevelt

Cualquier sociedad o comunidad en cualquier momento de la historia necesita liderazgo. Nuestra época no es distinta, y tal vez esté más necesitada que cualquier otra época. Necesitamos liderazgos auténticos—en nuestras familias, en nuestras comunidades, en el mundo de los negocios, en el campo deportivo, en las áreas de las artes y la cultura, en la política y en nuestras iglesias.

Una cosa es cierta. En una tierra donde no hay músicos; en una tierra donde no hay quien cuente historias, maestros y poetas; en una tierra donde no hay hombres y mujeres de visión y liderazgo; en una tierra donde no hay leyendas, santos y campeones; en una tierra donde no hay soñadores— las personas de esa tierra muy ciertamente perecerán. Pero tú y yo, nosotros, somos los músicos; nosotros somos los que contamos historias, los maestros y los poetas; nosotros somos los hombres y las mujeres de visión y liderazgo; nosotros somos las leyendas, los santos y los campeones; y nosotros somos los soñadores de los sueños.

¿Cómo Percibes el Mundo?

¿Cómo ves el mundo? ¿Cuál es tu percepción del mundo? El gran peligro para nosotros es caer en la trampa de creer que todo el mundo es como la ciudad en que vivimos. La tentación es caer en el letargo subconsciente de pensar que el mundo entero es como la calle en que vivimos.

La mayoría de las personas cree que tiene una noción de la realidad bastante buena, una visión aceptablemente amplia, pero a veces nuestra visión de la realidad puede ser distorsionada. ¿Cómo percibes el mundo?

Ves . . . si redujéramos la población mundial a cien personas, proporcionalmente . . .

Cincuenta y siete de esas cien personas serían de Asia. Veintiuna serían de Europa, catorce de Norte y Sur América, y ocho de Africa.

Cincuenta y una serían mujeres, y cuarenta y nueve serían hombres.

Sesenta y ocho de esas cien personas no sabrían leer ni escribir.

Seis de esas personas serían dueñas y controlarían más del 50 por ciento de la riqueza mundial. Esas seis personas serían ciudadanas de los Estados Unidos. Tres de esas seis personas vivirían en la costa norte de Long Island . . . en la misma calle.

Treinta serían cristianas, setenta no serían cristianas.

Una de esas cien personas estaría a punto de morir, una estaría acabada de nacer y sólo una de esas cien personas habría ido a la universidad.

¿Cómo percibes al mundo? Tal vez en tu mundo todos van a la universidad, pero en el planeta Tierra, sólo una de cada cien personas va a la universidad.

En los Estados Unidos, el cincuenta por ciento de los niños vive separado de sus padres biológicos.

Un tercio del mundo está muriéndose por falta de pan. Un tercio del mundo está muriéndose por falta de justicia. Y un tercio del mundo está muriéndose por comer demasiado.

¿Cuál es tu visión del mundo? ¿Cómo percibes el mundo?

Así es como yo lo veo. La vida se reduce a dos simples realidades. Las personas fueron hechas para ser amadas, y las cosas fueron hechas para ser usadas. Tus problemas, mis problemas y de hecho los problemas de todo el mundo provienen de que no entendemos estos dos simples principios. Ves . . . amamos las cosas y usamos a las personas.

No sería demasiado dedicar toda nuestra vida a invertir estas simples realidades.

El amor es nuestro mayor deseo—amar y ser amado. Sabemos amar, porque sabemos cómo deseamos ser amados. Es el precepto y el principio central de todas las religiones principales. Es la respuesta a toda pregunta. Es la solución para todo problema.

La respuesta nunca es amar menos. La respuesta siempre es amar más.

La cuestión es "¿Qué amamos?"

Puedes elegir no amar las cosas correctas, pero no puedes elegir no amar. Todos amamos—no podemos evitar amar, para eso fuimos creados. El amor es lo que le da significado a nuestra vida. El amor es la dirección de nuestra vida. Lo que amas y lo que cautiva tu imaginación determinan cómo vives tu vida. El amor es nuestro mayor deseo, nuestra mayor necesidad, nuestro mayor talento y nuestro mayor anhelo. El amor es nuestra identidad. No sabemos en realidad quiénes somos hasta que amamos. El amor es natural, original y espontáneo. El amor es poder.

Si tan sólo pudieras amar lo suficiente, serías la persona más poderosa del mundo.

Contenemos ese poder infinito de amar porque cuando se desata—aunque logra todo lo bueno en el mundo—también nos hace vulnerables y es el preludio de la posibilidad del sufrimiento. Desperdiciamos oportunidades para amar.

Para amar profundamente, debes deshacerte de esas ilusiones de perfección, de esa pretensión de estar completamente en control, y abrirte a ese misterioso don, placer, poder y gracia que llamamos amor. Esa rendición, esa apertura crea una vulnerabilidad radical. El amor es ir más allá de la zona de comodidad.

Mi madre siempre disfrutó su jardín, pero en particular le encantaba cultivar orquídeas. Mamá las ha cultivado en nuestro patio desde que yo era niño. Cuando mis hermanos y yo éramos niños, acostumbrábamos a jugar fútbol y críquet en el patio. Uno de nosotros siempre se arrastraba hacia la cocina para confesar el asesinato accidental de una de las orquídeas de mamá.

Una noche oí una conversación entre mi madre y mi padre. Mi madre estaba quejándose de que nosotros estábamos matando todas sus orquídeas. Mi padre la escuchaba y al poco tiempo dijo tranquilamente: "Bueno, un día no estarán ahí para jugar en el patio y romper las orquídeas. Cuando llegue ese día, desearemos que estuvieran allí, así que vamos a mover las plantas". Las personas que amas no estarán siempre cerca de ti. Ámalas. Aprovecha la oportunidad. Lo más maravilloso del amor es que es altamente contagioso. El amor demanda una respuesta. El amor determina la respuesta. El amor engendra amor. Aquí tienes un simple ejemplo. Si vas caminando por la calle y sonríes a alguien que viene en dirección opuesta, ¿Qué pasa? Usualmente esa persona te devuelve la sonrisa, pero si no te la devuelve, y al día siguiente la ves de nuevo y le vuelves a sonreír, ¿Qué pasa? Acabará sonriéndote. El amor exige una respuesta. Tu amor desata una reacción. Un efecto expansivo. El amor genera amor.

Teilhard de Chardin escribió: "Llegará el día en que, después de utilizar el espacio, los vientos, las mareas y la gravedad, utilizaremos la energía del amor a Dios. Y, en ese día, por segunda vez en la historia del mundo, el hombre descubrirá el fuego".

Si aceptas la definición moderna del éxito—"obtener lo que quieres de la vida"—probablemente te has aislado de la realidad más importante y verdadera de la vida. El amor es un regalo gratuito.

Sacrificamos el amor por el llamado progreso. Sacrificamos el amor por el llamado éxito. Sacrificamos el amor por las llamadas cosas más importantes—tales cosas no existen.

Dime lo que amas y te diré quién eres. Aquello de lo que te enamoras lo determina todo.

Nuestro deseo de amar y ser amado jamás descansa. Aunque durmamos, nuestro deseo de amar nunca duerme. Es tan constante como nuestra misma respiración—y tan necesario. Nuestra identidad está más profundamente entrelazada con este deseo y con la capacidad de amar. No podemos vivir sin amor. Sin amor no hay alegría, entusiasmo, pasión o satisfacción en la vida. No puedes vivir sin amor por ti mismo. No puedes vivir sin amor por tu Dios. No puedes vivir sin amor por tu prójimo. Puedes tratar, pero terminarás amargado y miserable. Y esa amargura y esa miseria al final te matarán. Parecerá que estás vivo, pero en verdad estarás muriéndote. No puedes vivir sin amor.

Ama o perece; no hay otra opción.

¿Puedes Oír la Música?

P ara mí, una de las grandes alegrías en el mundo es la música. ¿Puedes imaginar un mundo sin música? Qué aburrido, pero tan aburrido sería el mundo sin música. La música es la expresión de todo sentimiento y de toda emoción del hombre, pero con mayor aptitud expresa la alegría y el amor. ¿Qué mantiene unida la música? El ritmo.

¿Qué mantiene unida nuestra vida? El ritmo. ¿Es tu mundo un mundo sin música? ¿Es tu vida una canción sin ritmo?

Los descansos y las pausas son tan importantes en la gran música como las notas mismas. Los descansos y las pausas son tan importantes en las grandes vidas como las actividades.

Es natural que queramos un mundo mejor para que nuestros hijos crezcan en él. Tenemos que reconocer que lograr un gran cambio para el bien común toma mucho tiempo. Aquéllos que trabajan por el bien no están apurados. Son pacientes y porque son pacientes, son sabios. Hacen todo lo que pueden para producir ese bien sin perder el ritmo de la vida. Nunca sacrifican el ritmo.

Tienes que encontrar el ritmo, tu ritmo. El ritmo que te conecta con el resto de la Creación en armonía y paz. El ritmo que permite que la gracia de Dios obre en tu vida de una manera más efectiva. El ritmo que te permite encontrar ese balance sagrado que te da fuerza, valor, y confianza para ser tú mismo. El ritmo que te lleva por el camino del crecimiento y de la perfección. El ritmo de la vida que descubre y satisface tus necesidades legítimas. El ritmo de la vida es algo poderoso.

ৎৎ ৎৎ ৎৎ

Al comienzo de la quinta parte, sugerí que cualquier solución adecuada para los problemas y desafíos que se nos enfrentan en el mundo de hoy tiene que ser aplicable y accesible para cualquiera en cualquier parte, sin importar edad, color, credo o cultura—y que su utilidad tiene que impactar y estar profundamente entrelazada con la vida diaria de las personas. Creo que el ritmo de la vida ofrece tal solución.

Déjame advertirte. El ritmo de la vida puede ser la solución a muchos de los problemas del mundo, pero en estos tiempos— en un mundo obsesionado con la velocidad, el ruido, la avaricia, la codicia, y la actividad—el ritmo de la vida es un acto radical, revolucionario y contrario a la cultura actual.

ৎৎ ৎৎ ৎৎ

Si decides ir por el camino que he descrito en este libro, no todos comprenderán. Algunos de tus familiares y amigos te ridiculizarán, te acusarán de ser un soñador y te dirán que estás loco.

Las personas que no pueden oír la música piensan que los que están bailando están locos.

No dejes que eso te moleste. Y aún si te molesta, no dejes que te desanime o te distraiga de ir por el camino. Si entendieran el camino, estarían en él. Algunos están amargados porque una vez en su juventud trataron de ir por este camino y se rindieron, y ahora en su edad madura creen que es demasiado tarde para volver a buscarlo. Este camino no es para todos. Todos pueden elegir ir por este camino, pero muy pocos en verdad tienen la fuerza, el valor, la disciplina, y la perseverancia que se requiere para hacer lo que toma ir. Eso es lo que los separa. Eso es lo que los hace leyendas, héroes, campeones, líderes y santos.

◌◌◌

Con o sin ritmo, la vida no es siempre fácil. A veces me siento delirantemente feliz. He tenido muchas experiencias culminantes, pero la vida no siempre se vive en las cimas del mundo. A veces nos encontramos en los valles del miedo y la duda, o en el abismo del sufrimiento y la soledad. En esos momentos es fácil desanimarse, abandonar el camino, dejar que los críticos te depriman. En esos momentos, viaja en tu mente hacia un pequeño orfanatorio en Calcuta, y allí, en una pared encontrarás estas palabras:

Las personas son irrazonables, ilógicas y egoístas.
ÁMALAS DE TODAS MANERAS.

Si haces el bien, la gente te acusará de tener
motivos egoístas, ocultos.
HAZ EL BIEN DE TODAS MANERAS.

Si eres exitoso, ganarás falsos amigos
y verdaderos enemigos.
TEN ÉXITO DE TODAS MANERAS.

El bien que hagas, mañana será olvidado.
HAZ EL BIEN DE TODAS MANERAS.

La honestidad y la franqueza te hacen vulnerable.
SÉ HONESTO Y FRANCO DE TODAS MANERAS.

Grandes personas con ideas aún más grandes serán
minimizadas por personas pequeñas con
ideas aún más pequeñas.
PIENSA EN GRANDE DE TODAS MANERAS.

La gente favorece a los desvalidos,
pero sólo sigue a los líderes.
MUESTRA DEBILIDAD DE TODAS MANERAS

Lo que te tomó años construir puede ser
destruido en una noche.
CONSTRUYE DE TODAS MANERAS.

Las personas realmente necesitan ayuda, pero
pueden atacarte si las ayudas.
AYÚDALAS DE TODAS MANERAS.

Dale al mundo lo mejor que tienes y
te harán tragar los dientes.
DALE AL MUNDO LO MEJOR QUE TIENES
DE TODAS MANERAS.

La Medida de Tu Vida Será la Medida de Tu Valor

Todo en la vida requiere valor. Ya sea que se trate de jugar fútbol o de entrenar a los jugadores, de cruzar el salón para invitar a una muchacha a salir contigo, o de reavivar un amor que se ha enfriado; de empezar un negocio, de luchar contra una enfermedad potencialmente mortal, de contraer matrimonio, de luchar para vencer una adicción, o de postrarse humildemente ante Dios para orar—la vida requiere valor.

El valor es esencial para la experiencia humana. El valor nos anima, nos revive y hace que todo lo demás sea posible. No obstante, el valor es la cualidad más rara en un ser humano.

El sentimiento más dominante hoy en día en nuestra sociedad moderna es el miedo. Estamos atemorizados. Temor a perder las cosas que hemos trabajado duro para comprar. Temor al fracaso, temor a ciertas partes de la ciudad, temor a cierto tipo de personas, temor a la crítica, temor al sufrimiento y a la angustia, temor al cambio, temor a decirle a las personas cómo nos sentimos en realidad . . . Tememos tantas cosas. Incluso temor a nosotros mismos.

Estamos conscientes de algunos de estos temores, mientras que otros existen en nuestro subconsciente. Pero estos temores pueden jugar un papel muy importante en dirigir las acciones y las actividades de nuestra vida. El temor tiene la tendencia a encarcelarnos. El temor detiene a más personas de hacer algo con su vida que la falta de capacidad, contactos, recursos o cualquier otra simple variable. El temor paraliza al espíritu humano.

El valor no es la ausencia de temor, sino la habilidad adquirida para movernos más allá del temor. Todos los días tenemos que atravesar las junglas de la duda y cruzar el valle del temor. Porque es sólo entonces que podemos vivir en las alturas—en las cimas del valor.

Toma un momento para recorrer las páginas de la historia—de la historia de tu familia, la historia de tu nación, la historia humana—y extrae de esas páginas a los hombres y a las mujeres que más admiras. ¿Qué serían sin valor? Nada que vale la pena en la historia ha sido logrado sin valor. El valor es el padre de todo gran momento y movimiento de la historia.

He sentido los vientos helados del temor y de la duda de mí mismo crispando mi piel. He descubierto que el valor es aprender a reconocer y dominar ese preciso momento. Ese momento es un preludio—un preludio del valor, o un preludio del temor. Se puede lograr tanto en un momento de valor. Y se puede perder tanto en un instante de temor.

Nadie nace con valor. Es una virtud adquirida. Aprendes a montar en bicicleta montando bicicleta. Aprendes a bailar bailando. Aprendes a jugar fútbol jugando fútbol. El valor se adquiere practicándolo. Y como la mayoría de las cualidades del carácter, cuando se practica, nuestro valor se hace más fuerte y más disponible con el paso de cada día.

¿Alguna vez te ha despertado la alarma por la mañana, en medio de un sueño maravilloso? ¿Qué pasa? Tratas de volverte a dormir. Tal vez puedes y tal vez no puedes volverte a dormir, pero ¿qué no pasa? El sueño no vuelve. La vida es ese sueño.

Si supieras que fueras a morir en un año, ¿Qué harías con el próximo año de tu vida? Haz esas cosas. Ve a tu casa esta noche y haz una lista. Entonces, prepárate para hacer que todas esas cosas pasen. Revisa esa lista todos los días, chequea tu progreso y renueva tu resolución. Usa las palabras en este libro cada día, para que te inspiren para hacer que pasen. Porque la vida es corta y tú estás muerto por un tiempo muy largo. Vive la vida apasionadamente. Ríe con frecuencia, ama siempre, cultiva el alma, no tengas miedo de soñar grandes sueños y abraza a tu Dios.

Nuestro mundo está cambiando tan rápidamente. A veces puede asustar un poco. Es fácil volvernos tan ocupados preocupándonos sobre el futuro, que nos olvidamos de vivir nuestros sueños. Los sueños tienen algo maravilloso. No es el logro del sueño lo que más importa, sino más bien la búsqueda de esos sueños que nacen de lo profundo de nuestro interior. La búsqueda del sueño es la vida; nos hace algo misterioso, nos llena de esperanza, pasión y entusiasmo, y expande nuestras capacidades como seres humanos en todas las maneras.

De modo que ¿qué estamos esperando? Tenemos sólo una oportunidad en la vida. ¿No es hora para un poquito de introspección? Visita una iglesia silenciosa en la mitad del día. Da un paseo por el parque. Apaga la televisión y habla con tus hijos. Abre el periódico y busca el trabajo que siempre has deseado. Mantén una promesa. Dile a tu mamá que la quieres mucho. Restaura un Ford viejo. Hazte amigo de tus vecinos.

Di sí en vez de quizás. Mira una puesta de sol. Escríbele una carta de amor a tu cónyuge. Vuela una cometa. Di lo siento. Invita a salir a esa muchacha. Prueba una comida que nunca antes hayas probado. Haz las paces con Dios.

No desperdicies tu vida, porque la vida está ahí—todo lo que tienes que hacer es extender la mano y abrazarla. Cualquier cosa es posible. Cualquier cosa que sea tu sueño, haz que suceda. Ten valor. Empieza hoy. Te asombrará lo que la vida te dará a cambio de un poquito de valor.

El valor es una elección.

Ten la seguridad de una cosa: la medida de tu vida será la medida de tu valor.

¡Deja que Brille Tu Luz!

En el proceso de escribir este libro, regresé a Austria un par de veces. Volví a Gaming y al antiguo monasterio donde descubrí la vida nuevamente. Ahora, he compartido contigo, tal como me prometí que haría, aquello que descubrí en las montañas a un par de horas de Viena—el ritmo de la vida.

Lo que contienen estas páginas tiene el poder de cambiar tu vida. Lo sé porque estas ideas han cambiado mi vida y continúan enriqueciéndola a diario.

Conozco a una mujer que ha llevado su pasaporte con ella durante treinta y cuatro años. Nunca lo ha usado, pero nunca sale a ninguna parte sin llevarlo, guardado en un lugar seguro de su cartera.

Hace treinta y cuatro años tuvo la oportunidad de hacer un viaje, pero por muchas razones en el último minuto decidió no hacerlo. Ella nunca hará ese viaje, y siempre se arrepentirá de no haberlo hecho cuando tuvo la oportunidad.

En este momento, tú tienes un pasaporte en tus manos, con visas vigentes para más altos niveles de conciencia y más vida en abundancia. Yo sé que es un pasaporte vigente—yo mismo lo he usado. Pero no es suficiente tener un pasaporte. Tienes que hacer el viaje. Ten confianza. No tengas miedo. Ten valor. Tómalo un paso a la vez. Haz el viaje. Una vida bien invertida tiene pocos pesares. Una vida vivida ricamente tiene pocas disculpas que dar. Encuentra el ritmo de la vida.

Si has llegado hasta aquí, obviamente has encontrado algún valor en las ideas que llenan estas páginas. Ahora no pongas este libro en un estante para que se empolve. Empieza a leerlo de nuevo. Mantenlo cerca de ti. Cuando lo hayas leído por segunda vez, vuelve a empezar. Lee cinco páginas diarias a perpetuidad. Haz que se convierta en un compañero para toda la vida. Es la única manera de hacer que las ideas echen raíces en nuestra vida práctica diaria.

He tratado de llenar estas páginas con ideas que podemos leer una y otra vez, revelando cada vez una nueva capa de significado. Son ideas que resuenan más profundo en nosotros cada vez que las leemos—y aún más profundo cuando hacemos tiempo para reflexionar sobre ellas, lenta y silenciosamente.

A medida que las ideas en este libro empiecen a cambiar tu vida—a medida que empiezas a experimentar el poder del ritmo de la vida—comparte este libro. Regálale un ejemplar a un amigo. Sugiéreselo a tu familia. Ayuda a otros a descubrir el ritmo de la vida.

༄ ༄ ༄

Raro es el día en el que no piense en el lema de mi escuela secundaria: *"Luceat lux vestra"*. Es una frase en latín tomada del capítulo quinto del Evangelio de Mateo que significa "Deja que brille tu luz".

Las leyendas, los héroes, los líderes, los campeones y los santos de los que hemos hablado a lo largo de este libro, y que llenan las páginas de nuestros libros de historia, son sólo símbolos de la bondad y de la grandeza que todos tenemos en nuestro interior.

No dejes que tu vida sea como una estrella fugaz que ilumina el cielo sólo por un breve momento.

Deja que tu vida sea como el sol que siempre está encendido en los cielos, llevando luz y calor a todos en la tierra.

Vive la vida que naciste para vivir.

Deja que brille *tu* luz.

Ya sea que recibiste *El Ritmo de la Vida* como regalo, que te lo prestó un amigo o que lo compraste, nos alegra que lo hayas leído. Pensamos que estarás de acuerdo con que Matthew Kelly es una voz sumamente refrescante, y esperamos que compartas este libro y sus ideas con tu familia y tus amistades.

꙳ ꙳ ꙳

Si te gustaría saber más sobre Matthew Kelly y su obra, por favor, visita:

www.MathewKelly.com

o escribe a

info@MatthewKelly.org

Reconocimientos

Los libros tienen una vida propia. Por supuesto, empiezan como un sueño del autor, pero para el momento en que llegan al estante en una librería tantas personas han hecho contribuciones inimaginables para transformar el sueño del autor en una realidad.

Me gustaría darles las gracias a . . .

Meghan McLaughlin, Tom Dierker y Mimi Citerella por ayudarme a perfeccionar el manuscrito original . . .

Joe Durepos por convencerme de que era hora de compartir esta obra con una audiencia mayor . . .

Caroline Sutton por abrirme la mente a nuevas posibilidades y por ayudarme a esculpir esta nueva edición en mucho más de lo que yo había previsto . . .

El equipo de Simon & Schuster . . . Chris Lloreda, Trish Todd, Lisa Sciambra, Marcia Burch, Sona Vogel, Jan Pisciota, Thea Tullman, Debbie Model, Mark Gompertz, Mike Rotondo y Christina Duffy . . . por su energía y entusiasmo . . . y por pensar fuera de los límites en éste . . .

Mi personal en The Matthew Kelly Foundation / La Fundación Matthew Kelly, que trabaja incansablemente esforzándose para extender mi búsqueda para compartir este mensaje, el cual está transformando la vida de tantas personas.

Las personas que han comprado múltiples ejemplares y se los han regalado a personas que estaban fuera de mi círculo . . . Gracias por invitarme a su círculo de influencia.

Y estoy más agradecido con cada uno de ustedes de lo que nunca sabrán. Su nombre y su foto no están en la portada, pero de una manera muy real éste es su libro.

Más que todo, espero que trabajando en este libro te haya llenado con una profunda sensación de satisfacción . . . y que cuando veas a alguien leyendo un ejemplar . . . o que al atravesar una librería y veas un ejemplar en un estante . . . sientas una oleada de cariño dentro de ti . . .

Sobre el Autor

Matthew Kelly ha dedicado su vida a ayudar a personas y organizaciones a convertirse en la mejor versión de sí mismos. Nacido en Sidney, Australia, empezó a dar conferencias y a escribir en los últimos años de su adolescencia mientras asistía a una escuela de administración de empresas. Desde entonces, cuatro millones de personas han asistido a sus seminarios y presentaciones en más de cincuenta países.

En la actualidad, Kelly es un orador, autor y asesor financiero aclamado internacionalmente. Sus libros han sido publicados en más de veinticinco idiomas, han aparecido en las listas de superventas del *New York Times*, del *Wall Street Journal*, y de *USA Today*, y ha vendido más de quince millones de ejemplares.

El es también el fundador de The Dynamic Catholic Institute / El Instituto del Católico Dinámico, una organización sin fines de lucro de Cincinnati, cuya misión es vigorizar de nuevo la Iglesia Católica en los Estados Unidos desarrollando recursos de talla mundial que inspiren a las personas para volver a descubrir el genio del catolicismo.

Kelly es también el presidente de *Floyd Consulting*, una firma de consultoría empresarial con base en North Palm Beach, FL.

Sus intereses personales incluyen el golf, el piano, la literatura, la espiritualidad, y pasar tiempo con su esposa Meggie y sus hijos, Walter, Isabel, Harry, Ralph y Simon.